本成果受北京语言大学校级项目资助
(中央高校基本科研业务费专项资金)
(项目批准号:22YJXZ0003)

叶维廉诗学生成论

于伟 著

学苑出版社

图书在版编目（CIP）数据

叶维廉诗学生成论 / 于伟著. — 北京：学苑出版社，2022.11

ISBN 978-7-5077-6519-9

Ⅰ. ①叶⋯ Ⅱ. ①于⋯ Ⅲ. ①叶维廉—诗学—研究 Ⅳ. ①I207.22

中国版本图书馆CIP数据核字（2022）第211573号

责任编辑：杨　雷
出版发行：学苑出版社
社　　址：北京市丰台区南方庄2号院1号楼
邮政编码：100079
网　　址：www.book001.com
电子邮箱：xueyuanpress@163.com
经销电话：010-67601101（营销部）　010-67603091（总编室）
印　刷　厂：英格拉姆印刷(固安)有限公司
开本尺寸：710×1000　1/16
印　　张：19
字　　数：237千字
版　　次：2022年11月第1版
印　　次：2022年11月第1次印刷
定　　价：80.00元

目 录

序 / 1

引言：海内外叶维廉诗学研究述评 / 1

第一章　以西释中：叶维廉比较诗学的起点 / 001

 第一节　"别求新声于异邦" / 004
 第二节　"从旧的里面去发现新的" / 013
 第三节　"用中国的现象解释中国文化的特征" / 022

第二章　品物流形：叶维廉对西方诗学的融摄 / 033

 第一节　叶维廉与英美新批评 / 036
 第二节　叶维廉与西方汉字诗学传统 / 053
 第三节　叶维廉与艾布拉姆斯文学批评"四要素"说 / 071
 第四节　叶维廉与欧美文学诠释学 / 086

第三章 会通中西：叶维廉比较诗学的新进境 / 111

　　第一节 理论追求：从共同诗学到互补互拓 / 113
　　第二节 研究范式：从以西释中到文学对话 / 127
　　第三节 结构框架：以道家美学统摄比较诗学 / 145
　　第四节 价值取向：以生态精神对抗文化宰制 / 165

第四章 秘响旁通：叶维廉诗学的创生 / 193

　　第一节 文学本质论："原天地之美而达万物之理" / 195
　　第二节 文学传释论：传释的循环与意义的流转 / 206
　　第三节 文学批评论："诗是一种生长" / 219
　　第四节 叶维廉对中国诗学的批评与阐释 / 233

结论 叶维廉诗学的价值与启示 / 249

主要参考文献 / 259

后　记 / 273

序

我最早接触到叶维廉的文章是在20世纪的70年代末80年代初，1985年我为在深圳召开的中国比较文学学会成立大会暨国际学术讨论会提交的长文《论中西比较文学》中，将其《中西山水美感意识的形成》与朱光潜的《中西诗在情趣上的比较》相提并论，认为这是中西比较文学的跨文化平行研究成功的个案。叶维廉恰好也出席了那次大会，现在犹记在夏天的夜晚，在深圳大学会议室的走廊上他与我们畅谈中西诗学的情景……

25年之后，我在北京语言大学比较文学研究所培养的研究生于伟，就是以叶维廉为毕业论文的研究对象而获得硕士学位的。我调入中国人民大学文学院后，于伟又追随我来到人大攻读博士学位，当他准备继续以叶维廉作为博士论文的选题时，得到了我的支持与鼓励，并希望他以此为契机，深入发掘叶维廉在诗学理论建构上的贡献。

于伟一边在北京语言大学研究生院工作，一边撰写博士论文。其时，虽然人大攻读博士学位的时间最短是四年，但仍然有很多人逾期参加答辩，在职攻读者能够四年参加答辩者更是少之又少，而于伟不但在四年之内完成了博士论文，而且还得到了博士答辩评委的一致好评。

这，得力于于伟的勤奋与好学。我培养的博士不少，但像他那样勤奋好学者还是屈指可数的。他在北京语言大学研究生院从职员到培养办主任，后来又升任语言大学发展规划处副处长，行政职位极占时间与精力，然而，他的勤奋好学之心不但没有稍减，而且还在增长！他几次认真地告诉我，真想专心去做自己想做的事情。他的这种殷切向学之心，令我特别感动。

于今摆在读者面前的，是他在博士论文基础上几经修改的专著。在饱览海内外的叶维廉研究之后，这部专著指出叶维廉诗学的出发点是以西释中，但在进一步的诗学比较中叶维廉又修正了这种解释方法，他反对一种文化模式以解释、套用的方式吃掉另一种文化模式，而要求不同的文化模式能够相互兼容，他从道家美学中汲取理论资源为自己的诗学张本，他主张比较文学研究应从"以西释中"走向"文学对话"，"以道家美学统摄比较诗学"，从而真正实现中西文化文学在进行比较研究时的互识、互鉴、互补、互拓。如果说马克思写《资本论》的重要方法是以对社会高级形态的剖析来反观形形色色的社会低级形态——人体解剖对于猴体解剖是一把钥匙；那么，本书作者以解释学、现象学、生态批评等多种当代方法对叶维廉的诗学建构、创生与比较的审视，就使得这部专著不但资料丰富、功底扎实，而且理论深厚，时有创意。

中国文化走出国门，在西方从边缘向中心移动，是每一个中华儿女的夙愿；叶维廉、刘若愚等就是这方面的先驱。他们身处西方文化语境，时刻承受着中西文化碰撞的阵痛与交融创新的喜悦。他们在异质文化中讲述中国文化，时时与西方文化在相互兼容中比较，在比较中尝试提炼新概念，打造新表述，并且在这种新概念、新表述中实现学术创新。"文明因多样而交流，因交流而互鉴，因互鉴而发展"，他们处在文明交流互鉴的前沿，因而也极易推出这方面的创新成果。我们应该重视海外华人学者的跨文化研究的学术成果，分析他们的理论创新，以资我国哲学社会科学话语体系的构建。

于伟长期关注海外华人学者叶维廉等人中国诗学、比较诗学的研究成果，并在精心研究他们学术成果的基础上，实现了自身学术水平的成长，这是值得肯定的。希望他能继续在这个领域精耕细作，更上层楼，取得更大的成绩！

高旭东

2022 年 9 月 12 日

引言：海内外叶维廉诗学研究述评

叶维廉（Wai-lim Yip）是美籍华人学者、诗人、翻译家，美国加州大学圣地亚哥校区比较文学系教授，主要从事诗歌翻译、现代文学、比较诗学、中国诗学及道家美学等领域的研究与教学。由于叶维廉曾在港、台求学并活跃于港台诗坛、学界，在美国攻读博士学位后留美进行教学与科研，成为著名的美籍华人学者，所以对于叶维廉诗学理论的研究，一开始就是跨区域、跨国界的，带有一定世界性色彩。从20世纪六七十年代开始，美国学界就已经开始关注叶维廉在中国古典诗歌英译、诗学研究方面的努力了，叶维廉那一反美国学界传统译法的中国古典诗歌的翻译方式，让美国的中国诗歌翻译"从此改头换面"。几乎与美国学界同时，中国的港台学界尤其是台湾学界，也开始关注与研究叶维廉，与美国学界的不同之处在于，中国港台学界关注的重心在于叶维廉的现代诗论与比较诗学。曾在台湾接受大学与研究生阶段的教育，并在台湾诗坛占有一席之地的叶维廉，对港台新诗的发展有着杰出的贡献，他的现代诗论也对台湾新诗人有着深刻的影响。同时，既是诗人，又是诗论家的叶维廉，也启发、引领和培养了当时一批青年才俊，如杜国清、张汉良、古添洪等人，从事比较诗学的研究。台湾有学者称大陆学者对叶维廉的关注主要集中在叶维廉对道家美学的挖掘与阐释上，此言不虚但有遗漏。由于有建设比较文学学科的现实需求，大陆学界还将目光聚焦在叶维廉的比较诗学研究上，期望从中获得学科建构的理论资源,同时,大陆学界还热切关注叶维廉的中国古典诗阐释与中国诗学研究,学者们将叶维廉定位为海外学者、汉学家,与宇文所安、弗朗索瓦·于连等人等量齐观,期望从他的研究中获得他山之石的攻玉之效。

鉴于此,笔者希望将目光放宽广、放长远,尝试开拓思路,放眼海内外学界,获得一种宏观整体的对叶维廉诗学研究的全貌,并在对这些研究成果批判地继承的基础上,取得叶维廉研究的新进境。

一、美国学界的叶维廉诗学研究

据笔者目前掌握的资料来看,美国学者对叶维廉的关注,主要集中在叶维廉对中国古典诗歌的翻译,以及他的诗歌翻译理论上。叶维廉先后在美国出版了 Hiding the Universe: Poems of Wang Wei(《藏天下于天下:王维诗选并论》,1972)、Chinese Poetry: Major Modes and Genres(《中国古典诗举要》,1976)等4个诗歌译本,涵盖了中国古典诗、现代诗,另外还出版了 Ezra Pound's Cathay(《庞德的〈华夏集〉》,1969)、Diffusion of Distances: Dialogues between Chinese and Western Poetics(《距离的消解:中西诗学对话》,1993)等2本诗学著作。美国诗人杰罗姆·罗森堡(Jerome Rothenberg)在《庞德、叶维廉和在美国的中国诗》一文中,就中国古典诗歌的英文翻译方面,将叶维廉与庞德相提并论。在罗森堡看来,如果说庞德为美国发明了中国诗,为美国诗歌引入了自由诗原则、意象主义原则以及抒情诗原则,确立了一种电报式简洁的诗风,那么叶维廉的贡献则在于他为美国解释与探索出了中国传统诗的方方面面,"为我们打开了有关中国诗的合理观点,而且还提供了有关翻译本质的深刻把握,以及诗从具体实践中所迸发出来的诗的可能性"。① 伯恩哈德·富勒尔（Bernhard Fuehrer）在对叶维廉《中国古典诗举要》的评论中指出，叶维廉的中国古典诗歌翻译，使得美国翻译界对中国古典诗的翻译面目为之一新。富勒尔说，中国古典诗歌中意象的并置、词性的多元、句法的灵活使得美国的中诗英译，"一开始就是错的"，而叶维廉的翻译，由于推崇"逐字翻译"（word-for-word translation）的翻译策略来取代传统的"再创造"（re-create）式的翻译策略，而使得其中国古典诗歌的翻译具有了里程碑式的意义。② 同样针对这一诗歌译本，玛莎·瓦格纳（Marsha L. Wagner）在评论文章中指出，虽然叶维廉编译这本诗集的初衷是为了美国普通民众的阅读，但实际上这本译诗集也非常适合学术研讨。作者认为，由于叶维廉具有诗人的天赋与才华，以及他在诗歌翻译中诗的破格（poetic license）的运用，使得他的译诗取得了令人惊讶的效果。叶维廉那种有意远离分析性、陈述性，避开英语动词、代词以及介词，而着意于让事物直接呈现的译诗方式，虽然导致了译诗的别扭与费解，但却受到了正寻找中国古典诗与美国现代诗会通之处的读者的欢迎。在文中，作者还概括指出，叶维廉诗歌翻译的最终目的，是在摒弃柏拉图二分法与亚里士多德逻辑学的基础上，对西方读者进行一次审美体验的转换，他试图使西方读者从其传统文化思维的链条中走出，敞开胸怀去体认中国美学，并期望他们有一天可以调整他们的生活方式、世界观和艺术风格。③

同样是在对《中国古典诗举要》的评论文章中，宇文所安（Stephen

---

① ［美］罗森堡：《庞德、叶维廉和在美国的中国诗》，蒋洪新译，《诗探索》第1-2辑，2003年。
② Bernhard Fuehrer, Review, *The China Quarterly*, No. 157 (Mar., 1999), pp. 248-249.
③ Marsha L. Wagner, Review, *Journal of the American Oriental Society*, Vol. 98, No. 3 (Jul.-Sep., 1978), p. 292.

Owen)指出,该书是带着使命的诗歌选集:要为叶维廉的诗学理论提供诗歌文本支撑。他说叶维廉在这部选集中选取的例子,大都来自某一类型的唐诗,而叶维廉的诗学理论是严丝合缝地建立在这种唐诗之上的。叶维廉基于他的诗歌理论的诗歌翻译,满足了西方读者在接触中国诗歌时所渴望解决的问题:寻找到注重"是什么"而不是"意味着什么"的诗。宇文所安说,不同于一些对中国诗惨不忍睹的翻译,叶维廉的这本译诗集,是一本诚实的书,应该给予其应得的尊重,尽管他可以理解但并不完全同意叶维廉的诗学理论。宇文所安指出,叶维廉的诗学理论观点有其自相矛盾之处,并且由于其诗学观存在以偏概全的问题,导致了中国古典诗歌的多样性遭到扭曲,使其沦为千篇一律。宇文所安认为,叶维廉诗学理论中提出的"纯粹的存在"的命题及对这种"存在"的解释存在前后矛盾之处。并且在宇文所安看来,以上两点也不能构成中西诗学的相异之处,因为在中西诗人那里,都有对纯粹存在的追求,以及对物质世界的拟人化而赋予世界以意义。更有甚者,宇文所安对叶维廉在语法方面如人称代词、时间结构以及动词时态方面的中西诗歌比较研究提出了质疑,他认为这些语法习惯或规范是一种文化的内在影响,不应该被过分强调,而且中国古典诗中也不乏像英文诗中那样讲究语法、带有代词以及动词在时间上形成连贯的例子。①

张隆溪在对《距离的消解:中西诗学对话》的书评中指出,叶维廉这部植根于中国道家美学思想的佳作,为西方世界的诗人、学者们提供了一种针对"人与自然疏离"问题的解决之道。张隆溪认为,叶维廉使西方读者进一步认清了由于西方诗人、学者在"柏拉图–亚里士多德式"传统观念的笼罩之下难以脱身,再加上他们抽象的逻辑和语法,以

---

① Stephen Owen, Review, *The Journal of Asian Studies*, Vol. 37, No. 1 (Nov., 1977), pp. 100–102.

及对自我和主观性的迷恋,使得他们归根到底无法同中国的道家学者、诗人"说同一种语言"的事实,并在其多篇论述精彩的文章之中给出了解决之道。在张隆溪看来,叶维廉对上述问题所开的药方就是要他们跳出其语言和思维的局限,摒弃抽象的逻辑和妄自尊大的主体性,打破英文文法的陈规,并与以道家美学为代表的东方思想积极对话。同时,张隆溪还注意到了叶维廉在文集中汇通中西诗学的努力,如中国诗学的秘响旁通与西方诗学的互文性概念等。① 石江山(Jonathan Stalling)在对叶维廉诗学理论的研究著作中指出,尽管叶维廉在美国并不像在中国那样备受关注与接受,但由于他与美国诗歌团体联系紧密,并且在将近40年的时间里在美国从事诗歌创作与翻译、诗学研究与教学工作,叶维廉已然成为美国普及中国诗歌及"道教"虚无诗学②("Daoist" poetics of emptiness)的重要人物。石江山在著作中着重讨论了叶维廉是如何将翻译理论、中国古代哲学和美国现代主义诗学——其中包括庞德和费诺罗萨(Ernest Fenollosa)的传统——平等地结合起来创造出一种独特而甚有影响的虚无诗学的问题,并在此过程中对中国传统道教诗歌与诗学模式进行了介绍。③

---

① Zhang Longxi, Review, *Comparative Literature Studies*, Vol. 33, No. 1, East-West Issue(1996), pp. 123-125.
② 笔者认为"Daoist" poetics of emptiness 翻译成"道家的空无诗学"应该更好些,原因有二:第一,笔者在叶维廉的诗学理论著作中,未曾见到过道教诗学的说法,一般都是道家美学。第二,"虚无"一词,虽来源于道家经典,但在今天的学术语境之下,已然被赋予了特殊的含义,用在这里不太合适,而用"空无",则既能避免上述的误解,又能充分表现出叶维廉所受道家美学与禅宗佛学的影响。但因为"'道教'虚无诗学"的译法是原著的译者所译,故沿用。
③ [美]石江山著:《虚无诗学——亚洲思想在美国诗歌中的嬗变》,姚本标译,北京:中国社会科学出版社,2013年,第162页。

二、中国学界的叶维廉诗学研究

（一）港台学界

中国港台学者对叶维廉诗学理论的研究，在20世纪七八十年代，形成一个小高潮，杜国清、张汉良、古添洪、柯庆明等知名学者，都有研究或评论文章。这些学者主要做了以下几个方面的工作：介绍叶维廉的诗学著作；概括叶维廉比较诗学研究的方法；批评叶维廉的现代诗论等。叶维廉首先是作为诗人驰名于台湾诗坛学界的，他曾有台湾十大杰出诗人的美誉[①]，所以台湾学界在六七十年代期间，对叶维廉的关注主要集中在其诗歌创作方面。当学者们后来发现叶维廉的诗论对相当一批当时的台湾诗人产生了重要的影响时，他们开始认识到叶维廉的诗论也是值得探讨的，于是，学者们开始评介叶维廉的诗学著作。叶维廉每在台湾出版一本论文集，都有学者对其评介，如陈芳明评介《秩序的生长》、古添洪评介《中国现代小说的风貌》、杜国清评介《饮之太和》、简政珍评介《解读现代、后现代》等，他们的评介都能精准地把握住叶维廉诗学理论的精髓，有效推动了台湾学界对叶维廉诗学著作的传播与研读。比如，陈芳明准确把握住了叶维廉的诗学选择，他在《秩序的生长》一书中，看到了一位诗人在西方诗学流派象征主义、超现实主义、印象主义与中国传统形上诗学（神韵诗学）之间的犹豫，并断言叶维廉下本诗论的出版，"或许已在中国的土壤上登陆了"[②]，事实证明，陈芳明的话是对的。杜国清对《饮之太和》中叶维廉诗学理论的批评，也是中

[①] 乐黛云：《为了活泼泼的整体生命——〈叶维廉文集〉序》，《广东社会科学》2003年第4期。
[②] 陈芳明：《秩序如何生长？——评叶维廉〈秩序的生长〉》，载廖栋梁、周志煌编《人文风景的镌刻者——叶维廉作品评论集》，台北：文史哲出版社，1997年，第351页。

肯的，他认为中国传统诗论源远流长、繁杂多样，而叶维廉只对"妙悟主义"和"形上理论"青眼有加，并以之代表中国古典诗歌与诗学，有以偏概全之嫌，并且指出"叶维廉站在以中国道家美学为基础的妙悟主义诗学观点来讨论中国古典诗与英美现代诗的汇通"，显示出作者的"中国本位"。但杜国清对叶维廉将中国特有的文学理论引入英美学界给予肯定，并因此将他与其恩师刘若愚相提并论。①

研读了叶维廉的论著《庞德的〈华夏集〉》《秩序的生长》，以及其后几篇重要的论文之后，张汉良在《语言与美学的汇通——简介叶维廉的比较诗学方法》中指出，"叶先生文学秩序的生长过程标示出一个不变的方向，即透过中西（英）语言的特质，以及它们所反映的心智状态与美感意识，从事消极的比较与积极的汇通"②，肯定了叶维廉对中西比较文学语言与美学汇通的研究途径。与此同时，张汉良还对叶维廉倾心中国古典诗与批评英美诗的态度进行了批评，认为反映不同的心智状态与美感经验的中西各种诗形式，在判定孰优孰劣时，应该采取多方面的价值判断标准。③有意思的是，同样是对这种"中国本位"，柯庆明在《纯粹经验美学的主张者——叶维廉》一文中，对此给予了肯定，他说"从王国维开始，现代中国文学批评的发展大抵是以西方的文学观念作为讨论中国文学的基本'模子'"，"叶维廉的以中国文学为主的立场，正标示着现代中国文学批评的一种新动向"，他主张中国学者尽可大量地吸收西方文化的滋养，却未必非要放弃对于自己文化传统的认同，他

---

① 杜国清：《评介叶维廉论文集〈饮之太和〉》，载《人文风景的镌刻者——叶维廉作品评论集》，第404页。
② 张汉良：《语言与美学的汇通——简介叶维廉的比较诗学方法》，载《人文风景的镌刻者——叶维廉作品评论集》，第353页。
③ 张汉良：《语言与美学的汇通——简介叶维廉的比较诗学方法》，载《人文风景的镌刻者——叶维廉作品评论集》，第381页。

说"毕竟对于外来文化的力求融摄和投身皈依是截然不同的两回事"。①在《小说与诗的美学汇通——论介叶维廉〈中国现代小说的风貌〉》一文中,古添洪认为叶维廉该书的最大贡献,莫过于"用诗的艺术(主要是语言与视镜)来讨论小说,迫使小说进入高度的艺术领域"②。他发觉在叶维廉整个实际批评的背后,有着一个完整的美学观念,即小说与诗的美学汇通。古添洪说,叶维廉用诗的艺术来讨论小说,把诗和小说放在同一平面上进行相互比较,发掘出了诗与小说的互通表里,是对克罗齐文类共通理论的具体支持。

对叶维廉的现代诗论进行研究和评介,是中国港台学者的独特贡献。美国学界与中国内地(大陆)学界,都未能对叶维廉的现代诗论给予充分的重视,叶维廉在港台诗坛的诗人地位与诗歌贡献应是其现代诗论备受港台学者关注的主要原因。陈芳明在《秩序如何生长?——评叶维廉〈秩序的生长〉》中曾经谈到,叶维廉的现代诗论是当时西化派诗人的重要理论根据,洛夫、张默、碧果等人,都曾接受过叶维廉诗论的指导。在陈芳明看来,叶维廉是应该为台湾诗歌现代主义运动的失败负责的人,原因有二:其一,叶维廉在现代主义大行其道之时,如能"更进一步详论现代主义的弊端,以达到诤谏的效果,或许台湾现代诗的发展不会走得那样偏",可惜叶维廉虽"了解药性",却未指出"它的恶果";其二,由于叶维廉在对"诗言志"的理解上存在偏差,导致他的诗论存在偏颇之处,而偏偏这样的诗论又被西化派诗人曲解、肢

---

① 柯庆明:《纯粹经验美学的主张者——叶维廉》,载《人文风景的镌刻者——叶维廉作品评论集》,第434页。
② 古添洪:《小说与诗的美学汇通——论介叶维廉〈中国现代小说的风貌〉》,载《人文风景的镌刻者——叶维廉作品评论集》,第384页。

解、消化、吸收,且"影响是至深且巨的"。①李丰楙在《中国纯粹性诗学与现代诗学、诗作的关系——以七十年代叶维廉、洛夫、痖弦为主的考察》一文中认为,在现代林林总总的美学观念与诗学理论中,能够沟通传统与现代,并且会通中国与西洋的,就是纯粹性诗学,而对纯粹性诗学的推展,用力最勤的首推叶维廉。李丰楙说,叶维廉所认同的是可溯源至老庄、禅宗,开辟自皎然,经司空图、严羽、王士禛,到王国维一脉的纯粹性诗学,他对其进行阐释之后,用于探讨中国现代小说,比较中西文学,纵观传统诗与现代诗。李丰楙认为,叶维廉对这种纯粹性诗学或曰"纯诗"理论无比自信,确信这就是中国古典诗歌的优越之处,恰可用来补西洋诗之不足,确信中国现代诗的优异成就与中国古典诗深厚的传统血肉相连,于是他不断致力于将中国古典诗中的优点导入现代诗之中。李丰楙说,六七十年代台湾诗坛"纯诗"理论的产生与衍变,既有"横的移植"——如西方象征主义诗学理论的引入,也有"纵的继承"——如皎然、司空图一派传统诗学的影响,对此叶维廉有着清醒的认识和明晰的建构,他的理论对台湾诗坛产生了重大的影响。②

最近几年来,港台学者的叶维廉诗学理论研究呈现出新动向:学者们开始关注叶维廉青年时期往来港台的文学活动对香港和台湾的现代主义文学思潮的影响。这种关注是在当前学界开始注意20世纪五六十年代香港和台湾文学之间互相影响、隔海唱和的语境下展开的。③须文蔚在《叶维廉与台港现代主义诗论之跨区域传播》一文中指出,叶维廉20世纪50年代到台湾求学,对台湾、香港两地文学跨区域传播,有

---

① 陈芳明:《秩序如何生长?——评叶维廉〈秩序的生长〉》,载《人文风景的镌刻者——叶维廉作品评论集》,第344页。
② 李丰楙:《中国纯粹性诗学与现代诗学、诗作的关系——以七十年代叶维廉、洛夫、痖弦为主的考察》,载《人文风景的镌刻者——叶维廉作品评论集》,第465页。
③ 郑蕾:《叶维廉与香港现代主义文学思潮》,《东华汉学》2014年第19期。

相当大的影响。文章通过对史料耙梳与整理，厘析出叶维廉在两地引介20世纪三四十年代的现代主义诗学与诗歌作品、推介新批评与超现实主义美学以及协助《创世纪》诗刊在台、港现代主义诗学发展上的杰出贡献。① 郑蕾在《叶维廉与香港现代主义文学思潮》一文中指出，20世纪五六十年代"侨生"（包括叶维廉）的跨区域往来与传播，不仅为两地的文学架起一座桥梁，甚至令两地的文学生态存在共生的关系。文章通过对叶维廉在港台时期文学活动踪迹的追寻，通过对叶维廉与李英豪②两人私人的信件或文稿的挖掘，发现了叶维廉对"香港现代文学美术协会"的文艺刊物《好望角》与高雄"创世纪"诗社的诗刊《创世纪》之间的相互沟通，以及将其在台大求学中建立起来的知识体系推广至两诗社尤其是香港美术协会诸友间而成为他们共同的诗歌与诗学探索新框架、新方向的事实，从而得出了上述两地文学生态存在共生关系的结论，并肯定了叶维廉的文学贡献。③

（二）内地（大陆）学界

内地（大陆）学界对叶维廉诗学理论的关注，应起讫于20世纪80年代。1987年北京大学出版社出版的《寻求跨中西文化的共同文学规律——叶维廉比较文学论文选》，应该是叶维廉在内地（大陆）最早的出版物，尽管内地（大陆）学者对叶维廉的认识以及对其作品的接触可

---

① 须文蔚：《叶维廉与台港现代主义诗论之跨区域传播》，《东华汉学》2012年第15期。
② 李英豪是活跃于20世纪60年代的香港文艺批评家，曾任香港文艺刊物《好望角》执行编委、台湾诗刊《创世纪》的港方编委，在《中国学生周报》《好望角》《创世纪》《文星》等刊物上发表评论与翻译文章，后结集出版《批评的视觉》（1966）一书，叶维廉为该书作序文《批评的职守》。李英豪在港台学界较为知名，影响也大，但大陆学界对其介绍不多。
③ 郑蕾：《叶维廉与香港现代主义文学思潮》，《东华汉学》2014年第19期。

能更早些。内地（大陆）学者对叶维廉诗学理论的研究，主要集中在叶维廉的比较诗学研究对比较文学学科建设的意义、叶维廉在比较诗学的视域下对中国古典诗学的研究与阐释、叶维廉对道家美学的挖掘与现代阐释三个方面。周伟民在《论中西比较诗学研究的范围和目的——兼与叶维廉、乐黛云二先生商榷》一文中，对叶维廉提出的比较诗学研究的目的在于寻求"共同诗学"（Common Poetics）提出了质疑，认为共同诗学能够建立的可能性极小，比较诗学也不可能承担找寻共同诗学的任务。他援引钱锺书的表述，提出自己的三点主张：借镜外来诗学，认识自身诗学的特殊性，并找寻共通之处；加深对外来诗学理论的认识，以灵活运用在评价自己的文学现象上；在比较中架构富于自身文化特质的民族诗学。① 向天渊在《叶维廉比较诗学的贡献与局限》一文中，概括了叶维廉的比较诗学研究两个方面贡献，其中之第一点就是叶维廉的比较诗学研究，确立了比较诗学的基本思路，设定了研究目标，指出了具体的研究方法。向天渊指出，"模子"理论是叶维廉比较诗学研究的基本思路，异质文化间的"同异全识，历史与美学间的全然汇通"是其比较诗学的研究目标，而从各自的文化模子出发对东西文化进行"寻根探固"，并对两者进行互照、互省、互对、互识则是其比较诗学研究的具体方法。② 刘鹏在其博士论文《叶维廉比较诗学学科理论研究》中，对叶维廉的诗学理论对比较文学学科建设的意义有深入的思考与独到的发现。在这篇论文中，刘鹏概括提出了"模子—寻根""模子—差异性"两个概念，认为"模子—寻根"是叶维廉在特殊的文化语境之中，进行比较诗学研究的深层动因，而"模子—差异性"则是叶维廉比较

---

① 周伟民：《论中西比较诗学研究的范围和目的——兼与叶维廉、乐黛云二先生商榷》，《海南大学学报》1988年第4期。
② 向天渊：《叶维廉比较诗学的贡献与局限》，《四川外语学院学报》2007年第2期。

诗学研究的主要研究范式。刘鹏认为，通过这种研究范式，叶维廉其实是要在跨文化研究中达到消解共同文学规律的绝对主义同一性幻想，确定差异性的学科核心话语地位的目的。在此基础上，刘鹏提出，如果说差异性并置研究与差异性传递研究是比较诗学的对象和任务的话，那么以二者为基础形成的跨文化传递实践则是比较诗学在文化交流时代的崇高而伟大的学术归宿和学术目的。①

　　对叶维廉的中国诗学研究，主要是从三个方向展开。第一，从比较诗学的视野透视叶维廉中国诗学的研究。段俊晖在《叶维廉的中国文学思想》中指出，叶维廉的中国诗学研究，是在他比较诗学研究策略的烛照之下进行的，叶氏的"模子"学说和在中西诗学间进行互照互识的对话以求得中西文学间"共相"的理论，促成了他对中西诗歌的语言及语言背后的美学思想的关注，从而衍生出他中国古典诗学研究中对文言传释作用的关注、对道家美学的挖掘与阐释以及对如皎然、司空图、严羽等一派传统诗学的现代阐释。②李凤亮在《移动的诗学》一书中指出，叶维廉的中国诗学研究，是在西学的视野中观照中国诗学，是尝试实现古典诗学与现代诗学、东方诗学与西方诗学的会通，认为叶维廉站在中国本土文化的立场上，运用西方理论对中国诗学、美学理论进行了富有创造性的阐释。③梁凤莲在《比较的认同与"出位之思"——从叶维廉的〈中国诗学〉看比较的方法论》一文中，注意到了叶维廉在进行中国诗学研究时，对语言策略的关注并没有局限于美学表现上，而是更深入

---

① 刘鹏：《叶维廉比较诗学学科理论研究》，博士学位论文，暨南大学，2001年，第70页。
② 王晓路、刘岩编：《北美汉学界的中国文学思想研究》，成都：四川出版集团，2008年，第174页。
③ 李凤亮：《移动的诗学——中国古典文论现代观照的海外视野》，广州：暨南大学出版社，2012年，第61页。

涉及其背后的自然观、宇宙观，亦即哲学态度，以及文化历史因素。她指出叶维廉的中国诗学研究及比较诗学研究，是在对中西双方文化状态、传统语境及历史生成的把握中展开的。①第二，对叶维廉援引西方理论对中国诗学进行现代阐释的研究。闫月珍在其专著《叶维廉与中国诗学》中，对此问题有着深入的探讨，叶维廉借用西方阐释学提出并阐发中国诗学的"传释学"的思想以及借用西方现象学寻求其与中国诗学及道家美学的会通，是其讨论的重点。对于前者，闫月珍指出，叶维廉对西方阐释学的创造性发挥意在建立他的中国诗歌"传释学"，即针对中国诗歌的特殊性，探索从文本到读者释意过程的内在规律。在闫月珍看来，叶维廉以西方阐释学的概念"文本互涉"与中国传统诗学概念"秘响旁通"的会通性研究为突破口，经过持续的思考与探究，建立起他独具特色的"传释学"理论。叶维廉"传释学"理论一改西方阐释学以作品和读者的关系作为中心，以"理解如何成为可能"为核心问题的样貌，转而关注作者、作品、读者之间的意义流动、实现的整体关系，注重探索作者到读者的观感程式、传意活动和释意活动。对于后者，闫月珍指出，叶维廉是以道家美学与现象学之间的会通为理论架构的，他既援引西方现象学尤其是海德格尔的存在主义现象学反思中国美学，又使用道家美学对西方哲学、美学传统进行批判，并在此过程中寻求现象学与道家美学的会通之处，然后以此为据展开对中国诗歌的解读与对中国诗学的阐释。②第三，对叶维廉中国诗学之生态美学精神的开掘与阐发。刘绍瑾在《饮之太和——叶维廉对中国诗学生态美学精神的开掘与阐发》一文中说，叶维廉堪称是华人学者中第一位以生态精神来阐发

---

① 梁凤莲:《比较的认同与"出位之思"——从叶维廉的〈中国诗学〉看比较的方法论》，《学习与探索》2004年第2期。
② 闫月珍:《叶维廉与中国诗学》，北京：中国社会科学出版社，2010年，第107页。

中国古典美学思想与诗学精神的。刘绍瑾认为,叶维廉在中国诗学研究中所表现出的对人与自然原始的直接接触和重建人与物浑然合一、和谐共生的秩序与视镜的向往与追求,对现代西方以海德格尔为代表的现象学美学与庄子为代表的道家美学的会通,以及由此而来的对中国诗学中"以物观物"的观感方式、"任物自现"的表达策略的挖掘与阐发,都体现了鲜明的生态美学精神。在此基础上,刘绍瑾指出,叶维廉带有生态美学色彩的中国诗学研究,不仅对中国古典文艺学研究与当下文化建设有启发,也对中国生态美学与生态批评的发展有着重要的贡献。①

关于叶维廉对道家美学现代阐释的研究,一般是与对叶维廉的诗学理论研究关联在一起的,因为叶维廉对道家美学的开掘与阐释,是以比较诗学与中国诗学的研究为登堂入室的门径的。刘绍瑾、倡同壮在《叶维廉比较诗学中的庄子情结》中指出,庄子在叶维廉的诗学体系中具有特殊重要的意义,叶维廉诗学理论的"模子"学说、"真实世界"的概念,"时空"观念、"以物观物"的观感程式以及"同异全识"的诗学观,都与庄子哲学有着密切的关系。不仅如此,在刘绍瑾看来,叶维廉对庄子的发现,还开启了叶氏对中国诗学的阐发,他对以庄子为代表的中国诗学美学传统的阐发,在很大程度上解除了西方诗学对中国诗学一百多年的遮蔽,重新焕发了中国诗学的生机。同时,刘绍瑾也指出了叶维廉因偏爱庄子带来的诗学研究的偏颇,叶维廉专注于庄子开创的诗学传统,而忽略了其他诗学理论,使得他的比较诗学带有以偏概全的遗憾。②闫月珍在《叶维廉对道家美学的现代阐释》中指出,在叶维廉看来,道家美学不仅是中国诗学的美感经验的底蕴,影响着中国古典诗

---

① 刘绍瑾:《饮之太和——叶维廉对中国诗学生态美学精神的开掘与阐发》,《陕西师范大学学报(哲学社会科学版)》2008年第2期。
② 刘绍瑾、倡同壮:《叶维廉比较诗学中的庄子情结》,《文史哲》2003年第5期。

歌的"观感程式",而且也是反思西方知识论的偏限,反思现代工业文明、经济全球化给人类带来的生态与生存危机重要理论武器。①石了英在同名文章中认为,叶维廉早期对中国古典诗歌与诗论的研读,对艾略特、庞德等西方现代诗人诗论的探究,引领着叶维廉进入了道家美学的探究领域;随着对中西比较诗学研究的深入以及对西方现象学尤其是海德格尔存在主义哲学的研读,叶维廉对道家美学的体悟大大加深,最终完成了其道家美学思想的理论建构;20世纪80年代,在文化研究热潮的推动下,叶维廉开始将道家美学与西方后现代文化对接,进而讨论道家美学对权力宰制的颠覆以及道家美学的生态智慧与"解困"价值,进一步将对道家美学的思考、研究与建构引向深入。②周晓风在《有根的诗学——叶维廉诗学与道家美学》中,提出了叶维廉的诗学"根在中国文化","特点在道家文化"的观点。他说,叶维廉诗学的特点在于其把诗学建设自觉纳入一种道家文化的话语体系中,以一种道家文化的眼光来诠释诗学问题。他认为,叶维廉诗学的道家文化之根,使得叶维廉的诗学建构进一步超越了对于文学规律的追求,而进入真正意义上的诗歌美学和诗的哲学的境界。③

当然,除却上面所谈及的研究文章与专著之外,近几年来以叶维廉的诗歌创作、诗歌翻译以及诗学建构为选题涌现出来的成果还有很多,但由于这些成果距离本文的选题较远或者笔者时间有限尚未涉及,在此就不一一综述、评论了。最后值得一提的是,近些年来国内外高校都陆

---

① 闫月珍:《叶维廉对道家美学的现代阐释》,《暨南学报(哲学社会科学版)》2007年第1期。
② 石了英:《叶维廉对道家美学的现代阐释》,《山西师大学报(社会科学版)》2011年第3期。
③ 周晓风:《有根的诗学——叶维廉诗学与道家美学》,《重庆师范大学学报(哲学社会科学版)》2012年第6期。

续出现了不少以叶维廉的诗歌、诗学为选题的博士、硕士论文。据不完全统计，内地（大陆）已有博士后出站报告1部，博士论文1部，硕士论文18部，港台地区已有硕士论文6部，美国也有博士论文1部。闫月珍以《叶维廉对道家美学的现代阐释》为题，完成了她的博士后研究工作报告，刘鹏以《叶维廉的比较诗学学科理论研究》为题取得博士学位，林惠玲以 Transformation and Transcendence in Modern Chinese and Western Poetry: Rimbaud Stevens and Yeh Wei-lien 为题撰写成她在美国威斯康星大学的博士论文。近几年来出现的博、硕士论文，都以其视角的多元、论述的深入丰富着叶维廉的诗学研究。

通过以上综述，我们可以发现：第一，美国学界对叶维廉的关注，主要集中在叶维廉的中国诗歌翻译及其诗学理论上。他们普遍认为，叶维廉的中国诗歌翻译，大大改变了美国翻译界对中国诗翻译的"惨不忍睹"的面貌，让美国的中国诗歌翻译为之一新。但他们也对叶维廉的比较诗学研究提出了批评，认为叶维廉的比较诗学研究有用刘若愚所说的形上论涵盖整个中国诗学，并以之与西方诗学进行比较研究，用唐诗中符合他的诗学理论的诗歌与西方诗歌进行比较研究的以偏概全的嫌疑，并以此为据对叶维廉的诗学进行质疑。第二，中国学界对叶维廉的关注，港台学界主要集中在研究概括叶维廉的诗学研究方法，以及研究叶维廉的现代诗论对港台现代主义诗歌所产生的影响上。他们肯定了叶维廉比较诗学研究的成就，肯定了他对中国诗歌与诗学在美国学界的译介与推广，并研究、概括出了叶维廉比较诗学研究的独特方法：语言与美学的会通，诗与小说的美学会通。但他们对叶维廉比较诗学研究中"中国本位"产生了争议，反对者称叶维廉违反了比较文学学者应有的原则，但支持者认为叶维廉作为华人学者，没有必要放弃自己的文化信仰。内地（大陆）学者对叶维廉的关注，目前看来兴趣点较多，且比较复杂。但概而言之，也可以归纳为审视其比较诗学研究的学科意义、关注其中国诗学研究的他山之效以及聚焦其道家美学的现代阐释。内地（大陆）学者对叶维廉的诗学研究，普遍持肯定的态度，认为其比较诗学研究为比较文学学科确立了基本思路，设定了研究目标，指出了具体的研究方法；认为其中国诗学研究，发掘出了隐藏在诗歌语言背后的美学思想、哲学态度与文化传统，对中国诗学与道家美学进行了有效的现代阐释与转换，为中国诗学的传承与道家美学的新生做出了贡献。但也有学者对叶维廉的诗学研究提出质疑，质疑其"共同诗学"的概念，质疑其对中国诗学形上论及道家美学的偏爱，遮蔽了中国诗学与美学的多样性。

笔者希望能在中、美两国学者们研究的基础上，以叶维廉"放逐"中国港台、侨居美国的文学活动为线索，透视叶维廉辗转中国港台与美国的过程中，时空的变幻、文化背景的变迁，对叶维廉诗歌创作与诗学研究之追求的影响，同时通过细读叶维廉的诗学文本，梳理与重构叶维廉诗学体系的生长秩序，发掘叶维廉对中国现代诗学精神的传承，对西方诗学资源的借鉴之理路，明晰叶维廉诗学体系创生及其过程中的触发性因素。笔者希望在这样的研究过程中，能很好把握住叶维廉诗学体系的骨架、血肉与灵魂，深刻理解叶维廉诗学之为当下这种形态与特色的深层原因，较好地阐释叶维廉诗学体系的价值及其对当下比较诗学研究的启示，并直面中美学界的质疑，给出合理的解释与批评。

第一章 以西释中

叶维廉比较诗学的起点

第一节 "别求新声于异邦"

第二节 "从旧的里面去发现新的"

第三节 "用中国的现象解释中国文化的特征"

叶维廉在1983年出版的《比较诗学》序言中,说自己在对比较文学学科进行深切的哲学思考之前,其实已经不知不觉地进入了比较文学的活动。这引领叶维廉进入比较文学研究的,就是中国现代主义文学与中西比较诗学。叶维廉说,他是"承着五四运动而来的学生与创作者"①,"五四本身便是一个比较文学的课题"②,现代文学史上作品的创作、诗学的探索,几乎都是在两个或者更多文化之间运思的结果。正是"五四"那种来者不拒的开放精神,使得西方的文学运动、主义、理论、方法、题旨纷至沓来,这使得当时的中国人大大开拓自己的视界,尽管当时的知识分子对西方的理论缺乏反省的时间、意识与能力,但"慢慢也孕育了我们后来的辨识力和反省的耐心"③。也正是在这中西文化激荡的文化语境之下,身处内忧外患之中的现代学者们"筚路蓝缕,以启山林",他们援引西方的文学理论以研究中国文学的做法,为后来的比较文学研究者提供了可以沉思与回顾的理论试验成果。而当叶维廉因着诗歌创作与翻译进入比较文学研究的园地时,这些现代学者所取得的试验性的理论成果,成了能够给他提供启示的、重要的理论资源,构成了他比较诗学研究的起点。所以,为了更好地认知与理解叶维廉诗学,厘清

---

① 叶维廉:《比较诗学序》,《比较诗学》,台北:东大图书公司,1983年,第1页。
② 《比较诗学序》,《比较诗学》,第1页。
③ 《比较诗学序》,《比较诗学》,第2页。

叶维廉与中国现代诗学的传承关系，我们首先需要对中国现代诗学的重要理论成果进行检视。但在此之前，笔者有必要对本书中所运用的"中国现代诗学"概念做个界定。本书所谈到的中国现代诗学，是比较文学、比较诗学意义上的现代诗学，或者说，是比较文学研究视野中的现代诗学，它跟在新诗研究视野下的中国现代新诗理论，以及在现代文化语境下探讨文学艺术一般规律的研究有所区别，它将关注的焦点聚集在了中西比较诗学研究中所取得的成果上。

第一节 "别求新声于异邦"

陈寅恪在《王静安先生遗书》序中，曾经概括过王国维的治学方法，其中第三个方法是"取外来之观念，与固有之材料互相参证"[1]，陈寅恪说，王国维的文艺批评及小说戏曲之作，如《〈红楼梦〉评论》《宋元戏曲考》《唐宋大曲考》等都是运用这种治学方法取得的。其实，这又岂止是对王国维治学方法的概括，它还是对"西洋之学术骎骎而入中国"[2]之时代学术界治学方法的洞察。严复、黄遵宪、梁启超、王国维等一批有着远见卓识的学者，处中西文化相遇的前沿、冲突的漩涡，得时代风气之先，破中外门户之见，援引西方学术思想与观念，对中国文化与文学的解读与阐释，确如陈寅恪所说，对当时学界起到了"开拓学术之区宇……转移一时之风气，而示来者以轨则"[3]的重要作用。自严复、梁启超、王国维等学者始，此种取外来观念，印证与阐释中国文化与文学的治学方法，已经影响了中国学界整整一个多世纪了。

---

[1] 陈寅恪：《王静安先生遗书序》，《陈寅恪集·金明馆丛稿二编》，北京：生活·读书·新知三联书店，2001年，第247页。
[2] 王国维：《论新学语之输入》，《王国维集》（第2册），北京：中国社会科学出版社，2008年，第306页。
[3] 《王静安先生遗书序》，《陈寅恪集·金明馆丛稿二编》，第247页。

一、用西方诗学阐发中国文学

王国维的《〈红楼梦〉评论》一文最初发表在1904年的《教育世界》杂志上。这篇文章是运用西方哲学家叔本华、康德的哲学思想与美学观点,来研究《红楼梦》而得的成果。据叶嘉莹考证,在王国维这篇文章之前,中国文学批评史上,还从未出现过这种援引西方的学术思想来批评、印证中国文学的先例,也还未出现过这种从哲学、美学的角度研究与解读文学作品的批评文章。①

《〈红楼梦〉评论》共分五个部分。第一部分是全文的总纲,也是王国维批评《红楼梦》的理论武器之概括。在这第一部分中,王国维先援引叔本华的哲学思想形成对人生的基本看法以及对生活的本质洞察。王国维说:"生活之本质何?'欲'而已矣"②,"欲之为性无厌,而其原生于不足。不足之状态,苦痛是也。……即使吾人之欲悉偿,而更无所欲之对象,倦厌之情即起而乘之,于是吾人自己之生活,若负之而不胜其重。人生者,如钟表之摆,实往复于苦痛与厌倦之间者也"。然后,王国维又援引叔本华与康德的美学观念来探讨美术的本质与功用。王国维说"吾人之知识与实践之二方面,无往而不与生活之欲望相关系,即与苦痛相关系",只有美术"使吾人超然于利害之外,而忘物与我之关系",人在美术之中,能忘记生活之苦痛,"使吾人自空乏与满足、希望与恐怖之中出,而获永远息肩之所",最终得以"解脱"。王国维接着说,"美之为物有二种:一曰优美,一曰壮美",优美固可以使"吾人离生活之欲而入于纯粹之知识者",壮美亦可以使人忘物我之关系,"凡人

---

① 叶嘉莹:《王国维及其文学批评》,北京:北京大学出版社,2008年,第150页。
② 王国维:《〈红楼梦〉评论》,《王国维集》(第1册),北京:中国社会科学出版社,2008年,第3页。

生中足以使人悲者，于美术中则吾人乐而观之"。王国维持此人生观与文学观，遍览中国文学，于是"得一绝大著作曰《红楼梦》"①。

《〈红楼梦〉评论》接下来的章节，如《红楼梦》之精神、《红楼梦》之美学上之价值、《红楼梦》之伦理学上之价值，均是以第一章中所概述之哲学观、人生观与文学观为标准，对《红楼梦》的分析与批评。在上述西方哲学思想与文学观念的视野之下，王国维得出了自己的研究结论："《红楼梦》一书之精神乃在写宝玉由'欲'所产生之苦痛及其解脱之途径"，"《红楼梦》一书与吾国人乐天之精神相反，乃'彻头彻尾之悲剧也'"②，"《红楼梦》正是'以解脱为理想者'，此即为《红楼梦》伦理学上之价值"③。非常明显，王国维将《红楼梦》奉为"绝大著作"，其所依据的正是西方学术思想，而其对《红楼梦》的研究，也正是凭借西方的批评观念对该作品所做的阐发。虽然当下的学者们对这种批评方法与视角有所警惕与批评，但王国维所采用的这种援引西方学术思想阐发中国文学的研究方法，以及从哲学与美学的观点对中国文学的批评，却开创了现代中国文学批评的新途径。

效法王国维以维持中国文化道德礼教之精神为己任，因主张"论究学术、阐求真理、昌明国粹、融化新知。以中正之眼光，行批评之职事"④之学术精神，而被徐葆耕称为中西文化会通派重要代表人物的吴宓⑤，在其前期的文学批评之中，也采用过类似于王国维在《〈红楼梦〉评论》所使用的研究方法——援引西方的文学理论来阐发中国文

---

① 《〈红楼梦〉评论》，《王国维集》（第1册），第4-6页。
② 《王国维及其文学批评》，第149页。
③ 《王国维及其文学批评》，第150页。
④ 吴宓等：《学衡杂志简章》，《学衡》1922年第1期。
⑤ 徐葆耕：《〈会通派如是说——吴宓集〉前言》，上海：上海文艺出版社，1998年，第3页。

学。巧合的是，吴宓援引西方理论所研究的对象也是这一"绝大著作"《红楼梦》，所得文章名为《〈红楼梦〉新谈》。这篇文章是1919年3月，吴宓在哈佛大学学习期间，应哈佛大学学生会的邀请所做的一次演讲，1920年整理发表在《民心周报》上。根据吴宓本人的说法，这篇文章主要是"用西洋小说法程（原理、技术）来衡量《红楼梦》，见得处处精上，结论是：《红楼梦》是一部伟大的小说，世界各国文学中未见其比"①。在这篇文章里，吴宓援引和化用了当时哈佛大学英文教员 Dr. G. H. Magnadier 的小说批评"小说杰构之六长"理论，即宗旨正大（serious purpose）、范围宽广（large scope）、结构谨严（firm plot）、事实繁多（plenty of action）、情景逼真（reality of scenes）、人物生动（liveliness of characters），来一一检视《红楼梦》的宗旨、范围、结构、事实、情景、人物等六个方面，发现"处处合拍，且尚觉佳胜"②。由此，吴宓得出"盖文章美术之优劣短长，本只一理，中西无异"③之结论。对此由研究《红楼梦》得出的结论，吴宓始终笃信不疑，并在日后的文学研究中一以贯之。不仅如此，吴宓这种文学观，对其师友也产生了深远的影响，钱锺书便是著名的例子，我们在其"东海西海，心理攸同；南学北学，道术未裂"④的文学观以及中西文学间共同的诗心与文心的诗学追求中，可以清晰地看到吴宓的影子。不仅这篇文章研究框架采用的是西方诗学，在行文之中也是频频用西方诗学来分析点评《红楼梦》的宗旨、范围等六个方面。比如近期就有学者研究指出："《红楼

---

① 吴学昭：《吴宓与陈寅恪》（增补本），北京：生活·读书·新知三联书店，2014年，第4页。
② 吴宓：《〈红楼梦〉新谈》，徐葆耕编《会通派如是说——吴宓集》，上海：上海文艺出版社，1998年，第276页。
③ 《〈红楼梦〉新谈》，《会通派如是说——吴宓集》，第276页。
④ 钱锺书：《〈谈艺录〉序》，北京：生活·读书·新知三联书店，2002年，第1页。

梦新谈》一文……在具体阐释《红楼梦》悲剧主旨时，更明确地说是分析贾宝玉作为悲剧之人物时，应用了亚里士多德的悲剧理论。"[1] 吴宓负笈美国，用其所习得之西方文学理论审视《红楼梦》，将《红楼梦》置于世界文学的广阔背景中来考察，在明确了《红楼梦》在世界文学史中的定位的同时，也将美国当时风行的比较文学的研究方法运用自如了。

二、用西方文学评判中国文学

西方列强用船坚炮利打开中国大门，迫使国人睁开眼睛看世界，最直接的后果就是使国人有了外来文化的参照，有了中外比较的眼光。具体到文学上，当时先进的中国人接触到西方（包括日本）文学，并以此为镜反观中国文学的时候，心中的震颤与痛苦是可想而知的，于是他们酝酿掀起一场文学革命，以彻底批判中国旧有文学，并借鉴西方文学催生中国新文学了。

梁启超东渡日本之后，接触到当时流行的"以稗官之异才，写政界之大势"的政治小说，十分欣赏。梁启超在《译印政治小说序》（1898）中说："在昔欧洲各国变革之始，其魁儒硕学，仁人志士，往往以其身之经历，及胸中所怀，政治之议论，一寄之于小说。"[2] "往往每一书出，而全国之议论为之一变。彼美、英、德、法、奥、意、日本各国政界之日进，则政治小说为功最高焉。"[3] 反观中国小说"虽列之于九流，然自

---

[1] 赵立群：《吴宓〈红楼梦新谈〉研究》，《曹雪芹研究》2014年第1期。
[2] 梁启超：《译印政治小说序》，金雅编《中国现代美学名家文丛——梁启超卷》，杭州：浙江大学出版社，2009年，第373页。
[3] 《译印政治小说序》，《中国现代美学名家文丛——梁启超卷》，第373页。

虞初以来，佳制盖鲜。述英雄则规画《水浒》，道男女则步武《红楼》，综其大较，不出诲盗诲淫两端，陈陈相因，途途递附，故大方之家，每不屑道焉。"①痛定思痛，梁启超要提倡新小说——政治小说了，其脍炙人口的《论小说与群治之关系》（1902）一文就在这时喷薄而出！在该文中，梁启超首先确定小说的文学性质和地位："小说为文学之最上乘也。"②梁启超说，"小说之道感人深矣。泰西论文学者必以小说首屈一指"③，且从新民救国、改良群治的角度来看，小说因有批窾导窍、移人性情的优长，而有支配人道之不可思议之力量。其次，批判中国旧小说，倡导小说界革命。梁启超说中国群治腐败之总根源在旧小说，中国人的状元宰相、佳人才子、江湖盗贼、妖巫狐鬼之思想，都来自旧小说的影响，国民的迷信愚昧、寡廉鲜耻、权谋诡诈、轻薄无行、意志消沉之劣根，"惟小说之故"④。由此，梁启超喊出"欲新民，必自新小说始"⑤的时代强音。最后，探讨国民嗜读小说之原因在于"心理学自然之作用"。在梁启超看来，将国民嗜读小说的原因归结在"浅而易解""乐而多趣"并不充分，"文章之真谛，笔舌之能事"在于"导人游于它境界，而变换其常触常受之空气"，"和盘托出，彻底而发露"常人所"行之不知、习矣不察"的"怀抱之想象、经阅之境界"，并由此得出小说可划分为理想与写实两派之论。⑥

---

① 《译印政治小说序》，《中国现代美学名家文丛——梁启超卷》，第373页。
② 梁启超：《论小说与群治之关系》，金雅编《中国现代美学名家文丛——梁启超卷》，第370页。
③ 新小说报社（梁启超）：《中国唯一之文学报〈新小说〉》，黄霖编《中国历代小说批评史料汇编校释》，南昌：百花洲文艺出版社，2009年，第766页。
④ 梁启超：《论小说与群治之关系》，金雅编《中国现代美学名家文丛——梁启超卷》，第371页。
⑤ 《论小说与群治之关系》，《中国现代美学名家文丛——梁启超卷》，第372页。
⑥ 《论小说与群治之关系》，《中国现代美学名家文丛——梁启超卷》，第370页。

一般说来，学界较多从思想启蒙和文学革命的角度来解读这篇文章，学者们较多关注的是文章对小说社会功用的强调与对小说界革命的呼喊，而对文章中用西方文学的观念与标准评判中国文学则较少论述。但在笔者看来，梁启超对小说之文学性质和地位的界定，对中国旧小说的批判，都是以西方文学的观念为理论预设的，而他从心理学的角度对国民嗜读小说之原因的分析以及他对小说的写实与理想两派的划分，更是对西方诗学的引入。

另一个以西方文学的观念来批判中国文学的经典案例，是鲁迅的《摩罗诗力说》。这篇文章作于1907年，1908年发表在《河南》杂志上，时间上比梁启超作于1902年的《论小说与群治之关系》略晚。在《摩罗诗力说》一文中，鲁迅说当时之中国"诗人绝迹，事若甚微，而萧条之感，辄以来袭"，欲要振兴中国，恢复中华，"首在审己，亦必知人"，"别求新声于异邦"，以期达到"比较既周，爰生自觉，自觉之声发，每响必中于人心，清晰昭明，不同凡响"之"国民精神之发扬"。鲁迅所寄予厚望、孜孜以求之新声，即为"摩罗诗派"。在鲁迅看来，摩罗诗派"立意在反抗，指归在动作"，"大都不为顺世和乐之音，动吭一呼，闻者兴起，争天拒俗，而精神复深感后世人心，绵延至于无已"①，而这与中国诗学所追求之"持人性情""强以无邪"的精神甚是不同。有感于"摩罗诗派"所警示与激励之下的西方文化的勃兴与繁荣，以及中国传统诗学精神熏染与羁縻之下的国人精神的萎靡与卑懦，鲁迅提出了"诗人者，撄人心者也"②的诗学观，极力推崇西方"摩罗诗派"，并以其文学观念与精神，对中国传统诗学与诗歌展开了批判。

---

① 鲁迅：《摩罗诗力说》，《鲁迅全集》（第1卷），北京：人民文学出版社，2005年，第67–68页。
② 《摩罗诗力说》，《鲁迅全集》（第1卷），第70页。

首先，鲁迅将批判的矛头指向老子思想，认为老子的学说与社会的实际发展相悖。他说"老子书五千语，要在不撄人心；以不撄人心故，则必先自致槁木之心，立无为之治；以无为之为化社会，而世即于太平"，但是自有人类之后，"无时无物，不禀杀机，进化或可停，而生物不能返本。使拂逆其前征，势即入于苓落"①。其次，鲁迅向儒家诗学发难，认为他们将诗人与诗"设范以囚之"，使"伟美之声"不出、不响，国民精神日趋颓丧，社会陷入污浊之平和之中。他说所谓诗歌之"持人性情""强以无邪"之说，无异于"许自由于鞭策羁縻之下"，实际上颠覆了大舜所云之"诗言志"的诗学精神。最后，鲁迅质疑了屈原的"独立不迁"和与世俗抗争之精神。鲁迅说："灵均将逝，脑海波起，通于汨罗，返顾高丘，哀其无女，则抽写哀怨，郁为奇文。茫洋在前，顾忌皆去，怼世俗之浑浊，颂己身之修能，怀疑自遂古之初，直至百物之琐末，放言无惮，为前人所不敢言。然中亦多芳菲凄恻之音，而反抗挑战，则终其篇未能见，感动后世，为力非强。"②在鲁迅看来，屈原尚且如此，其他以颂祝主人、悦媚豪右，或心应虫鸣、情感林泉，或悲慨世事、感怀前贤为追求的诗人，更不会为反抗之声，撄人心以出污浊之平和了。

这种援引西方的文学理论或文学观念，来阐释中国文学的文学研究方法，对中西比较文学的研究都产生着深刻的影响，规定着后世比较诗学的研究路径。尤其引人注目的是，20世纪六七十年代，西方文论流派纷呈之际，此种研究方法几乎成了中国海峡两岸暨香港比较诗学研究的主流范式。阐发研究，正是六七十年代的中国港台学者对此种研究方式的理论概括，他们甚至还提出建立比较文学研究的"中国学派"的

---

① 《摩罗诗力说》，《鲁迅全集》（第1卷），第69页。
② 《摩罗诗力说》，《鲁迅全集》（第1卷），第71页。

设想。相对于法国学派的影响研究、美国学派的平行研究与跨学科研究，中国港台学者为中国学派树立的独具特色的研究范式就是"阐发研究"。但是，就是在提出将阐发研究作为中国学派的研究范式、在淡江大学召开的国际比较文学研讨会上，与会的大部分外国学者却不同意这样的提法，在他们看来，用西方的文学理论和文学标准，来阐释和评判中国文学，容易造成对中国文学的遮蔽与切割，容易使中国文学丧失本来的面目。①在多年来中国比较文学界阐发研究的实践中，"我们更多的是运用西方的理论对中国文学中某些作家、作品或文学现象进行阐释和分析，而很少采用中国的理论来解释外民族文学中的作家、作品和文学现象。这种以西释中的现象……将中国文学直接变成了西方文学理论的注脚。在这类研究中，阐发研究的优点似乎荡然无存，而其缺点或者问题却反而突出地显现出来了"②。其实，这个问题早就引起了叶维廉的关注与警惕，他之所以提出"文化模子"学说，主张要对比较研究的双方做寻根探固的认识与了解，正是他对这种"阐发研究"的批评与扬弃。

---

① 高旭东、蒋永影：《平行研究·世界文学》，北京：北京大学出版社，2017年，第53页。
② 曾艳兵：《作为比较文学中国学派的阐发研究》，《走向比较诗学》，北京：北京大学出版社，2017年，第25页。

第二节 "从旧的里面去发现新的"

学者徐葆耕曾撰文指出，世界近现代学术的发展历程昭示出两种不同的学术理路：摧毁式与解释式。摧毁式主要存在于西方，讲究"除旧布新"，新学说的兴起必以对旧学说的摧毁为鹄的，在对旧学说的批判中确立自己的位置，这使得西方近现代学术相激相荡，如浪花奔涌，呈现出勃勃生机。解释式理路主要存在于中国，讲究"推陈出新"，主张以旧学说调和融通新学说，用新学说解释、修正、发挥旧学说，以实现旧学说的新丰富与新发展。① 尽管 19 世纪末以来，由于西方学术的冲击，中国的学术理路有了根本性的变化，出现了新文化运动"重估一切价值"的对传统学术理路的反叛，但历史的发展往往不是单线演进的，在滔滔奔涌的主流学术之外，仍有一部分学者在民族文化危机的忧思之中，传承着中国传统的解释式的学术理路，他们主张吸纳西方文化之长以补中国文化之短，立志"昌明国粹，融化新知"，探求中西文化的会通。

一、兼通新旧，会通中西

徐葆耕曾将会通派的学术传统追溯到张之洞，但其真正推崇的会通

---

① 《〈会通派如是说——吴宓集〉前言》，《会通派如是说——吴宓集》，第 1–2 页。

派代表人物却是吴宓。徐葆耕说,"由于张拘守于封建制度及道德的本体,对西方文化的吸纳几乎仅限于技巧层面……不能沿着这一理路获得重大建树,更不足以同'摧毁派'并驾齐驱"①,"会通派"真正产生影响,还需待像吴宓这样的"在美国系统研修西方文化而又主张'中西会通'的学人返国"②,并在学界崭露头角。

在1919年吴宓与陈寅恪之间的一次纵论中、西、印文化的谈话中,他们将当时中西文化的局势与两宋时期儒佛对峙局面进行了类比,并以程朱当时的文化选择方案作为自己在中西文化间的基本态度:"于是佛教大盛。宋儒若程若朱,皆深通佛教者,既喜其义理之高明详尽,足以救中国之缺失,而又忧其用夷变夏也。乃求得两全之法,避其名而居其实,取其珠而还其椟。采佛理之精粹,以之注解四书五经,名为阐明古学,实则吸收异教。声言尊孔辟佛,实则佛之义理。已浸渍濡染,与儒教之宗传,合而为一。"③吴宓留美归国之后,即与梅光迪、胡先骕等人创办《学衡》杂志,旗帜鲜明地提出中西文化融合会通的主张,抨击新文化运动对中国传统文化的"摧毁式"攻击,批判他们持论之偏激,取材之偏颇,行文之乖张,提倡"保存国粹,而又昌明欧化,融会贯通",以收"学艺文章"之"奇光异彩"之效。

吴宓这种中西会通的文化主张,落实到文学上,主要表现在其《诗学总论》《余生随笔》《英文诗话》《空轩诗话》《文学与人生》《论今日文学创造之正法》等文献之中。透过吴宓中西会通的文化选择与"融西入中"的操作方法,我们可以概括出吴宓会通式的诗学观。第一,"诗

---

① 《〈会通派如是说——吴宓集〉前言》,《会通派如是说——吴宓集》,第3页。
② 《〈会通派如是说——吴宓集〉前言》,《会通派如是说——吴宓集》,第3页。
③ 《吴宓与陈寅恪》(增补本),第16页。

意与理贵新，格律韵藻须旧"①。吴宓认为"今日中国文字文学上最重大急切之问题乃为'如何运用中国文字，表达西洋之思想。如何以我有之旧工具，运用新得于彼之新材料'"②。具体到文学创作，吴宓说："作诗之法，须以新材料入于旧格律"③，"文学创造家之责任，能写今时今地之闻见事物思想感情，然又必深通历来相传之文章之规矩……始合于文学创造之正轨。"④至于新体白话自由诗，在吴宓看来，"并非诗，决不可作"。⑤吴宓这种"旧瓶装新酒"的诗学观，与梁启超等人发起的"诗界革命"，与胡适等人倡导的白话新诗运动相逆而动，颇为时人批评。但以今天的眼光看来，吴宓这种"援西入中""中西会通"的诗歌创作主张自有其重要价值在，很多学者在探讨新诗的成败、新诗如何传承旧诗以获得新发展、旧体诗在现当代文学中所取得的成绩等问题时，又开始认真思考吴宓当年的主张了。第二，"文学之根本道理，以及法术规律，中西均同。"⑥吴宓是在《论新文化运动》一文中明确提出这一诗学观点的，吴宓说："文章成于模仿……古今之大作者……未有不由模仿而出者也……文学之变迁，多由作者不模此人而转模彼人，舍本国之作者而取异国为模范，或舍近代而返求之于古，于是异采新出。然其不脱模仿，一也。"⑦由是，吴宓批评白话新诗"欲举前人之诗，悉焚毁废弃而不读"⑧的错误倾向。除此之外，吴宓在其诗话中也曾多次有过"文学之道，中西一律"的论述，比如在《余生随笔》中论及诗文随

---

① 吴宓：《余生随笔》，《吴宓诗话》，北京：商务印书馆，2007年，第32页。
② 吴宓：《马勒尔白逝世三百年纪念》，《吴宓诗话》，第126页。
③ 吴宓：《论今日文学创造之正法》，《吴宓诗话》，第97页。
④ 《论今日文学创造之正法》，《吴宓诗话》，第97页。
⑤ 《论今日文学创造之正法》，《吴宓诗话》，第97页。
⑥ 吴宓：《论新文化运动》，徐葆耕编《会通派如是说——吴宓集》，第6页。
⑦ 《论新文化运动》，《会通派如是说——吴宓集》，第6页。
⑧ 《论新文化运动》，《会通派如是说——吴宓集》，第7页。

时势为变迁时,说"地无论东西,国无论中外,时无论古今,凡时势同者,则文章亦同。即其递嬗蜕化之迹,往往若出一辙。"①论及诗效至伟时,说"盖诗者一国一时,乃至世界人类间之摄力也。其效至伟,以其入人心者深也。国与种虽有别,而其诗之内容不异,诗人之喜怒哀乐,为凡人类所同具。"②既已有此"古今中西一律"之文学观,日后再有《诗学总论》以探求"平正浑括"之诗之定义,以寻求中西文学之共同的文学规律,以成就中国现代新诗学也是顺理成章了。第三,会通中西诗学精神,以成新诗学。吴宓的《诗学总论》一文,在中西文学的语境中探讨了诗之定义及其本质特征。在该文中,吴宓一方面小心翼翼地切割诗歌与散文的界限,另一方面征引古今中外的诗歌与古今诗论者对诗之界定,为其提出的诗之定义做论证。吴宓说,诗歌与散文,均是以文字表示人之思想与情感的,不能简单说诗歌专主表达情感,而散文专主解说道理,所以诗歌与散文的区别不在此处。由是,吴宓指出诗与文之差别,仅在于诗用"切挚高妙之笔",作"具有音律之文"。他援引亚里士多德的"质"与"形"之说,一再强调诗须形质并重,"形与质不可分离,相合而互成其美,缺一则均归消灭,未可以意为之高下轻重也。"由是,吴宓说"善为诗者,既博学行德,以自成其思想感情之美,更揣摩谙练,以求得韵律格调之美。"③并以中西大诗人为例以论证、支撑自己的观点。吴宓在此基础上,对新文化运动的白话新诗创作进行了批判,认为白话新诗的倡导者们不知形与质不可分离之理,不能将形质并重而互成其美,一味以"粗劣卑浅之思,激躁刻薄之情",痛攻古典诗歌,举格律而歼除之,最后只能作些粗劣之白话诗,"去正途愈远,

---

① 《余生随笔》,《吴宓诗话》,第39页。
② 《余生随笔》,《吴宓诗话》,第41页。
③ 吴宓:《诗学总论》,《吴宓诗话》,第63页。

入魔障益深"。吴宓希望他此番在介绍英文诗的基础上,在中西诗歌对比研究的语境中,会通而提出的诗之定义与根本道理精神及格律程式之要,能为中国诗之前途,孕育一线生机。

二、从本质上检讨传统,用西学发挥中学

2015年,清华学者罗钢积十年之功,出版专著《传统的幻象:跨文化语境中的王国维诗学》,一石激起千层浪。在这本著作中,罗钢在细致梳理王国维诗学的学术脉络与理论诱因的基础上,提出了与众多现当代学者迥然不同的观点。在罗钢看来,王国维诗学绝非中西诗学的化合与创生之物,而是德国近现代美学观念的横向移植。在此基础上,罗钢解构了中国几代学者们苦心建构的所谓中国美学与诗学的中心范畴——"意境"理论。罗钢说,几代学者的苦心营构,均是在胡适提倡的"借用别系的哲学做一种解释演述的工具"的研究范式下进行的,而这种研究范式的采用,使得学者们一直在某种西方思维的结构下看待中国文学与文化,而丧失了直接面对自己的历史、文化与文学的机会,这"使西方文化思想逐渐渗透和内化为我们对自身民族文化身份的体认和对自身文化传统的想象,最终生产出一种以西方文化为范型,与西方文化具有高度同质性的'中国文化传统'"①。

毫无疑问,罗钢的说法是富于洞见的,也是一针见血的。但吊诡之处在于罗钢对王国维诗学的批评、对"意境"理论的解构,其实也同样是在某种西方理论与思维的结构之下进行的,他的理论武器是美国当代批评家赛义德的后殖民主义。从赛义德的理论视野来反思"意境"理

---

① 罗钢:《传统的幻象:跨文化语境中的王国维诗学》,北京:人民文学出版社,2015年,第415页。

论的建构，罗钢所看到的难免尽是中国学者书写自己的历史和传统的时候，他们不得不依赖由西方的理论方法和话语策略所建构的叙述框架来再现自己的历史，来对自己的传统进行所谓的"现代阐释"和"现代转换"，得出的结论也肯定是在这种对自身传统现代阐释与转换之中，西方所实现的对东方的支配、控制和文化霸权。罗钢的批评自然有其警醒的意义，但是他仅从后殖民主义的理论出发，对众多现代学者奋力开展中西诗学研究以建构中国现代诗学的努力予以否定，将现代诗学成果仅仅看作是西方诗学的东方移植，却也是偏颇与片面的。值得注意的是，当我们试图在他的书中寻求在中西跨文化的语境中将来如何开展传统的现代阐释、诗学的现代转换时，发现他重提了朱自清和他的《诗言志辨》等著作，文中对朱自清的"反对'直用西方分类来安插中国材料'；反对'以西方观念为范围去选择中国问题'；反对不加反省、不加区别地在中国文论研究中滥用西方概念和术语"①的不同于胡适的研究范式与策略给予认同与赞赏，并且依据西方阐释学理论提出要重建阐释主体的主张。那么，在中西文化碰撞交流的语境之中，当下学者究竟如何才能真正规避胡适范式的影响，重新体认中国古代诗学传统，做到"一方面吸收输入外来之学说，一方面不忘本来民族之地位"，而达到"于思想上自成系统，有所创获"②呢？

我们发现，贺麟20世纪40年代的几篇文章，如《五伦观念的新检讨》《儒家思想的新开展》，已经为后代学者做出了很好的示范。在《五伦观念的新检讨》中，贺麟说，"无形中支配我们的生活的重大力量有二，一是过去的传统的观念，一是现在的流行的或时髦的观念"③，一

---

① 《传统的幻象：跨文化语境中的王国维诗学》，第404页。
② 陈寅恪：《冯友兰中国哲学史下册审查报告》，《金明馆丛稿二编》，第284页。
③ 贺麟：《五伦观念的新检讨》，《贺麟全集·文化与人生》，上海：上海人民出版社，2011年，第56页。

个人要想把握住传统观念中的精华，做民族文化的传承者，理解流行观念的真义，做时代精神的代表，就必须"具有批评的、反省的主导力量，能够对传统观念及流行观念，加以新检讨和新评价"①。在对五伦观念进行检讨时，贺麟提出对传统观念的"批评须从本质入手"，"不从表面或枝叶处立论"，"不从实用的观点去批评"，"不能因噎废食，因末流之弊而废弃本源"②的观点。据贺麟从本质上考察，中国传统的五伦观念，具有"（一）注重人与人的关系；（二）维系人与人之间的正常永久关系；（三）以等差之爱为本而善推之；（四）以常德为准而皆尽单方面之爱或单方面的义务"③四个基本质素或要义。当用披沙沥金的方式从本质上考察出来五伦观念的四层要义之后，贺麟惊讶地发现这"中国特有的最陈腐、最为世人诟病"的学说，竟然有"与西洋正宗的伦理思想和与西洋向前进展向外扩充的近代精神相符合的地方"。④贺麟说，这与西洋精神相通的五伦观念之四要素，正可作为中国社会重新建立人生与社会的行为规范和准则的基石。在《儒家思想的新开展》中，贺麟说在思想与文化的范围里，现代与古代决不可脱节，新思想若与旧文化完全没有关系，决不能源远流长、根深蒂固。换句话说，在贺麟看来，新思想若想在中国文化的土壤中扎根，则非与中国旧思想相交融相统一不可；旧文化若想在新的历史语境中获得新生机与新发展，则也必须改造、调整自己以适应新的社会需要与新的时代环境，吸收、融会、转化新文化。只有如此，才能最终形成新思想，建设新文化。贺麟在从本质上对儒家思想进行了批评与反省之后，探究出了儒家思想新开展的路

---

① 《五伦观念的新检讨》，《贺麟全集·文化与人生》，第56页。
② 《五伦观念的新检讨》，《贺麟全集·文化与人生》，第57页。
③ 《五伦观念的新检讨》，《贺麟全集·文化与人生》，第66页。
④ 《五伦观念的新检讨》，《贺麟全集·文化与人生》，第65页。

径:"必须以西洋的哲学发挥儒家的理学""须吸收基督教的精华以充实儒家的礼教""须领略西洋的艺术以发扬儒家的诗教"。①贺麟说,只有沿着这样的路子,中国学者在面对时代问题时,才能得到传统的真精神、真意义,也才能固守自己文化的立场,真正不会被五花八门的流行观念遮蔽了双眼,失去了文化的认同。贺麟五伦观念的新检讨,"从旧礼教的破瓦颓垣里,去寻找出不可毁灭的永恒的基石"②的努力,从文化现象的本质而非表面或枝叶对传统观念的批评,给当下的古典诗学现代阐释以重要的启示,而其儒家思想的新开展中所展示的用"西学"发挥"中学",将"中学"视为不断生长发展的有机体,让"中学"适应新时代,并基于对新时代问题的新思考、新探索和新解答而获得新发展、新生命,则为比较文学、比较诗学的研究做出了示范。

在此基础上,我们回头来看罗钢对王国维诗学的批评,就会发现有其偏颇之处。王国维对德国美学的汲取吸收,是有着发挥中国古典诗学真精神的努力的。他所主张的中西诗学概念的"化合",他将德国美学概念的意义,引入中国传统学术体系,以建立新的诗学概念的努力,其实都含有在对传统诗学概念进行仔细体认基础上的对西方学术资源的吸收与输入之成分。

正像前文所指出的,这种会通式的诗学研究,虽然在中国现代文化语境之中,属于潜流暗涌式的存在,但采取这种研究方式的学者却也不在少数,而且这种研究方式也被当下学者们越来越多地接受与采用,对比较诗学研究的影响也越来越大。但是,我们也应该对会通式的比较文学研究保持警惕,吴宓等人主张的"文学之道,中西一律",虽然影响颇大,就连叶维廉在一时之间也未能明确地、有意识地对之进行反省,

---

① 贺麟:《儒家思想的新开展》,《贺麟全集·文化与人生》,第15—16页。
② 《五伦观念的新检讨》,《贺麟全集·文化与人生》,第67页。

但比较文学研究的事实却表明了其乌托邦的幻想性。叶维廉后来的诗学研究表明，中西诗学的融会贯通性研究，并非仅只求得中西的"共同诗学"一途，中西诗学之间弓张弦紧的对话，有利于中西诗学的互补互拓，互证互释，共生共荣。

第三节 "用中国的现象解释中国文化的特征"

海外汉学家研究中国的学问与现代中国学者有很多不同之处，其中因研究目的之不同而带来的研究方法的不同，最值得探究。海外汉学家研究中国文化，目的是通过对他者的研究以更好地认识自身，所以其研究重心往往不是中西文化间肤浅表面的"同"，而是深刻内在的"异"，他们希望通过对与自身文化相异的中国文化的研究，为认清自身文化的特点、解决自身文化的问题、寻求自身文化的发展提供借鉴。而中国学者在研究自身所根植于其间的本国文化之时，却因着眼于摆脱中国文化近百年来的衰退，寻求伟大的复兴之全局，处处以比自身优越的西方文化为参照、为标杆，抱有赶超西方文化的雄心，渴望获得西方文化的认同，所以其研究重心往往集中在中西文化之间浅层表面的"同"，而有意无意地回避深层内在的"异"，他们希望能够通过这种"求同存异"的方式，获得与西方同等的文化高度与分量，获得与西方学界平等对话的平台与资格。结果怎么样呢？在汉学家那里，中国的学问，愈研究愈精深，而在中国学者这里，却只能对西方学术亦步亦趋，患上了"失语症"，鲜有进境。那么，中国诗学的出路在哪里？中国学者的方向在哪里？罗钢教授在他的著作中，在批判了胡适等人开创的借用欧美哲学解释演述中国史料的研究范式之后，推出了另外一条通向中国传统的道路——朱自清的借镜西方，保存传统中国本来面目之路。这条道路，与汉学家研究中国学问的方法，有着相通之处，用他们的话说，这就是

"用中国文化自身提供的现象"去解释"中国文化的特征"①。

一、"将中国还给中国"

朱自清在论及中国传统的诗文评与西方舶来的文学批评观念时,说过一段因难得而著名的话:"'文学批评'原是外来的意念,我们的诗文评虽与文学批评相当,却有它自己的发展……写中国文学批评史,就难在将这两样比较得恰到好处,教我们能以靠了文学批评这把明镜,照清楚诗文评的面目。诗文评里有一部分与文学批评无干,得清算出去;这是将文学批评还给文学批评,是第一步。还得将中国还给中国,一时代还给一时代。按这方向走,才能将我们的材料跟那外来意念打成一片,才能处处抓住要领;抓住要领以后,才值得详细探索起去。"②在这段话里,朱自清提出了建构中国文学批评史的三个原则,即"将文学批评还给文学批评","将中国还给中国","一时代还给一时代"。关于第一条原则,朱自清在文中说得很清楚,他意在借西方文学批评这个概念的明镜,烛照中国传统诗文评的面目,从而在中国几千年纷繁芜杂的诗文评材料中,廓清范围、理出线索、找出要领。这个原则很容易引人疑惑,有人或许会有疑问,说朱自清在这里还不是同其他同时代的学者们一样,还是要用西方的文学观念来框限、清理中国文学与诗文评的材料,削足适履,以方便文学批评史的写作?其实,朱自清在这里强调的是在中西文化交融碰撞、会通融合的语境之下,中国文学批评由诗文评向文学批评转型的必然性,"姑无论将来是好是坏,这已经是不可避免

---

① 汪德迈:《中国文化思想研究》,北京:中国大百科全书出版社,2016年,第13页。
② 朱自清:《诗文评的发展》,《朱自清全集》(第3卷),南京:江苏教育出版社,1996年,第25页。

的事实"①。作为现代学者，经受了欧风美雨的洗礼之后，再也不可能回到传统文化的语境之中，沿着古代学者的为学之路蹒跚前行。在当时那个文化与文学大变革的时代，汲取西方的学术观念与理路，是不可避免也无需避免的，而且重回古人的学术理路，也不符合当时的文化氛围，反而有保守、倒退之嫌。所以，问题的关键，不在于是否接受西方学术理念与范式上，而在于在接受了这样的理念与范式之后，如何处理中国的学问与材料上。正是在这里，朱自清显示出了他独特的学术思考与研究理路。而这，正体现在第二、第三原则之上。

"将中国还给中国""一时代还给一时代"的原则，所彰显的是朱自清在学术研究中对"直用西方的分类来安插中国材料""用西方观念为范围去选择中国问题""以今人规范古人，用现代的眼光肢解或歪曲传统"②等研究策略的反对与抵抗，其内涵"就是要求在研究中国文学批评时，应当深入到中国文化之中去体察它的形成机制，从多种体裁中去开辟与累积文学批评的材料，同时能够体认到中国文学批评的存在独特性，这样才不会以西方的文学批评观念来简单地对应与评判中国的文学批评实践，从而抹杀了它的本来面目与可能成就。"③朱自清不仅仅是这样主张的，而且在自身的文学研究，尤其是古典文学研究中也是身体力行。他在《中国文评流别述略》中，将中国文学批评的流别分为六大类，即论比兴、论教化、论兴趣、论渊源、论体性、论字句，都是从中国诗文评的材料出发深入思考而来的。比较美籍华人学者刘若愚

---

① 朱自清：《评郭绍虞〈中国文学批评史〉上卷》，《朱自清学术文化随笔》，北京：中国青年出版社，2000年，第108页。
② 朱自清：《评郭绍虞〈中国文学批评史〉上卷》，《朱自清学术文化随笔》，北京：中国青年出版社，2000年，第106–109页。
③ 刘锋杰、赵学存：《"把中国还给中国"——朱自清等人阐释"文以载道"的方法论意义》，《文艺争鸣》2015年第1期。

在《中国文学理论》中依托美国文艺理论家艾布拉姆斯的文学批评四要素说,对中国文学批评所做的六大分类:形上论、决定论、表现论、技巧论、审美论、实用论①,我们可以明显地发现朱自清是有意避开了西方的文论术语,完全着眼于中国的诗文评材料,并对其进行提炼概括的。这样,朱自清在实践了自己的诗学主张的同时,避免了像刘若愚那样援用西方文论的框架切割中国文学批评的材料所带来的削足适履的问题②。

《诗言志辨》更是朱自清沿着这样的研究思路所取得的一个重要的学术成就。朱自清在这部著作的序言中说,"现在我们固然愿意有些人去试写中国文学批评史,但更愿意有许多人分头来搜集材料,寻出各个批评的意念如何发生,如何演变——寻出它们的史迹。这个得认真的仔细的考辨,一个字不放松,像汉学家考辨经史子书。这是从小处下手。"③循此,朱自清仔细考辨了"诗言志""比兴""诗教""正变"④这四个中国文学批评概念,追溯了它们的兴起源头,分析了它们的发展流派,梳理了它们的历史演变。之所以要选择这四条诗论,朱自清说"诗言志"和"诗教"是中国古典诗论的纲领,它们"告诉人如何理解诗,如何受用诗","比兴"与"正变"属于纲领的细目,是理解诗的方法论。在朱自清看来,"'诗言志''比兴''温柔敦厚'的诗教",这三种中国文学批评"重要的也可以说是基本的观念",为后世诗文评树立了典范,甚至成了诗文评作者们不敢或者难以突破的"金科玉律",从而

---

① 刘若愚:《中国文学理论》,杜国清译,南京:江苏教育出版社,2006年,第18页。
② 刘若愚援用、改造艾布拉姆斯的文学批评四要素说,来研究中国文学理论,并给中国文学理论以体系的做法,所受一般学者批评,认为其用西方的理论框架切割中国文论虽对介绍、研究中国文论有重大贡献,却仍有削足适履之憾。
③ 朱自清:《诗言志辨》,《朱自清全集》(第6卷),1990年,第129页。
④ 《诗言志辨》,《朱自清全集》(第6卷),第129页。

规定了后世诗文评的发展路径①。

由此我们可以看出，虽然从中国文学批评的总体上来看，朱自清的上述观点存在偏颇的地方——正如罗钢指出的那样，朱自清的观点在儒家诗学的范围内是站得住脚的，但超出这个范围就值得商榷了②，但是朱自清一反援用西方的理论框架来分析、切割中国文学批评材料，而是采用从中国自身的诗文评材料出发，细致梳理各个批评意念的源流，"从锦绣万千中抽出几条金线来"，找寻并确定出中国文学批评的纲目的研究方式，却为中国文学批评史的书写、中国文学理论的建构探索出了另一条路。

二、"从他自己的血液里流出来"

学者杨义曾在《中国比较文学批评史纲》一书中说过，"谈论比较诗学，无论如何不应忘记宗白华，尤其是40年代写过《中国艺术意境之诞生》《中国诗画中所表现的空间意识》和《中国书法里的美学思想》等重要论文的宗白华。"③并且，他在精研了宗白华的著作之后，得出结论说："宗白华的比较诗学研究，不停留在表面地用西方观念套解中国例证的层面，而是能够中西贯通，以行家的丰富学养和精微感悟，透视中国艺术的深层的文化思维方式，包括其文化精神、意境深度、时空意识和表达形态。这种贯通，旁及儒、道、玄、禅，横跨诗、画、乐、舞和书法，言之有据，思理条贯，取得了比较诗学中独到的成果。"④杨义

---

① 《诗言志辨》，《朱自清全集》（第6卷），第176页。
② 《传统的幻象：跨文化语境中的王国维诗学》，第404页。
③ 杨义、陈圣生：《中国比较文学批评史纲》，台北：业强出版社，1998年，第461页。
④ 《中国比较文学批评史纲》，第467页。

的见解之精准、独到，令人叹服。宗白华在20世纪40年代的美学与诗学研究及其所取得的成果，确乎值得再去深入研究，并从中汲取研究方法的重要启示。

正如杨义所见，宗白华的美学与诗学研究，并未生硬地援引西方的文艺观念或理论框架，来套解或切割中国的艺术作品，相反，正如有学者所说"纵观宗白华的比较诗学著述，我们都感受不到他在有意识地进行中西比较的痕迹，好像一切都是那么自然完美，没有丁点儿人工的做作，'仿佛从他自己的血液里流出来，从他自己的肉里长出来……既深厚深刻，又亲切自然'"①。我们在此不妨以《中国艺术意境之诞生》中的"意境"理论为例进行说明。在文章中，宗白华在中国古典诸多诗论家、画论家论述的基础上，总结概括出了意境的定义，并对艺术意境的诞生、意境的层次、意境的传达等进行了探究。在宗白华看来，所谓意境，是"艺术家的独创，是从他最深的心源和造化接触时突然的领悟和振动中诞生的"②，是画家与诗人的"游心之所在"，是他们"独辟的灵境，创造的意象"③，"是客观的自然景象和主观的生命情调交融渗化"，"是使客观景物做我主观情思的注脚"④。在谈到艺术意境的诞生时，宗白华说"归根到底，在于人的性灵之中"，"不是机械的学习和探试可以获得"⑤，"而是在一切天机的培养，在活泼泼的天机飞跃而又凝神寂照的体验中突然涌现出来的"⑥，"澄观一心而腾踔万象，是意境创

---

① 欧阳文风：《"一个独特的存在"——论宗白华比较诗学的独特魅力》，《中国社会科学院研究生院学报》2006年第5期。
② 宗白华：《中国艺术意境之诞生》，《宗白华全集》（第2卷），合肥：安徽教育出版社，2008年，第333页。
③ 《中国艺术意境之诞生》，《宗白华全集》（第2卷），第326页。
④ 《中国艺术意境之诞生》，《宗白华全集》（第2卷），第328页。
⑤ 《中国艺术意境之诞生》，《宗白华全集》（第2卷），第329页。
⑥ 《中国艺术意境之诞生》，《宗白华全集》（第2卷），第329页。

造的始基，鸟鸣珠箔，群花自落，是意境表现的圆成"。①意境的表现层次，在宗白华看来有三：从直观感相的渲染，生命活跃的传达，到最高灵境的启示；至于意境的传达，宗白华说"艺术意境之表现于作品，就是透过秩序的网幕，使鸿濛之理闪闪发光。这秩序的网幕，是由各个艺术家的意匠组织线、点、光、色、形体、声音或文字成为有机谐和的艺术形式，以表出意境。"②我们可以看到，宗白华在论述其整个意境的理论时，无论是其问题的引入点，还是论证过程中采用的材料，几乎都是中国传统的诗论、画论，而且在论述的过程中，几乎没有出现过西方诗学的概念术语，如果不是罗钢在其著作中经过抽丝剥茧般的仔细辨识与分析，我们可能还会认为宗白华的"意境"理论完全是中国传统诗论、画论的理论总结与概括。罗钢发现，在宗白华的背后站着一位德国美学家恩斯特·卡西尔，"卡西尔……先后出版了三卷本的《象征形式的哲学》，发展出一套独特的文化哲学体系，正是他的这一体系，构成了宗白华所谓的'中国艺术意境'的美学基础。"③

不仅如此，宗白华许多独特而深刻的诗论，诸如中国诗画空间意识的音乐化，舞蹈是中国一切艺术境界的典型形式，"气韵生动"为中国艺术和美学追求的最高境界等等，无不是在比较诗学的视野中，以西方诗学为借镜，用中国古典诗论、画论的材料来概括与解释中国诗、画精神的结果。在《中国诗画中所表现的空间意识》的文章一开始，宗白华就援引清人邹一桂对西洋透视画法的批评，对中西画法进行了对比研究，并以西洋画的透视之法，引入中国画法的独特特征。宗白华采用宋人沈括的说法，将中国画法概括成为"以大观小"之法，而与西洋透视

---

① 《中国艺术意境之诞生》，《宗白华全集》（第2卷），第331页。
② 《中国艺术意境之诞生》，《宗白华全集》（第2卷），第333页。
③ 《传统的幻象：跨文化语境中的王国维诗学》，第265页。

之法相区别。宗白华说，相较于西洋画家采用的定点透视法，中国传统画家却不愿受此局限，他们往往采用以大观小之法，舍弃固定地点的片面、机械，而追求眼光"流动着飘瞥上下四方，一目千里，把握全境的阴阳开阖、高下起伏的节奏。"①"画家以流盼的眼光绸缪于身所盘桓的形形色色，所看的不是一个透视的焦点，所采的不是一个固定的立场，所画出来的是具有音乐的节奏与和谐的境界。"②由是，宗白华得出结论说，用这种"'俯仰自得'的精神来欣赏宇宙，并跃入大自然的节奏里去'游心太玄'"③的中国诗人、画家在诗和画中所表现的空间意识，"不是像那代表希腊空间感觉的有轮廓的立体雕像，不是像那表现埃及空间感的墓中的直线甬道，也不是那代表近代欧洲精神的伦勃朗的油画中渺茫无际追寻无着的深空，而是俯仰自得的节奏化的音乐化了的中国人的宇宙感。"④不仅如此，宗白华在总结概括传统诗论、画论的基础之上，还借镜西洋画的空间意识及其文化根源，探究出了中国画家们往往采用以大观小之法的文化根底，宗白华说，《易经》所云的"一阴一阳之谓道"是中国人的根本宇宙观，而"无往不复，天地际也"，则是中国人的空间意识。他说中国人向来不像西方人一样向无边的空间作无限制的追求，而是喜做"引吸无穷于自我"，"网罗山川于门户"之玄想，因而不像西方人一样"站在固定的地点，由固定的角度透视深空"，不断地作追寻、探索、控制之努力，而只是做"高山仰止，景行行止，虽不能至，心向往之"的"俯仰自得，游心太玄"的审美观照⑤。由上所

---

① 宗白华：《中国诗画中所表现的空间意识》，《宗白华全集》（第2卷），合肥：安徽教育出版社，第422页。
② 《中国诗画中所表现的空间意识》，《宗白华全集》（第2卷），第422页。
③ 《中国诗画中所表现的空间意识》，《宗白华全集》（第2卷），第423页。
④ 《中国诗画中所表现的空间意识》，《宗白华全集》（第2卷），第423页。
⑤ 《中国诗画中所表现的空间意识》，《宗白华全集》（第2卷），第434—439页。

述,我们可以发现在行文中,宗白华处处拿西方文化、诗画的特点与中国文化、诗画的特点做对比,但又处处以中国文化、中国诗画的特质为落脚点,步步征引中国的诗论、画论与哲学论著,层层分析中国文化与诗画的独到之处,令人信服地彰显与塑造了中国文化、诗画的永恒魅力!

《易》曰"生生之为易",孔颖达疏曰"生生,不绝之辞。阴阳变转,后生次于前生,是万物恒生,谓之'易'也"①。有学者研究指出:"从语义学上看,生生主要包括两层含义:一是天生万物——第一个生是动词,指创生、生成等,后一个生字是名词,指生命,生生指生命的创生、延续、繁荣。二是'和谐共生'——第一个生是名词,后面的生是动词,指万物相生,相互依存,共存共荣。生物学上将这一现象描述为共生现象。总之,生生就是指自然界中生命的创生、生成、维持、完满、延续和更新之道。"②于是,"生生"之路,亦即是一方面立足于中国诗学的丰富资源,从中国古典诗学中汲取鲜活的思想,另一方面借镜西方诗学的精神传统,以实现对中国诗学的更好地理解与阐释,最终以研究主体的独特视角完成对中国当代诗学的建构。究其本质,这并不是简单舍弃中西比较诗学研究间的"求同",而代之以"求异",以突出中国诗学相对于西方诗学的优势,从当下比较诗学的视野看,简单求同与盲目求异的研究方式,都是应该扬弃的。③

---

① 王弼注、孔颖达疏:《周易正义》,北京:北京大学出版社,2000年,第319页。
② 柯进华:《儒家的"生生"与柯布"大写的生命"之比较研究》,《中国过程研究》(第四辑),2016年。
③ 关于这一点,学者蔡宗齐在《比较诗学结构——中西文论研究的三种视角》中有着精彩的论述。为了避免比较诗学研究中的相似论和差异论(也就是笔者文中提到的"求同"与"求异"的问题),蔡宗齐在跨文化的比较诗学研究中引入了超文化的视角。从这个视角来看,中西诗学之间的"同",其实是两种或多种文化传统之间有意义的汇聚,而不是让一个"较小的"劣势传统与一个"大的"优势传统相统一;中西诗学之间的"异",其实是要扬弃从一个传统俯视或仰视另一个传统的研究方式,而是跳出两者之外,把他们看作是彼此平等而又相互阐发的现象。

学者范方俊曾在其《中西比较诗学的语言阐释》一书中，对当下比较诗学研究的现状提出过批评，他说当今中西诗学的对话中存在着严重的危机，学者们高举对话的大旗，积极进行中西文化的交流与沟通之时，却忘记了对话的真正目的。在范方俊看来，中西诗学对话的目的，并不止于寻求中西诗学的理解与沟通，更重要的是的"要通过与西方诗学的平等对话，最终实现中国当代诗学的理论建构"。① 如果忘却了这个初衷，或者只是单纯地将对话的目的设置在"交流与沟通"之上，我们必然可以想见如此而来的理论成果除了中西诗学间的译介、援引西方理论阐释中国文学、比较研究流于表面求同之外，如何能有植根中国诗学传统、带有原创色彩，且能够解释西方文学现象，并与西方诗学平等对话且给予其启示的当代诗学的出现。反观现代诗学的研究，我们会发现，包括王国维、鲁迅、吴宓、贺麟、朱自清、朱光潜、宗白华、钱锺书等人在内的现代学者，他们几乎无不有以西洋诗学为借镜，建构现代诗学的愿望与念想，也正因为是这样，所以无论他们采用什么样的研究策略，他们都能为后人留下精彩的诗学著作。由此，我们反顾叶维廉的诗学研究，也会对叶维廉的诗学形态有新的理解，叶维廉对道家美学与禅宗思想的青睐，对受道家思想影响的中国古典诗歌的情有独钟，甚至于对张汉良等人所质疑叶维廉的用中国诗学批评西方现代主义诗歌的所谓"以中释西"中国本位，似乎都可以在这里找到落脚点。

当下的比较诗学研究重新陷入困境之中，人们迷茫于援引西方诗学来观照中国古典诗学时的"削足适履"，迷茫于汲取中西诗学资源建构普世诗学所遭遇的种种尴尬，迷茫于在中西诗学间进行跨文化对话时的话语权的缺失……种种问题面前，罗钢说，"在通往中国古代诗学传

---

① 范方俊：《中西比较诗学的语言阐释》，北京：人民出版社，2013年，第8页。

统的道路上，我们可能需要重新出发"①，学者们开始踏上了寻求比较诗学研究的新思路与新方法之路。路在何方？老子说"万物并作，吾以观复"，贺麟说"检讨旧的观念，发现新的精神"。20世纪的西方，哲学思潮涌动，诗学文论流派纷呈，当下的学者们竞奇逐新以致"乱花渐入迷人眼"，忘却本心，不知该向何往。或许，我们应该暂时停下来，致虚极，守静笃，涵养出自主自由之精神与人格，"时时上征，时时反顾，时时进光明之长途，时时念辉煌之旧有"②，做好对"无形中支配我们生活的重大力量"，即"过去的传统的观念"与"现在的流行的或时髦的观念"的"新检讨、新估价"，"从旧的里面去发现新的"，从而"推陈出新"，"必定要旧中之新，有历史有渊源的新，才是真正的新"③，所以，在当下的语境与困境之中，我们对中国现代诗学精神的"新检讨"与"新估价"，自然有其必要的价值，我们希望这对中国现代诗学精神的新检讨与新估价，能给比较诗学的研究带来新思路与新启示。

---

① 《传统的幻象：跨文化语境中的王国维诗学》，第417页。
② 《摩罗诗力说》，《鲁迅全集》（第1卷），第67页。
③ 《五伦观念的新检讨》，《贺麟全集·文化与人生》，第56页。

第二章 品物流形
——叶维廉对西方诗学的融摄

第一节 叶维廉与英美新批评

第二节 叶维廉与西方汉字诗学传统

第三节 叶维廉与艾布拉姆斯文学批评「四要素」说

第四节 叶维廉与欧美文学诠释学

我们说叶维廉诗歌诗学研究的起点，是中国现代学者们的诗学研究成果，最直接的证据，就是叶维廉在港台期间以曹葆华、朱自清、李健吾、李广田等人讨论现代诗的文字为媒介对新批评理论的接触与研究。我们知道曹葆华等人当时服膺新批评，对此诗学的译介不遗余力，且身体力行运用新批评的理论来探讨中国古典诗与现代诗。我们应当了解，叶维廉首先是个诗人，他起初的比较文学研究是不自觉的，他对现代主义诗歌的大量阅读以及对现代诗论细心剖析，刚开始都是以有助于他的诗歌创作为鹄的，但也就是在这个过程之中，他对新批评理论开始熟稔起来。后来，他在台湾大学的几位导师如夏济安等人的指点下，又进一步精研新批评理论，并以研究艾略特的诗歌与诗论作为硕士论文的选题。在这样的熟读古今中外诗歌，精研现代诗论的基础上，在夏济安等受新批评影响较大且运用新批评的理论进行文学研究的导师的指点下，他接受了新批评理论的"洗礼"，慢慢地形成了自己的诗观。如果我们细心阅读叶维廉当时的作品，我们还会发现，此时叶维廉也已经开始了对新批评理论的反省，他甚至借助于中国传统诗学，对新批评的偏颇之处提出了自己的修正意见。叶维廉对新批评的接触，是其对西方诗学研读与借鉴的开始，这个开始无疑是在中国现代诗学学者的影响下进行的。叶维廉负笈美国，随着他所接触到的西方诗学流派范围的扩大，他的诗学中所体现出来的各种诗学主张的影响也愈加繁复：他对庞德的《华夏集》与费诺罗萨"汉字诗学"的精心研究，他对艾布拉姆斯文学批评"四要素"说（包括刘若愚的转化）的化用，他借鉴文学诠释学观点对诗学传释学的建构，他诗学作品中生态维度的高扬等等，都体现出了他对西方诗学的开放与借鉴。

第一节　叶维廉与英美新批评

英、美新批评与中国现代诗学渊源颇深：一方面是新批评的重要人物如艾·阿·瑞恰慈（Ivor Armstrong Richards）、威廉·燕卜荪（William Empson）等数次到清华大学、北京大学、西南联合大学等中国高校讲学，一方面是中国知识分子如朱自清、曹葆华、叶公超、钱锺书、卞之琳等人的介绍、翻译新批评理论，并将之运用到诗歌研究与诗学建构之中。20世纪40年代末，英、美新批评影响下形成的中国现代诗学的精神，被一些诗人与学者带到了港台地区。叶维廉在香港与台湾的文学活动、诗歌创作以及诗学研究，就是在这样的氛围中进行的。叶维廉与英、美新批评派理论的关系，代表了港台一批学者成长的心路历程，值得探究。

一、叶维廉与新批评的接触

叶维廉出生于1937年的广东中山，此时的中国风雨飘摇，此时的中国大学正为躲避战火纷纷内迁、重组。此时的瑞恰慈已经完成他在清华大学的教学，在平津地区开始"基本英语"的工作；此时的燕卜荪乘火车刚刚来到中国，到长沙临时大学报到，并随校迁往云南昆明，任教西南联合大学，靠记忆背出莎士比亚剧作作为学生教材，讲授英国文学；此时的翻译家曹葆华选译的《现代诗论》①与伊人翻译的《科学与诗》②已经出版并广为流传。瑞恰慈与燕卜荪播撒下的新批评的种子，几年间便在中华大地上开枝散叶，培养出了一大批优秀的诗人和学者，并结出累累硕果。此时的叶维廉虽尚年幼，但当其长大成人，在香港如饥似渴地读诗、在台湾接受本科及研究生教育时，手之所触，目之所及，几乎都是新批评理论影响之下的作品与成果。

叶维廉在《我和三四十年代的血缘关系》一文中，详细记下了他与三四十年代诗歌作品的接触：

> 我猛读五四以来的作品，在十五六岁便开始，我从贫穷的农村流落到香港，忧国思家，那些书最能给我安慰……当时我读到的作品，使我作为一个新文学作家的血缘关系未曾中断，在感受上、语言中、思潮上有一种持续的意识，这是我的幸运。但我那时很穷，书买不起，只有猛抄，抄了五六本；五本中抄得最多的诗人包括冯至、卞之琳、何其芳、王辛笛、穆旦、梁文星、杜运燮、袁可嘉、艾青、臧克家、梁遇春、曹葆华、戴望舒、废名、陈敬容、殷夫、蒲风、罗大刚、袁水拍等。③

在这串长长的中国现代诗人的名单里，我们发现了太多新批评的精神苗裔。他们内化了新批评理论与精神的诗歌作品，深刻影响了叶维廉的诗歌创作与诗学追求，"这些人对我的语态、意象、构思都曾有过相

---

① 曹葆华选译的《现代诗论》，收录了四个曹葆华认为是划时代的批评家的文章，这四个人分别是梵乐希（今译瓦雷里）、瑞恰慈、艾略特、墨雷（John Middleton Murray）。
② 伊人翻译的《科学与诗》，是瑞恰慈的重要作品。
③ 叶维廉：《我和三四十年代的血缘关系》，《中外文学》1977年第12期。

当的影响,我在日记里写诗的时期,曾多方实验过他们的句法"[1],并且王辛笛对诗歌"气氛的掌握"[2]、冯至"依着自然事物出现的弧线捕捉其在现象中的意义"[3]、卞之琳"保持事物的现在发生性"[4]以及艾青、穆旦"以戏剧场景代替散文直述"[5]的诗歌写作技巧,更是成了叶维廉日后批评诗歌的重要标准与诗学建构的重要概念。

不仅如此,叶维廉还不止一次地告诉我们:"李健吾、朱自清、曹葆华、李广田通过现代理论对诗的肌理及文字艺术的剖析"[6],为其提供了后来中西比较诗学研究的"新理论实验的果实,让我们后来者沉思"[7]:

> 李广田的《诗的艺术》、刘西渭的《咀华集》及朱自清的《新诗杂谈》,他们对于文字的艺术,真可谓是一丝不苟的耐心的追问,对文字、意象、意义全盘的推敲,就以他们对卞之琳的《白螺壳》的反复讨论,那种用完全开放的心胸以求诗的意义得以全面的放射,好细的玄思,好深刻的同情,又在拥抱冯至十四行所开放的平凡而深寓哲理的世界时,使我们觉得情感的凝练,而我那时顿觉狂涛以外还有缓缓溢出的动人的丰满。[8]

朱自清等人的诗论作品,是在新批评的影响下写成的,作品中所运用的"解诗""论诗"的方法和理论,都是这些学者们在传统诗文评的

---

[1] 叶维廉:《我和三四十年代的血缘关系》,《中外文学》1977年第12期。
[2] 叶维廉:《我和三四十年代的血缘关系》,《中外文学》1977年第12期。
[3] 叶维廉:《我和三四十年代的血缘关系》,《中外文学》1977年第12期。
[4] 叶维廉:《我和三四十年代的血缘关系》,《中外文学》1977年第12期。
[5] 叶维廉:《我和三四十年代的血缘关系》,《中外文学》1977年第12期。
[6] 叶维廉:《比较诗学序》,《叶维廉文集》(第1卷),合肥:安徽教育出版社,第22页。
[7] 《比较诗学序》,《叶维廉文集》(第1卷),第22页。
[8] 叶维廉:《我和三四十年代的血缘关系》,《中外文学》1977年第12期。

理论基础上，借鉴吸收新批评的理论资源而苦心建构起来的。朱自清等前辈学者融合现代西方新批评与传统解诗方法而来的解诗学理论，对叶维廉后来的比较诗学与中国诗学研究，产生了极大的影响。

叶维廉于1955年离开香港来到台湾，先后进入台湾大学外文系、台湾师范大学英语研究所学习。从时间上看，直到1963年离开香港赴美深造，叶维廉在台湾生活、学习长达七八年之久。在台湾的学习与生活，创作与研究，既成就了叶维廉诗人的美名，也为叶维廉日后的诗学研究打下了坚实的基础。叶维廉在台湾求学期间，故事很多，但对其在文学创作与研究方面产生了重大影响的，是夏济安先生对他的指引与教导：

> 今天我特别要突出一位把我从香港开始对文学的、诗的、理论的、美学的追寻的诸种意绪拨引至一种明澈向度的老师，夏济安老师。①

夏济安曾任教于西南联合大学外语系，1950年经香港辗转到台湾，1959年赴美，在台湾大学外语系任教将近10年。然而，在这短短的不到10年的时间里，夏济安却"成就了'近人无出其右'的文化志业，对于战后台湾的文学研究和创作，产生深远影响"。② 概而言之，夏济安的成就有二，一是将大陆新批评运动的火种带到了台湾，并通过创办《文学杂志》、引进台大课堂、举办文学沙龙等形式广为传播，使得台湾的文学创作与学术研究面貌为之一新；二是为台湾文坛发掘培养了一大批优秀的青年作家与学者，诸如白先勇、朱乃长、刘绍铭、王文兴、陈

---

① 叶维廉：《回忆那些克难而丰满的日子——怀念夏济安老师》，柯庆明编《台大八十，我的青春梦》，台北：台湾大学出版中心，2008年，第89页。
② 梅家玲：《夏济安、〈文学杂志〉与台湾大学——兼论台湾"学院派"文学杂志及其与"文化场域"和"教育空间"的互涉》，《当代作家评论》2007年第2期。

若曦、李欧梵、叶维廉等人,"无不受过他的启发而努力开拓文字的艺术"①。

关于夏济安对他成长的影响,叶维廉回忆说:

> 说夏济安是个好老师是不够的。他当时教我们"英国文学史",他驰骋纵横于西方文学的空间,令人神往……他教的小说是小班,他每页都挑出"用字问题",一步一步带我们品尝"风格"形成的过程,对一个创作者而言,最为有用……他在《学生英语文摘》上的名著选读分析,往往在用字上提供几种不同的写法,并说明每种写法所代表的语态与风格……他对文字的准确性的认识和写作风格与方法的确定,后来通过《文学杂志》来推广,不遗余力,影响至巨。其中两篇文章:《两首坏诗》和《一则故事、两种写法》最脍炙人口。
>
> 但我个人得益最多的还不是在教室内,而是在温州街他那书堆积如山到没有坐立地步而不到十方尺的斗室。他对我们这些求知欲强的学生真是另眼相看,来者不拒,与我们聊,不停地把他收到的新书(包括当时美国正在盛行的 The Well-Wrought Urn——新批评代表作品)一一从桌上桌下床上床下翻出来给我们看。②

正是在夏济安先生的影响下,叶维廉选定了新批评为其文学批评与翻译事业的起点,他将自己文学批评与文学翻译的目标,瞄准在 T. S. 艾略特这一英美新批评的灵魂性人物及其《荒原》上,并以 "The Poetic

---

① 《回忆那些克难而丰满的日子——怀念夏济安老师》,柯庆明编《台大八十,我的青春梦》,第 90 页。
② 叶维廉:《为友情系舟》,《叶维廉文集》(第 9 卷),合肥:安徽教育出版社,2002 年,第 62 页。

Method of T. S. Eliot"为题目，完成硕士学位论文。在论文写作期间，

> 夏老师介绍的两本书：勃鲁克斯的 Modern poetry and Tradition（《近代诗与传统》，笔者按）和 The Well-wrought Urn: Studies in the Structure of Poetry（《精致的瓮：诗歌结构研究》，笔者按）是我经常参看的书，也就是说我用的就是"新批评"的方法。①

叶维廉用新批评派的研究方法研究新批评派大诗人艾略特的诗歌作品，这事听着就很有意思。

当然，叶维廉在港台生活、学习期间，与新批评接触的机会还有很多，比如海外学者陈世骧1958年前后来台湾大学文学院的几次重要讲演和在《文学杂志》上发表的几篇重要文章《中国诗之分析与鉴赏示例》《中国诗歌中的自然》等，都是将新批评的观念与方法应用到中国古典诗歌分析中的经典案例；再比如在叶维廉的周围，台港的不少诗论家也都专注在新批评的阐述上，比如吴鲁芹、季红、李英豪等人。

叶维廉在港台时期对新批评的接触，深刻影响了他的文学研究与诗学建构，乃至他后来离开台湾，来到美国普林斯顿大学攻读博士学位时，其博士论文的选题，也仍然与新批评有关，他的博士论文选题是谈庞德《华夏集》对中国古典诗歌的翻译。埃兹拉·庞德，这一带有传奇色彩的美国诗人，现在一般被追认为新批评派的远祖，"他对美国诗歌语言技巧的极端关注和自称取法自中国的'象形文字论'，呼应了现代文论对语言研究的重视。"②

---

① 《回忆那些克难而丰满的日子——怀念夏济安老师》，柯庆明编《台大八十，我的青春梦》，第100页。
② 赵毅衡：《重访新批评》，成都：四川文艺出版社，2013年版，第8页。

二、叶维廉对新批评的译介

夏济安曾在1957年发表在《文学杂志》里的一篇文章中说,把英、美现代文学批评介绍到中国来,不是一件容易的事情:

> 二十世纪英美批评家的一大贡献,可以说是对于诗本身的研究……研究诗的文字……批评家重要的方法是"字句的剖析"(explication of texts)。批评家孜孜不倦的企图从几个字或几行诗里找寻出诗人的魔法和诗的艺术的奥秘。……这种介绍工作是困难的……要介绍英美的新批评,需要一位精通中英两文,他同时对于写诗和批评理论都有修养,这样的人才是难得的。①

夏济安对精通中英两文人才的呼吁,以及因叶维廉对三四十年代诗人、理论家诗风余绪的寻索和在诗歌创作与翻译上的追求而对他青眼有加,并在对叶维廉"庭训"中流露出的殷切希望,大大启发与激动了叶维廉年轻的心。于是,他开始立志做新批评的译介者了,他选择的诗歌翻译与文学研究对象,就是新批评的直接开拓者、诗人T. S. 艾略特。叶维廉精研艾略特诗歌与诗论的成果,是他的硕士论文《艾略特方法论》(T. S. Eliot: A Study of His Method, 1960),原文是用英文写成的,后来他又用中文改写成如下几篇文章《〈艾略特方法论〉序说》《艾略特的批评》《静止的中国花瓶——艾略特与中国诗的意象》《〈荒原〉与神话的应用》等。同时,叶维廉还将《荒原》翻译成中文,于1961年发表在诗刊《创世纪》第16期上。

叶维廉对艾略特的译介与研究,可以从两个方面来看:第一,是叶

---

① 夏济安:《两首坏诗》,《夏济安选集》,沈阳:辽宁教育出版社,2001年,第89页。

维廉对艾略特文学批评观点的介绍与研究；第二，是叶维廉对艾略特诗歌的翻译与运用新批评的方法对其诗歌的研读与批评。

叶维廉对艾略特批评理论的介绍，是分成诗人论、批评家论两个部分进行的。根据上述叶维廉的几篇研究文章，概括复述如下：

在诗人论方面，第一，诗人之成长为诗人，必须要经历的过程。"这个过程是对于宇宙之'原'，对于'永久的''超脱时间的''属于精神的'事物之深探与浅出。这些事物的'真质'即存在于传统的过去，亦存在于因袭的现在。"① 第二，对艺术家使命的界定。"艺术家的使命并不在于留恋过往，他的使命是以新的秩序重行建设与调整那'真实'的过去。换言之：艺术家必须以不断比对过去与现在的办法去获得对现代世界的意识。"② 第三，对诗人个人才华个性的抹煞。作为一个诗人，"他必须在旧传统中的所有材料中创造一个新的传统；他必须活用所有的个人经验来表达人类经验中的共通的基本真质。"③ "每一个诗人必须挣扎努力去'促使其个人私心的痛楚化作丰富的、奇异的、具有共通性的和泯灭个性的东西'。"④ 第四，强调"艺术的组合"为诗之尺度。诗心之唯一的工作是："使原来是混沌不整、片段的各种分歧的经验混为一些新的组合"⑤，"找出一个能包罗其所感应的分歧多样的经验综合之统一基形，一个能'包孕极大变化及繁复性'的骨骼"⑥，从而促成"一切情绪作有秩序的展露"。⑦ 第五，诗之意义与诗之音乐的不可分

---

① 叶维廉：《艾略特的批评》，《叶维廉文集》（第3卷），合肥：安徽教育出版社，2002年，第49页。
② 《艾略特的批评》，《叶维廉文集》（第3卷），第50页。
③ 《艾略特的批评》，《叶维廉文集》（第3卷），第52页。
④ 《艾略特的批评》，《叶维廉文集》（第3卷），第52页。
⑤ 《艾略特的批评》，《叶维廉文集》（第3卷），第52页。
⑥ 《艾略特的批评》，《叶维廉文集》（第3卷），第42页。
⑦ 叶维廉：《〈艾略特方法论〉序说》，《叶维廉文集》（第3卷），第40页。

离。"一首'音乐性'的诗必具'声音'之'音乐模式'以及'意义'之'音乐模式',而往往二者是合一不分的。"① 诗之音乐性,不能仅关注诗之字的声律之悦耳,而且还要能够通过字之声律将隐藏于意识之下的事象提升到表面,从而使每一个字都更丰富更有力。第六,诗之语言。一个民族的诗应从日用语中取得生命而同时能因此赋予日用语新的生机。一个单字或一个片语是否能美并不依靠该字该语所包含的意义,而要视其应用是否得当,是否能使整首诗产生暗示力量。第七,诗之体式。艾略特说诗中无自由。在艾氏看来,最自由的诗都有某种"简单节奏的魔灵"在其帷幕后面活动。韵文的生命应存于"对规则的不断逃避与不断认可之间"②,艾氏的自由诗就是在这样的努力下产生的,一种中和的风格,不太现代亦不太古旧。第八,关于诗之难懂。"为了求得暗示力量,诗中省去某些读者常见或预期的事物"③,是叶维廉特别强调的艾氏对诗之难懂的看法之一。这种被艾氏称为"压缩的方法"的诗歌表达策略,也正是他诗之方法的注脚。这种方法会使诗歌产生强大的暗示力。叶维廉认为,这种"压缩的方法",与中国古典诗歌的运思与创作极为相似。

在批评家论方面,第一,对其之前的批评家的批判。批判他们或过于抽象,或过于印象化,或太注重私人生活,或太过博学,或太狭义地注重道德观念的批评理论与方法。第二,宣明文学批评的目的。"每一种真正的批评必指向创造……它设法在艺术家的努力中求得与创造的一种结合"④。"它的目的是以比较或分析的方法对作品的阐述与趣味的

---

① 《艾略特的批评》,《叶维廉文集》(第3卷),第57页。
② 《艾略特的批评》,《叶维廉文集》(第3卷),第59页。
③ 《艾略特的批评》,《叶维廉文集》(第3卷),第61页。
④ 《艾略特的批评》,《叶维廉文集》(第3卷),第63页。

修正"①。第三，完美批评家的准则。"批评家因其有用而变得重要，因他'能吸收现代艺术所引起的问题，并设法用过去的力量将之加以解决'……对过去的文学重新审视、估定，并使之安排在一个新的秩序中……使读者更加熟知他们所知道的，使他们更能以新的感受去了解过去的经验"②。

叶维廉对艾略特诗歌的解读与阐述，也是在两个方面展开的：

其一，就像叶维廉在《艾略特的批评》一文的开头所说的：

> 许多诗人曾写下不少颇具规模的文学理论，成为他们自己的诗最好的辩解；艾略特就是这么一个诗文并著的诗人。因而，我们要衡定他的诗的价值，可以深入到他的批评文字中，找出他对诗的一些基本观念。③

叶维廉在《〈荒原〉与神话的应用》一文中，显然是运用艾略特自己的诗学理论和方法对《荒原》进行了解读。艾略特在《论但丁》一文中，强调对诗歌的解读，必须"从诗之原委及结果中，发掘出一个架构来——亦即是促成'一切情绪作有秩序的展露'的方法。"④而在《论乔伊斯的〈尤利西斯〉》的文章中，艾略特提出了用"神话的方法"——把现代生活的事件与古代神话的事件相连或并置——做构架来组合现代零碎复杂的经验，从而在同时解决了结构和意义问题后，让原是琐碎的受时空限制的现代事件呈现出永久的意义。叶维廉也正是运用神话的方法，"把和《荒原》一诗有关的主要神话架构分条简述，然后再

---

① 《艾略特的批评》，《叶维廉文集》（第3卷），第63页。
② 《艾略特的批评》，《叶维廉文集》（第3卷），第63页。
③ 《艾略特的批评》，《叶维廉文集》（第3卷），第48页。
④ 《〈艾略特方法论〉序说》，《叶维廉文集》（第3卷），第40页。

把诗中现代生活事件联着印证看"①，从而破解了《荒原》难读难懂的神话。无独有偶，叶维廉在《静止的中国花瓶——艾略特与中国诗的意象》中，也同样运用了艾略特提出的"压缩的方法"对艾氏的诗进行了读解，并获致了独特的审美体验。

其二，叶维廉引入了平行研究的方法，对艾略特的诗歌与中国诗中的相似点进行比较研究。在叶维廉看来，作为世界文学主流之一的中国诗，其实就是艾略特理想中的诗：

> 那种使"可解"与"不可解"的事物融会，能"延长静观的一刻"使"一连串的意象重叠或集中成一个深刻的印象"的诗，"真诗的暗示性是包围着一个熠亮、明澈的中心之灵气，那个中心与灵气是不可分的"。②

艾略特在玄学派诗人那里找到了达至上述理想诗的办法：压缩的方法——隐藏诗中的"链环"或说明的联系的文字，使一连串的意象重叠或集中成一个深刻的印象。受此启发，叶维廉联想到了中国古典诗歌拒绝一般逻辑思维及文法分析，省略连结媒介，以使诗歌意象并置的特点，从而在艾略特诗与中国古典诗之间展开了平行研究。两相烛照之下，中国古典诗歌的特质更加清晰，而艾略特诗歌为达至理想诗的意象独立，以及由此而来的诗歌含义的多义性、暗示性及纯粹性效果而采用的语言策略也更加明晰：使惯用文法的某些连结媒介变得含糊或使之压隐不显和使连结媒介变成过渡语，消解这些媒介的建设作用。通过这样的平行研究，叶维廉将新批评"文字的剖析"的诗歌解读策略进行了充

---

① 叶维廉：《〈荒原〉与神话的应用》，《叶维廉文集》（第3卷），第82页。
② 叶维廉：《静止的中国花瓶——艾略特与中国诗的意象》，《叶维廉文集》（第3卷），第65页。

分的运用，在诗的艺术的发掘与诗人魔法奥秘的找寻中，增加了对诗本身的智识。

叶维廉对艾略特诗学的译介及对其诗歌的阐释，在给港台文学研究带来重要影响的同时，也丰富了自身的理论知识，并使其明确了自身的诗学追求。

三、叶维廉对新批评理论的修正

艾略特对完美批评家准则的界定，夏济安先生对新批评家的热切寻求，使得"如何成为一个称职批评家"的问题久久萦绕在叶维廉的心间。艾略特说：

> 批评就必须有明确的目的；这种目的，笼统来说，是解说艺术作品，纠正读者的鉴赏能力……批评活动只有在艺术家的劳动中，与艺术家的创作相结合才能获得它最高的、真正的实现。……比较和分析是批评家的主要工具……但必须谨慎使用……比较和分析只要把尸体放到解剖台上就成；而阐释则始终必须从容器内取出身体的各种部分并按原位把他们拼装。①

夏济安说：

> 大凡批评家须具备两条件，一曰见识，二曰说理的功夫，而学问还在其次。……见识是知觉趣味的问题，说理的功夫则是把经验转化为文字的问题。中国过去的批评家中，眼光锐利、见解卓绝的

---

① T. S. 艾略特：《批评的功能》，载陆建德主编《传统与个人才能：艾略特文集·论文》，卞之琳、李赋宁等译，上海：上海译文出版社，2012年，第15、25–26页。

人不少,但是条分缕析,把道理一步一步说清楚的很少。①

就此问题,叶维廉在夏济安的启发下,在精研艾略特诗论的基础上,研究并批评了以 I. A. 瑞恰慈和威廉·K. 维姆萨特为代表的新批评派代表人物的理论之后,提出了自己的理论主张。

在叶维廉看来,在新批评之前,批评一首诗或一篇小说大略有两种处理方法:

> 其一为 Author-psychology,即所谓的 intentional fallacy,即从诗人的用心、背景、历史、思想、哲学、技巧、心理……来推断及鉴定而同时供出标准……其二为 Reader-psychology,即所谓的 Affective fallacy,从读者的反应来归纳出一些标准。最代表此种批评的是 I. A. Richards,William Empson……②

这两种批评均受到新批评派的批评,维姆萨特与比尔兹利合作,分别在 1946 年和 1948 年,发表题为《意图谬见》和《感受谬见》的学术文章,对此进行清算。在维姆萨特看来,以上两类文学批评,无论是从作品与作者的关系之间做探讨,还是从作品与读者之间的关系上做探讨,都离开了艺术作品本身的存在性,都是在艺术品之外做功夫。叶维廉指出,在大力推翻了上述两种文学批评方法之后,新批评派理论家提出了第三种研究方法:"主张诗(艺术)的本体论,要求确立'艺术的对象',美学的核心"③,"确立诗的独立主格"④,眼光关注作品,切断作品与作者、读者的关系,做"本体论批评",对一部作品中文字和修

---

① 夏济安:《两首坏诗》,《夏济安选集》,沈阳:辽宁教育出版社,2001 年,第 97 页。
② 叶维廉:《叶维廉致李英豪信(1963)》,《东华汉学》2014 年第 19 期。
③ 叶维廉:《叶维廉致李英豪信(1963)》,《东华汉学》2014 年第 19 期。
④ 叶维廉:《叶维廉致李英豪信(1963)》,《东华汉学》2014 年第 19 期。

辞成分间复杂的相互关系和歧义（多重含义）做细致的分析、解说与阐释，或曰细读。

学者郑蕾著文指出，"叶维廉……对新批评亦非仅引入或奠基，而是具有建设性的借鉴和发展"①，笔者同意她的观点，叶维廉对新批评理论的借鉴和发展，明显地体现在他对新批评派"本体论批评"的批评方面：

> 认为诗有一个 Art-object，是诗的本体论，原是颇有可为的一个开始，但诗的本体为何物？没有一个人说得上来，Wimsatt 用了 concrete universal，substantive level 诸名词，也只知道有那么一个东西，究竟诗是用文字写的，但 Wimsatt 已将洋葱层层剥去（包括上述 intentional 及 affective 的一切外在因素）……②

在叶维廉看来：

> 持第一第二种方法论的人，其误在未把最终的现实（在中国的语汇中即"自然"）与人之间，其与各现象之间的互为持续的真义，所以把艺术品的对象及其涉及的因素都未能做到"各得其所"的处理，是故才有待用价值之误立（譬如以作者的人格取代艺术品的本身评价，以作者的社会观取代艺术品的构成意味等等。）持第三种方法论的人，其误在二元论的二分法，把自然与诗，人与诗，情感与思想，刺激与理智等都截然二分，才会产生许多至上主义，所以无法将艺术很顺序的置诸自然之中。③

既然第一第二种以及新批评派提供的第三种批评方法，都不是完美的批评方法论，那么完美的批评方法应该往何处寻呢？如何才能建构出

---

① 郑蕾：《叶维廉与香港现代主义文学思潮》，《东华汉学》2014 年第 19 期。
② 叶维廉：《叶维廉致李英豪信（1963）》，《东华汉学》2014 年第 19 期。
③ 叶维廉：《批评的职守》，《东华汉学》2014 年第 19 期。

既能取三种批评之长，而又能避其短的完美批评呢？叶维廉应是从20世纪三四十年代的诗论家如朱自清等人那里找到了灵感。据研究，当年朱自清进入新诗文本批评领域的实践时，已经开拓出一条中西批评理论相结合，并融会出新的批评方法的路子：

> 当朱自清进入新诗文本批评领域的实践，接受瑞恰慈、燕卜荪理论的影响，并与古典诗歌批评观念相呼应，酝酿并产生了一个系统的中国现代解诗学的理论与实践，其结出的理论果实，就是我们所熟知……的《新诗杂话》一书中那些富有创造性的"解诗"学文章。①

而对《新诗杂话》，当时的叶维廉是非常熟稔的。于是，叶维廉也将自己的眼光投向中国传统的诗话、诗论。带着新批评的理论视角与批评眼光，叶维廉很快发现由于中国古典诗论家因往往带有"艺术是自然的一部分，生自自然而后归自然，成为一个不可分割的个体"②的观念，所以

> 在理论上，很少用细分法，而要一语道出诗与自然之互相成长与重合，反而直截了当对艺术（诗）的本身而发……内容与技巧之间的一种探讨，完全在艺术品的本身，不在艺术品以外无关连的事物之上，而应该涉及的事物，只要"各得其所"，毫不放过。③

而这应该正是叶维廉苦苦寻找的最理想的批评方法！但正如夏济安所说，中国的古典批评家眼光锐利，但却诗论零散，语焉不详。叶维廉

---

① 孙玉石：《朱自清现代解诗学思想的理论资源——四谈重建中国现代解诗学思想》，《中国现代文学研究丛刊》2005年第2期。
② 叶维廉：《批评的职守》，《东华汉学》2014年第19期。
③ 叶维廉：《批评的职守》，《东华汉学》2014年第19期。

应如何处理这多少已触及批评的核心，但因所言过简而给人带来遗憾的古典文学批评呢？他又应该如何确立自己理想的文学批评方法论？

叶维廉在分析了中国古典诗论的优长与缺憾之后，提出了自己的诗论主张：

> 一个称职的批评家，如果要对作者的匠心有公正的印证，对艺术品有适当的确立，对读者有激发的启悟，我以为，自然会逃避了上述的弊端。换句话说：在确立艺术品的存在性时，绝不能在对二分的概念下处理，不扫除诗的外在因素，但在引用时，必要"各得其所，各安其位"。①

叶维廉说：

> 诗是一种生长，固有其独存性（本体），亦有其外在性（如树之有枝有叶），其气势、幅度、格调……及至自然，往往在其组织上见之。②

所以，理想的批评家，不能只做美的欣赏者或思想的惊叹者，他还应该在对美与思想做适量的分析之后，做出适度的传达。

> 他起码应该说："诗人如何如何利用了什么什么使其独有的美（还需说明如何的独有）和气势（还需说明是怎样不同的气势）……而获得了最佳、最适当、最自然的展露和生长。"在适当的地方应该用到的外在因素，毫不放口（但一定要"各得其所"，不可强求与附会）。③

---

① 叶维廉：《批评的职守》，《东华汉学》2014年第19期。
② 叶维廉：《批评的职守》，《东华汉学》2014年第19期。
③ 叶维廉：《批评的职守》，《东华汉学》2014年第19期。

很显然，叶维廉的文学批评方法论，是在充分分析西方批评方法与中国传统诗论的优劣的基础上，总结提取出来的。这种既关注艺术品（诗）本体，又不忽略相关的外在因素，既能获致艺术品（诗）的弦外之音，又始终不离艺术品（诗）本身，既带有新批评理论印记，又蕴含中国传统诗话特色的文学批评方法论的提出，对叶维廉日后的文学批评研究，产生了深远的影响。可以说，他后来在文学批评、比较诗学以及中国诗学诸领域所取得的成果中，都深深打上了这种文学批评方法的烙印。

新批评理论是叶维廉较早接触的西方现代文学批评之一。因为叶维廉与20世纪三四十年代文学的血缘关系，我们可以将这种接触追溯到叶维廉在香港读诗、写诗期间，而此时的叶维廉只有十六七岁的年纪。叶维廉与新批评有意识的接触和对他们作品的研读，是在他1955年进入台湾大学外文系之后，这期间有夏济安老师的指点与引导，有他自身强烈的学术研究兴趣的内驱。这两个时期，叶维廉对新批评理论的接触与研究，为叶维廉赴美之后的文学研究与诗学建构奠定了扎实的理论基础。当然，对诗学研究与诗学理论建构有着强烈动机和兴趣的叶维廉，在之后的漫长的研究岁月里，由于又接触与吸收了其他的批评大师与批评理论的影响，如艾布拉姆斯的四要素说，海德格尔的现象学哲学，伽达默尔的诠释学思想等等，并有意识地将这些理论资源吸收到自己的诗学理论体系之中，从而使得他的诗学理论体系更具特色、更丰满、更有成就，但通过我们的分析，也可以明显地发现，新批评的理论与方法，已经化入叶维廉诗学理论体系之中，并已成为他诗学体系的牢固支撑和有机组成部分。

第二节 叶维廉与西方汉字诗学传统

汉字诗学的概念，最早应该是周发祥在《西方文论与中国文学》一书中，对西方汉学界从汉字形体结构的角度研究中国古典诗歌的倾向进行概括时提出来的。周发祥说，"中学西传"以来，西方学者眩惑于汉字符号的深奥莫测，开启了他们神秘而又饶有趣味的对汉字"构形"与"构意"的体验与探险之旅，他们"从汉字形体结构出发，进而延伸到语言、意象和句法诸层次，试图建立一种特殊的诗媒理论——汉字诗学"①。汉字诗学奠基于美国诗人、学者厄内斯特·费诺罗萨（Ernest Fenollosa）的著名诗学论文《汉字作为诗的表现媒介》②，后经庞德大力倡导，在西方诗学界与汉学界产生了重大的影响。流波所及，虽褒贬不一，却也业已形成传统，华人汉学家陈世骧、刘若愚、程抱一、蔡宗齐，法国汉学家汪德迈（Léon Vandermeersch），中国学者饶宗颐、赵毅衡、周发祥、葛兆光等人，或批评其做法，或沿袭其成规，或开拓其

---

① 周发祥:《西方文论与中国文学》，南京：江苏教育出版社，1997年，第69页。
② 这篇文章是由费诺罗萨所作，庞德作序、注释并整理的，论文最初发表在1919年的《小评论》（第4-8期）上，后于1920年整理出版单行本。据美国学者石江山（Jonathan Stalling）考察发现，1920年由庞德整理出版的这篇论文，其实是费诺罗萨题为"汉语和日语"讲稿的第一卷，事实上讲稿还存在第二卷，在这一卷里费诺罗萨主要讨论了汉语诗歌的听觉特征（韵律、格律等）以及音律的翻译问题。由于该部分与庞德的意象主义原则相矛盾，而被庞德删节，他成功地阻止了这些思想进入美国的诗歌与诗学之中，也成功地铸造了我们今天称之为"汉字诗学"的理论模样，具体请参见石江山《虚无诗学——亚洲思想在美国诗歌中的嬗变》。

思路，或追溯其源流，或延展其视域，或深化其理路，终使其由涓涓细流而变得引人注目。而叶维廉与汉字诗学，却有着更为独特的缘分，他进入普林斯顿大学攻读比较文学专业博士学位时，论文选题即是研究庞德的《华夏集》对中国古典诗歌的翻译。

一、汉字诗学传统的开创

学界一般认为，汉字诗学传统的开创者是费诺罗萨，他的那篇《汉字作为诗的表现媒介》(*The Chinese Written Character as a Medium for Poetry*)是汉字诗学的奠基之作。

费诺罗萨（1853—1908），美国诗人、哲学与东方艺术学学者[①]。他1876年毕业于哈佛大学，获哲学学士，1878年以哲学教授的身份，任职于东京帝国大学，讲授黑格尔哲学和赫伯特·斯宾塞社会学，在此期间，广交日本艺术和哲学界的权威人士，师从三井寺方丈樱井敬德和"狩野派"画家狩野芳崖研习天台佛教与日本美术，并深入参与了一个特别的历史运动：日本复兴及被称为新佛教的佛教重组。1885年前后，他皈依佛教，法名铁心，成为第一个皈依佛门的西方人，带动了一批美国诗人加入他的行列，成为佛教俗家弟子。[②]1889年，费诺罗萨帮助日本建立了东京美术学会，在这里，他们试图将新佛学思想与西方艺术理论、实践和教学整合在一起。东京美术学会的作品在1893年的世

[①] 当下学界一般将费诺罗萨定位为汉学家，其实这个界定不准确，蔡宗齐在《比较诗学结构》中曾有过明确的反驳，他说"费诺罗萨并不是一位汉学家，他几乎不懂中文"。从其接受的教育、游学日本的经历以及研究的内容与成果来看，将其定位为哲学与东方艺术的学者是比较准确的。

[②] 《虚无诗学——亚洲思想在美国诗歌中的嬗变》，第39页。

界宗教大会上发挥了关键性的作用。①1890年，费诺罗萨返回美国，任波士顿美术馆东方部主任，在欧美各地演讲或撰文，竭力介绍日本美术。1896年至1900年，费诺罗萨第二次到日本长住，向贺永雄、森海南等著名日本汉学家学习汉字、汉诗与中国文化，做了大量的研究笔记。②1908年，费诺罗萨游走欧洲时客死伦敦。由于其生前皈依佛门，遗骨移至日本大津市三井寺安葬。日本曾为费诺罗萨立碑，以纪念他为日本所做的贡献：他向非亚洲世界诠释了日本，向日本详细介绍了西方世界。

费诺罗萨的主要研究领域在于日本美术，他去世后妻子玛丽·费诺罗萨整理出版了其东方美术史巨著《中日艺术源流》（*Epochs of Chinese and Japanese art*）等著作。但面对丈夫留下的夹杂着日语、中文的中国诗歌研究笔记，玛丽倍感力不从心，她希望能够找到一个帮助她整理丈夫遗稿的人。这时，在诗坛初露头角、倡导意象派诗歌主张的庞德，进入了玛丽的视线，并一谈投机。于是，她寄给了庞德全部的中日文学笔记。庞德从中整理、改译，先后出版了中国诗集《华夏集》（*Cathay*，1914）、《日本能剧》（*Certain Noble Plays of Japan*，1916）和《汉字作为诗的表现媒介》（1921）等。

在《汉字作为诗的表现媒介》的开篇，费诺罗萨就为其研究确定了基调，他说："我的题目是诗，不是语言，可是诗根植于语言。"③通读全文，我们可以明显地发现，费诺罗萨建基于汉字与汉语之上的，透过

---

① 石江山：《走向异质文化研究：汉学如何丰富美国文学与批评》，《世界汉学》2010年春季号，第106–113页。
② 赵毅衡：《为庞德/费诺罗莎奇文一辩》，《对岸的诱惑——中西文化交流记》，成都：四川文艺出版社，2013年，第212页。
③ Ernest Fenollosa：《汉字作为诗的表现媒介》，杜国清译，《中外文学》1979年第12期。

汉字、文言以研究中国古典诗歌，并进而研究与理解东方文化的意图与努力。正像葛兆光在《汉字的魔方》中所说，费诺罗萨在东西方诗歌的对比研究中，发现了一个简单而又正确的不容置疑的事实：相较于英美诗歌是用英文写成的，而中国古典诗歌则是由汉字写成的。[①] 于是，费诺罗萨一改其前辈学者对东方语言与文学的蔑视与偏见，采用了被他们"忽略了许多个世纪的语言与文学作为理解东方文化的工具"[②] 的做法，从诗歌根植于其中的语言文字入手，详细对比了中西两种文字、语言，提出了一种理想的诗歌艺术的基本原理，并在字里行间流露出对汉字作为诗歌表现媒介的优越性的欣赏与肯定，同时在行文中一再谈到用英文翻译中国诗歌时，在句法与语法上为适应中文的文言句法、为保留文言诗歌中的隽永诗意而应做出的相应调整。

二、饱受争议的汉字诗学传统

费诺罗萨的《汉字作为诗的表现媒介》一文发表之后，在美国诗学与汉学界引起了剧烈的纷争。

庞德是这篇文章的整理者，也是这篇文章强有力的支持者，他坚持认为这篇文章"不仅是言语学上的讨论，而且是对所有美学的基本理论的研究"[③]，"在他对未知的艺术的探索中，费诺洛莎接触到未曾有的

---

① 葛兆光：《汉字的魔方——中国古典诗歌语言学的札记》，香港：中华书局，1989年，第1—6页。
② 黄运特：《跨太平洋位移——20世纪美国文学的民族志、翻译和文本间旅行》，陈倩译，南京：江苏人民出版社，第30页。
③ 埃兹拉·庞德：《汉字作为诗的表现媒介·序》，杜国清译，《中外文学》1979年第12期。

主题以及西方所未认识到的原理"①,"他是一位先驱者而不自知,而且不为人所知。"②"后来的艺术运动已确证了他的理论"。③美国批评家戴维(Donald Davie)给予了更高的评价,他说这篇文章"兴许是我们这个时代唯一一篇能与锡德尼的《诗辩》(*Apologia*)、华兹华斯的《抒情歌谣集序》(*Lyrical Ballads*)及雪莱的《为诗辩护》(*Defense*)相媲美的英语诗学作品。"④

与此相对照的是美国汉学界的批评之声,刘若愚认为费诺罗萨的这篇文章代表了西方读者对汉语诗歌的普遍误解:"他们以为所有的汉字都是象形或会意文字"⑤,"这种误解导致了一些对中国诗持狂热态度的西方人得出了奇怪的结论……欧内斯特·菲诺罗莎……就强调了这种错误看法,从而赞美了汉字具有图画性……他的很多结论往往是并不正确的,这主要是因为他不愿意承认汉字的语音要素……如果把菲诺罗莎的研究作为中国诗的入门理论,那么至少可以说,它也是容易导致重大误解的。"⑥美国汉学家苏源熙(Haun Saussy)也曾对费诺罗萨对汉字构形的误解有过嘲讽,"敬告:下文包含了费诺罗萨作品中的某些段落,这些段落可能会让某些读者不快……"⑦"由于对中国文学有专业

---

① 埃兹拉·庞德:《汉字作为诗的表现媒介·序》,杜国清译,《中外文学》1979年第12期。
② 埃兹拉·庞德:《汉字作为诗的表现媒介·序》,杜国清译,《中外文学》1979年第12期。
③ Ernest Fenollosa:《汉字作为诗的表现媒介》,杜国清译,《中外文学》1979年第12期。
④ 石江山:《走向异质文化研究:汉学如何丰富美国文学与批评》,《世界汉学》2010年春季号。
⑤ 刘若愚:《中国诗学》,韩铁椿、蒋小雯译,武汉:长江文艺出版社,1991年,第7页。
⑥ 《中国诗学》1991年,第7—8页。
⑦ 石江山:《走向异质文化研究:汉学如何丰富美国文学与批评》,《世界汉学》2010年春季号。

兴趣，我知道只要提到费诺罗萨的名字就会给自己惹上麻烦。因为在我们学习时很早就了解到，费诺罗萨是名狂热分子：他对中国语言叹为观止，因而大大高估了这种书写系统中基本象形文字的数量……同行们从未忘记他的错误。"①

对同一篇文献，出现如此截然不同的评价，也算是一件令人惊异的事情。何以如此呢？下面我们先对这篇文章进行分析。

仔细阅读费诺罗萨的这篇奇文之后，我们就会发现其中奥秘。首先，我们会看到费诺罗萨这篇题为《汉字作为诗的表现媒介》的文章，其副标题是"诗艺"。这就意味着，在作者看来，这篇文章主要是探讨诗之原理的论文。而且庞德在序言中也指出，文章"不仅是语言学上的讨论，而且是对所有美学的基本理论的研究"②。在这篇文献中，作者提出了其诗学的核心观点，即："最好的诗，不但处理自然的形象，而且处理高超的思想、精神的暗示以及深奥的关系。"③ 在费诺罗萨看来，由于汉字及中文句子的"生动的速记图画"④的性质，故而其在表现自然中的行动和过程时表现出了表音文字无法比拟的优越性，同时，由于中文动词的词性的灵活与多元，使得中文的句式"多诗意，多接近自然"，能够美妙地呼应自然中"力量的转移"的基本事实，因而使得中文的诗句较英文诗句更能"饱含自然的汁液"，并富于"戏剧性"，给人读中国诗如"观看事物演出本身的命运"的直感与美感，故而生出表

---

① 石江山：《走向异质文化研究：汉学如何丰富美国文学与批评》，《世界汉学》2010年春季号。
② Ernest Fenollosa：《汉字作为诗的表现媒介》，杜国清译，《中外文学》1979年第12期。
③ Ernest Fenollosa：《汉字作为诗的表现媒介》，杜国清译，《中外文学》1979年第12期。
④ Ernest Fenollosa：《汉字作为诗的表现媒介》，杜国清译，《中外文学》1979年第12期。

意的中国文字较诸表音的西方文字，在表现自然的形象方面更胜一筹之叹。

那么在处理高超的思想、精神的暗示以及深奥的关系方面，不讲文法，不以逻辑分类见长的中国文字，是不是也具有西方文字所不具有的独到之处呢？"思想关乎逻辑"，不讲文法，不讲逻辑分类的中文，要靠什么才能仅"从书写形象建立起伟大的知性的结构"？费诺罗萨说，中文所采用的方法是隐喻，是"以其特殊的要素"，达到"以物质的形象暗示非物质的关系"的效果，是借助于自然世界中的相似之物"以看得见的小真理通向看不见的大真理"。在费诺罗萨看来，隐喻是大自然的揭示者，是诗的真正本质。在隐喻中，汉字接近自然的核心，其优越性表现在"它的字源经常是清晰可见的，它保持创造的冲力和过程，看得见而且在发生作用"。汉字的意义，不像今天的表音文字，意义越来越"浅薄和冷淡"，"越来越贫弱，而是一代代越来越丰富"，汉字这种"表意文字，就像沾满血迹的战旗之于一个老战士"，周围投射出丰富绚丽的意义的光晕，"经常震动着一层层的弦外之音"。而讲求逻辑分类的西方语言，因其对语言的"滥用"与"虐待"，窒息了语言的动力与生命力，难以处理事物之间的交互关系，从而使得句子的诗意逃遁于无形。费诺罗萨总结说，"仅以句子的堆积，并不能展示自然的财富，诗的思想以暗示工作，将最大限度的意义挤进一个片语，自其内部受胎、充电、发亮"，而"中文每个汉字内部莫不积蓄着这种能量"，"一个字像一个太阳，带有它的光环和彩层，字挤压着字，彼此各以光辉外层包裹在一起，直到句子变成清晰不断的光晕"①。

分析至此，我们可以清晰地发现，以上正反两个极端的评价，其

---

① Ernest Fenollosa:《汉字作为诗的表现媒介》，杜国清译，《中外文学》1979年第12期。

实是从各自的视角出发所给出的不无偏颇的结论。庞德方面，着眼于美国新诗风的开创，与尽力摆脱英国维多利亚诗风的影响，将该文推崇到风向标、指路灯的高度，确实彰显出了该文献的诗学与美学价值，但也忽略了文献中对中国文字的误解。其实，由于庞德急于开山立派、别立新宗，加之所懂中文不多，他是不会在意费诺罗萨对汉字的误解的。刘若愚所代表的汉学家一系，熟稔中国文化与中国文字，眼见费诺罗萨的行文中对汉字与文言的误解太多、太幼稚，马上集中火力就此批评，却也一时未曾顾及了该文献的诗学与美学价值。其实，作为汉学研究的学者，或者研究中国学问的汉学家，他们对美国诗界不会予以太多关注，自然也就不会发现并彰显该文献这方面的价值，这也在情理之中。

三、汉字诗学传统的传承

刘若愚虽然不同意费诺罗萨对汉字均为象形字或会意字的误解，但是他在仔细思考之后，却非常赞同费诺罗萨与庞德将汉字作为诗歌表现的理想媒介的观点。刘若愚在《中国诗学》(*The Art of Chinese Poetry*，1962)一书中，以"作为诗歌表现媒介的中国语言"为题，在对费诺罗萨对汉字构形的误解进行批评的基础上，继续沿着费诺罗萨开辟的汉字诗学的研究路径进行拓展研究。他之所以赞同费诺罗萨等将汉字作为诗歌表现的理想媒介，是因为他发现汉字的多义性、词性的多元与流动、句法松散、自由与简省，使得用汉字写成的诗歌，更接近自然，更富有诗意，更能发掘出当下审美经验的普遍性与永恒意义，更能关注事物的普遍性并"呈现给读者以一种足以反映本质的气势或景象"①。

---

① 刘若愚：《中国诗学》，赵帆声等译，郑州：河南人民出版社，1990年，第44页。

刘若愚说，"与英语比起来，汉语词的词义大多数不是十分清晰和固定的。一个词往往具有不同的含义，其中有的甚至完全相反。"①刘若愚在文中援引新批评理论家瑞恰慈和燕卜荪的观点，认为汉字的这种多义性，或曰歧义性，在散文中或许是一种障碍，但对于诗歌来说，确具有得天独厚之优势，"它有言简意赅之利，诗人可以用以充分地表达自己的思想感情，尽可能把数种不同的含义都汇注到一个词中"②，从而丰富诗歌的意义与情感，并在读者心中引发众多的美感联想与想象。关于词性的多元，刘若愚说，在汉语中，根据不同的上下文，同一个字可以用作名词、动词以及形容词，这种自由在诗歌中更是得到了淋漓尽致的体现，这不仅使得汉诗的用语简洁、生动，更重要的是它使得"我们可以准确地保持一个字的暗含意义与联想，而无需再去寻求具有相似功能的其他词了"③。关于汉语文言的语法句法，刘若愚所谈甚多，而且在诗歌阐释领域都有创见。他说，汉语本身没有性、数、格、语气、时态等这样的语法限制，这既是汉语的优点，也是汉语的不足。但他认为，在诗歌中，这种摆脱了语法限制的语言，显然得多于失，"由于汉语中的名词没有单、复数之分，动词也不具备时态，使得诗人能够全神贯注地发掘和表现眼下的审美经验的普遍与永恒意义"④。而汉诗中主语的省略，则进一步使得诗人在诗歌中表现的此情此景具有了超时空的能量。除却主语的省略，刘若愚还指出，在汉诗中还存在着省略动词的现象，动词的省略，使得诗行只有一连串的名词组成，从而避免了散文中不可缺少的连词、动词和虚词，"令几个名词意象和短语并置，把时间凝聚

---

① 《中国诗学》，第8页。
② 《中国诗学》，第8页。
③ 《中国诗学》，第52页。
④ 吴伏生：《汉学视阈——中西比较诗学要籍六讲》，北京：学苑出版社，2016年，第5页。

在某一强烈的审美瞬间,造成一种静止的画境"①,颇有英国诗人济慈的《希腊古瓮颂》之风。

不同于刘若愚将批评的眼光聚焦于费诺罗萨的汉字学错误,并由此对汉字诗学进行的延伸,陈世骧则主要从汉字字源学的角度,将费诺罗萨所开创的,与中国的说文解字传统有密切关系的汉字诗学,引向了深入。就此,陈国球在研究文章中曾说,"对中国文学语言的'陌生化'阅读,本是西方学者如费诺罗萨等首倡……陈世骧认同这个观点,也以此为他后来的'抒情传统'论述的出发点之一"②。陈世骧作为较早一代在美国著名大学谋出路的华人学者,作为以中国古典文学为研究对象的东方语文学系教授,其所面临的急迫问题就是向西方学界介绍中国的文学与文化,通过自己的研究向他们展示中国文学的普遍价值,通过自己的阐释改变他们忽视甚至蔑视中国文学的倾向。陈世骧对"诗"之原始观念的研究与阐释,就是很好的例证。而这几篇文章包括《中国"诗"字之原始观念试论》《原兴:兼论中国文学的特质》,恰好就是沿着汉字诗学的道路,或者说,是从汉字字源学的角度进行推演展开的。陈世骧说,中国文艺研究,虽如《文心雕龙》之"体大而虑周"者并不多见,但历代所积之代代学者的"只言片语"中,却蕴蓄着"极可贵"的资料,值得我们以"现世界多面的方法理论和科学成就"做参考,以"严密的方法,广大的眼光,和发微阐巨的工夫"③,从这些珍贵的材料的汲取精华。

在《中国"诗"字之原始观念试论》中,陈世骧通过对《说文解

---

① 《中国诗学》,第46页。
② 陈国球:《陈世骧论中国文学——通往"抒情传统论"之路》,《汉学研究》2011年6月第29卷第2期,第225–243页。
③ 陈世骧:《中国"诗"字之原始观念试论》,张晖编《中国文学的抒情传统》,北京:生活·读书·新知三联书店,2015年,第99–100页。

字》中"诗"字之注解的质疑,挖掘出其中蕴含的新意。《说文解字》说,"诗,志也。从言寺聲。訨,古文詩省。"① 陈世骧引清人王筠、近人杨树达,质疑了许慎的观点,认为"诗,从言寺声",是"照小篆后起的字形妄测"②,实际上"诗"的古字应是"訨",从言㞢声,而志的古字为㞢,从心㞢声。陈世骧说,诗与志,这两个字从结构上看,一注"言"旁,一属"心"部,但根本都是同一个字根,甚而有人认为根本就是同一个字。《说文》,"诗,志也。"一个字源,穷根究底,终必达到一个最始的实物意象。"㞢"像足,不但是足之停,而又是足之往,之动。足之动又停,停又动,正是原始构成节奏之最自然的行为。"㞢"为足之动停,为诗乐舞混沌未分之际这样的综合艺术节奏的原始意象。诗得了言字的偏旁,有"㞢"为字根,得到加言的"訨",以诗为特重语言别于音乐舞蹈的艺术。于是,"诗",从言,外发,"志",从心,指内,这便内外相成,所以,诗言志之义,既是蕴止于内心的深情至意,又是宣发于外的好语言了。"诗"的原始观念,"诗"字之成形得意,从原始就有的一个明确意象,简单综述,即是:蕴止于心,发之于言,而还带有与舞蹈歌咏同源同气的节奏的艺术。而在《原兴》一文中,陈世骧采用了同样的研究方法,研究并试图澄清《诗经》研究中的一些基本问题。陈世骧选择了"兴"字做字源学上的追溯与构形分析,据他考证,"兴"乃是"初民合举物旋游时所发出的声音,带着神采飞逸的气氛,共同举起一件物体而旋转"③,经过周密的分析,他断言"兴"是诗三百的"机枢",决定着诗的风味、气氛,乃至控制着一首诗的面貌。

---

① 许慎:《说文解字》,徐铉校订,上海:上海教育出版社,2003年,第61页。
② 《中国"诗"字之原始观念试论》,张晖编《中国文学的抒情传统》,第90页。
③ 陈世骧:《原兴》,张晖编《中国文学的抒情传统》,第115页。

此处需要再加说明的是，无论是刘若愚对费诺罗萨所开创的汉字诗学传统的批评与拓展，还是陈世骧对汉字诗学之汉字字源进行追根溯源的研究方法的采用与偏爱，还是叶维廉在前辈学者的影响之下，对"汉字诗学"研究传统的新拓展，都是在美国诗学与汉学界对"汉字诗学"争议声中展开的，他们对汉字作为诗歌媒介之优势情有独钟，他们对从汉字的构形与构意、句法的流动与自由、语法的松散与非逻辑性出发探究中国古典诗歌的美学境界情有独钟，他们在时隔半个多世纪之后，重拾费诺罗萨——庞德的余绪，在对中国古典诗歌与诗学作出精彩阐释的同时，也曲折传承与拓展了"汉字诗学"的研究传统。

四、叶维廉诗学对汉字诗学传统的接受

在《语际的批评家》(The Interlingual Critic: Interpreting Chinese Poetry)①一书中，谈及中国诗歌的翻译时，刘若愚曾经说过这样的话：

> 我无意否认韦利姆·伊普(Wai-lim Yip)以及其他一些人所认为的中国诗歌的句法具有高度的流动性，我也不否认译诗的人会无意之间把汉语所缺少的诸如时态、数、连接词、冠词以及代词等语法特色加进原作中去从而赋予中国诗歌以西方的思维和理解方式。毕竟是我首先提出因中国诗歌缺乏时态和数的范畴，且主语往往省略，因之使其具有无人称、无时限和普遍性的特征。但我以为我们不应过于夸大这一点，当然也不能漠然处之……同样，我们也不应过分夸大中国思想体系中直观的和非理性的特点，必须认识

---

① 此书的国内译本，将题目翻译为《中国古诗评析》。对此译名，詹杭伦在《刘若愚：融合中西诗学之路》一书中，不无遗憾地指出"把《语际批评家》译成中国古诗评析，使得一本比较文学的专著面目全非"。

到，在一些诗歌中孔子的理性主义的悠久传统是时而可见的。而且，甚至是给人以非人格化，无时限的以及普遍的印象的最富直观性的诗歌也不能真正反映出伊普所谓的没有语言作为中介的那种纯粹体验，因为语言毕竟是说话的人与外部世界之间的媒介。①

刘若愚的这段话信息量很大，我们至少可以得到三点：第一，刘若愚在此明确指出，中国诗歌的语言特点，如缺乏时态与数，主语省略，以及由此而来的中国诗歌的美学特征：无人称、无时限和普遍性，是他首先提出来的。第二，刘若愚提到了叶维廉，暗示了叶维廉的某些诗学主张其实源于自己，并且有将这些主张推向偏执的倾向。同时，批评了叶维廉诗学研究过分推崇中国诗歌中"直观的、非理性的"部分而不及其他的做法。第三，刘若愚提到了叶维廉纯诗的概念，认为叶维廉所主张的不由语言中介而达成纯粹体验的诗歌境界，是无法实现的，因为语言是诗歌的表现媒介，无语言，不成诗。

读过叶维廉诗学著作的人，显然可以领会到刘若愚对其批评的精准，也可以领会到叶维廉与刘若愚之间的某些诗学观点的传承关系，但是，叶维廉也并非只是在刘若愚之"影响的焦虑"之下亦步亦趋，我们可以说，刘若愚的"汉字诗学"启发了他，而他也在自身的诗学视域、理论修养中，在对费诺罗萨——庞德诗学的注视、研究中，进一步拓展与丰富了这个体系。

1967年，叶维廉在美国普林斯顿大学获得比较文学哲学博士学位，其博士论文的题目为《庞德的〈华夏集〉》（*Ezra Pound's Cathay*），论文以庞德1915年翻译的19首中国古典诗歌结集而成的《华夏集》为研

---

① 刘若愚：《中国古诗评析》，王周若龄、周领顺译，赵帆声校订，开封：河南大学出版社，1989年，第65-66页。

究对象,细致探讨了美国诗人庞德在翻译过程中,对中国古典诗歌句法语法特色的关注、所采取的翻译策略,以及中国诗歌的特色对他自身诗歌创作所产生的影响。在这篇论文中,以李白的《送友人》的原文与英译为例,叶维廉总结指出了中国古典诗歌的四个特色:"(一)中国诗没有跨句,每行一句,或为一意义完整的字词。(二)和大多数旧诗一样,本诗没有人称代词,因此诗人个人的经验变成普遍的经验。(三)中文中没有时态变化,因此诗中经验超越了人为的特定的时间范畴,而回归到现象本身。(四)由于缺乏以人称代名词和冠词为基础的宾主从属关系,和以动词时态为基础的逻辑时间概念,因此中国诗多半避过分析、诠释过程,让现象的共相自然演出。"① 既然叶维廉的研究对象就是那位整理出版费诺罗萨之《汉字作为诗歌表现媒介》的庞德,那么,他对中西诗歌的比较研究,也难免会受到他们诗学主张的影响。我们透过叶维廉对中国古典诗歌语言特色的关注,也可以发现叶维廉诗学切实打上了费诺罗萨——庞德的汉字诗学的烙印。另外,在叶维廉所总结四个要点之中,我们也可以看到刘若愚所指出的中国古典诗歌之语言文字特色的影子,这也许可以作为叶维廉对刘若愚诗学的熟稔与传承的证据,但是,不容忽视的是,这其中也含着叶维廉自己的体验与见解,以及他在后来的文章中所提出的观点的雏形。

在1973年写成的《语法与表现——中国古典诗与英美现代诗美学的汇通》一文中,叶维廉承着在其博士学位论文中对汉语诗歌中文言特色的探讨,继续就汉字作为诗歌表现媒介的优势进行了探讨。在文章的楔子中,叶维廉就在一定程度上肯定了费诺罗萨——庞德的"汉字诗

---

① Wai-lim Yip, Ezra Pound's Cathay. 译文采用的是台湾学者张汉良在《语言与美学的汇通——简介叶维廉的比较诗学方法》一文中的翻译。该文载廖栋梁、周志煌编《人文风景的镌刻者——叶维廉作品评论集》,第353页。

学"说,他说"庞德对中国语文的狂热自有其美学的原因,虽对中国字时有望文生义之处,而对现代美学的推展却有出人意表之精彩。"① 在接下来的文章中,在《庞德的〈华夏集〉》中所总结出的中国古典诗歌的四个特色的基础上,叶维廉又进行了对"汉字诗学"深入的开掘,即对中国诗中超脱语法的所谓"罗列句式"的研究。在叶维廉看来,这中国诗中句式的罗列,"最伤欧美译者的脑筋"、受"翻译者及欣赏者歪曲最烈"②,但也最能彰显出中国古典诗歌的艺术境界与特色。叶维廉说,这种罗列的句式不但构成了事象的强烈的视觉性,而且提高了每一物象的独立性,使得物象与物象之间形成了一种共存并发的空间的张力。由此句式的罗列,带来诗人与读者观物感物的活动视点以及诗歌意象的罗列并置。观物感物的活动视点,类似于中国传统绘画中的旋回视灭点或多重视灭点,亦即是所谓的散点透视,这种活动视点,可以使读者从多角度同时看到诗歌事象的全貌,诗人既然不站在事象与读者之间条分缕析,不把自我的观点加诸现象之上,读者也就可以多角度观感诗歌事象的全貌,自由观览,自由出入,好比环视一件雕塑品,自能获得更加细致的美感经验。诗歌意象的罗列并置,简称意象的并置,是叶维廉受前苏联电影导演爱森斯坦的蒙太奇艺术手法的启发,而对中国古典诗歌之特色认识的又一突破。有意思的是,爱森斯坦蒙太奇技巧的发明,又是因受到汉字造字法中"会意"字的启示而起的。会意字,是造字者拿两个或两个以上的象形字或指事字,配合起来,去表示复杂的意义而产生的,当叶维廉将这一"利用两个视觉物象的并置而构成一个具体的意

---

① 叶维廉:《语法与表现——中国古典诗与英美现代诗美学的汇通》,《比较诗学》,台北:东大图书公司,2007年,第23页。
② 《语法与表现——中国古典诗与英美现代诗美学的汇通》,《比较诗学》,第36页。

念"①造字法或曰蒙太奇的手法运用到对中国古典诗歌的分析中时,他发现中国诗在利用意象的并置以强化物象的演出效果的同时,也使诗人的个人感受和内心紧张借外在事物的弧线托出:"外在的气象成为内在气象的映照"②,外在的风暴和内在的风暴抛出了律动一致的线条。

不仅如此,叶维廉在分析了中国诗歌表达上的上述特色及艺术效果之后并未止步,他继续探究了作为中国古典诗歌之媒介的文言之所以能如此的美学根底。在叶维廉看来,这跟中国几千年来一直所推崇的"无我""忘我""丧我"以使自己"溶入浑然不分的自然现象"的道家美学追求有关。于是,叶维廉在接下来的几篇文章,如《无言独化:道家美学论要》(1979)、《语言与真实世界——中西美感基础的生成》(1982)里,就道家老庄的美学思想进行深入的开掘。叶维廉说,我们张眼看世界,就可以发现宇宙的一个基本事实:宇宙万象乃是一有机整体,宇宙的运作是一个连续无间的过程,无论人类有没有文字或用不用文字去讨论它和表现它,都将无碍于它的继续演化与生成。以老庄为代表的道家,早就勘破了这一天机自然,因此从一开始就否定用人为的概念和结构形式去表现宇宙的生成演化过程、去类分宇宙的现象、去重组或决定宇宙的秩序。并且,在老庄看来,作为人为的概念之公式的语言文字,也不足以包含宇宙现象生成的全部,更无法参透肉眼看不见的物之精微。于是,他们便果断放弃了人类对宇宙的类分、框限和指义行为,转而以保持与印证未被人类割裂重组的、万物浑然、物各自然的指义前的世界作为己任,尊重万物自然自生的活动,避免以人为的法则去规矩天机,任万物万象,质样俱真地自由兴发自由涌现。老庄的美学思想,极大地影响了中国传统的艺术家和诗人们的美学理想与艺术追求,他们采

---

① 《语法与表现——中国古典诗与英美现代诗美学的汇通》,《比较诗学》,第44页。
② 《语法与表现——中国古典诗与英美现代诗美学的汇通》,《比较诗学》,第46页。

用叶维廉所谓的"离合引生"的辩证方法，离弃抽象思维加诸自身的种种偏、减、缩、限的观感程式，消除知性的负赘，重新拥抱原有的具体的世界，任事物在诗中以非串联性的、戏剧化的方式出场，任事物并发直现，并保持物物间多元多重的空间关系。叶维廉说，此处存在一个语言文字方面的悖论，正如道虽不可道，但又不得不道，诗歌毕竟是用语言文字写的，这就使得诗歌的传释不可避免地带有语言文字中天然地带有的"限指、限义、定位、定时的元素"。叶维廉引入了"以物观物"的观感态度，他认为只要诗人能对宇宙的真秩序有通明的了悟，语言的性能是可以借着这"以物观物"的观感态度，避开限指限义定位定时的元素，调整到迹近"风吹""鸟鸣"的自然状态的。于是，中国古典诗歌中的语言文字，已然不是通常意义上带有严密的语法逻辑与语义顺序，深深刻写着作者自我所发明、所决定的意义结构与系统的语言文字，它变成了一种指向具体、无言独化的真世界的一种指标与符号的松散集合，它致力于点兴与逗发万物自真世界形现演化的气韵气象，它化作一支水银灯，把某一瞬间的物象突然照得通明透亮。

中国古典诗歌的语言特色，其实并非完全是由文言赋予的，尽管文言自身非常简洁。正如叶维廉所说，文言其实也有限指、限义、定位、定时的元素，中国古典诗歌的语言，之所以可以在某种程度上避开这些元素，其实得益于道家的美学理想与艺术追求。

由费诺罗萨所开创的"汉字诗学"尽管在其后岁月里争议不断，但时过境迁之后，却也获得了新阐释与新发展，从而获得了新的生命活力与理论生成能力。法国汉学家程抱一、汪德迈，美国学者刘若愚、陈世骧、叶维廉、石江山、蔡宗齐，国内学者赵毅衡、葛兆光，都是具有代表性的。还有一点值得注意，随着国内外汉语言文字学研究的逐渐深入，被刘若愚等学者认定为文字学真理的某些准则，如汉字造字法、如形声字究竟是表音还是表意等，都有了新的认识，如此一来，文字学新视野下的费诺罗萨文献，呈现在我们面前的模样，可以预见将会发生新的变化，这势必会再次影响我们对汉字诗学传统的认识与阐释。

第三节　叶维廉与艾布拉姆斯文学批评"四要素"说

艾布拉姆斯（Meyer Howard Abrams）的文学理论，尤其是他在《镜与灯——浪漫主义文论及批评传统》一书中提出的著名的文艺批评"四要素"说，不仅对中西方文论的发展有着重大的指导意义，而且在比较文学、中西比较诗学界产生了深远的影响。继刘若愚将艾布拉姆斯的理论框架应用于中国文学理论的研究，实现了对中国传统诗学的深入分析之后，叶维廉又对艾布拉姆斯的"四要素"说进行修正和发展，并将其引入中西比较诗学领域，获得了比较诗学研究的理论创新。两位学者对艾布拉姆斯文学批评"四要素"理论的修正、发展与创造性运用，取得了丰硕的理论成果，影响了不少从事中西比较文学研究的学者。

一、艾布拉姆斯的文艺批评"四要素"说

1953年，美国康奈尔大学英语系艾布拉姆斯教授出版了著名的文学理论著作《镜与灯——浪漫主义文论及批评传统》。在该书的第一章《导论：批评理论的总趋向》中，面对当时文艺理论界表面上看来混乱抵牾的、形形色色的艺术哲学和美学理论，艾氏一改前辈学者苛求与贬抑的态度，在肯定了多样性的批评理论的存在价值之后，找出了一个既简易又灵活的参照系，试图利用该参照系达到在不无端损害任何一种艺术理论的前提下，把尽可能多的艺术理论纳入讨论的目的。在艾氏看

来,该参照系是"采用一个不把自身哲学强加于人的分析图示,在有待比较的理论中,把尽可能多的理论所共有的主要特征利用起来,然后慎重地运用这一分析图,随时准备将一切有助于眼下目的的特征收纳进来。"①艾氏提出的这种参照系,学界一般称之为艺术四要素理论或四要素分析框架结构,我们将其简称"四要素"说。

艾布拉姆斯指出:

> 每一件艺术品总要涉及四个要素……第一个要素是作品,即艺术产品本身。由于作品是人为的产品,所以第二个要素便是生产者,即艺术家……这第三个要素……常常用"自然"这个通用词来表示,我们不妨换用一个含义更广的中性词——世界。最后一个要素是欣赏者,即听众、观众、读者。②

为了方便地在这个由四要素构成的框架上讨论各种理论,艾布拉姆斯采用了三角形的模式来安排这四个要素,他分别把世界、欣赏者和艺术家放置在三角形的三个角上,而把作品放置在中间,如图1所示:

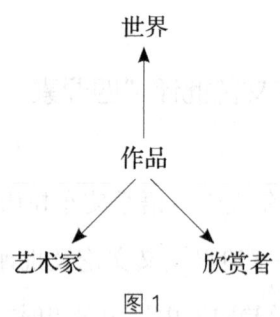

图1

[美] M. H. 艾布拉姆斯:《镜与灯——浪漫主义文论及批评传统》,第5页。

---

① [美] M. H. 艾布拉姆斯:《镜与灯——浪漫主义文论及批评传统》,郦稚牛、张照进、童庆生译,王宁校,北京:北京大学出版社,2004年,第4页。
② 《镜与灯——浪漫主义文论及批评传统》,第4页。

艾布拉姆斯说：

> 尽管任何像样的理论都多少考虑到了所有这四个要素，然而我们将看到，几乎所有的理论都只明显地倾向于一个要素。就是说，批评家往往只是根据其中的一个要素，就生发出他用来界定、划分和剖析艺术作品的主要范畴，生发出借以评判作品价值的主要标准。①

于是，他借助于四要素的分析图示，将西方批评理论分成四个类别进行讨论：模仿说、实用说、表现说和客观说。他认为这四类中"有三类主要是用作品与另一要素（世界、欣赏者或艺术家）的关系来解释作品，第四类（笔者按：客观说）则把作品视为一个自足体孤立起来加以研究，认为其意义和价值的确不与外界任何事物相关。"②

艾布拉姆斯依据其艺术四要素的理论，有效廓清了西方批评理论史上的"混乱"，言简意赅地描述了西方批评理论史上主要理论思潮产生、流变与发展的状况。他的艺术四要素说，不仅在中西方文艺理论界、批评界产生了重大影响，而且对中西比较诗学的研究提供了非常有价值的借鉴。刘若愚、叶维廉，美国学者厄尔·迈纳等人的中国诗学或比较诗学理论体系的建构，都受到了艾布拉姆斯四要素理论的极大影响，并对该理论有着创造性的转化、使用与发展。

二、刘若愚对艾氏"四要素"说的重新设计与运用

刘若愚在其代表性著作《中国文学理论》(1975)中，"为了克服词义不清所引起的困难，同时为了提供一个概念的框架以分析中国文学批

---

① 《镜与灯——浪漫主义文论及批评传统》，第5页。
② 《镜与灯——浪漫主义文论及批评传统》，第5页。

评作品，从而提出其中可能含有的文学理论"，[①]依据艾布拉姆斯的"四要素"说，并以不同于艾氏对四要素安排方式，"设计了一个分析的图表以及用于质问任何批评见解的一套问题。"[②]鉴于所讨论问题的只限于文学理论的范围，刘若愚将艾氏四要素中的"艺术家"替换为"作家"，将"观众"（笔者按：上文为欣赏者）替换为"读者"，由此，刘若愚将艾氏四要素调整为宇宙、作家、作品与读者，将这四要素重新安排排列为一个双向流动的圆圈。如图2所示：

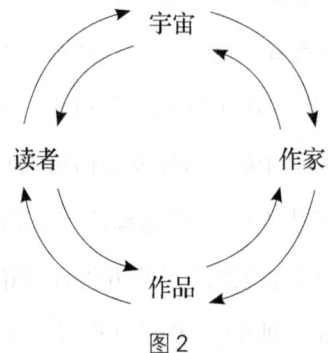

图 2

［美］刘若愚：《中国文学理论》，杜国清译，南京：江苏教育出版社，2006年，第13页。

虽然脱胎于艾氏的"四要素"说，但刘若愚对四要素重新安排之后形成的理论，与前者有了明显的区别或者说有了创造性的发展。刘若愚将艾氏四要素框架中间的单向箭头，变成了双向箭头，将三角形的图示转变成了流动的圆圈，将"作品"这一固定在中心位置的要素置换成了艺术创作过程中的一环，让相对稳定但略显机械、僵化的三角架结构转换成了双向循环、周流不息的有机系统，如此具有中国传统文化色彩的创造性改造，已使艾氏四要素的理论，获得了能够用来解释中国文学批

---

① ［美］刘若愚：《中国文学理论》，杜国清译，南京：江苏教育出版社，2006年，第12页。
② 《中国文学理论》，第12页。

评的新的生机。依托这一转换之后的图示,刘若愚将这四个要素之间的关系视为构成整个艺术过程的四个阶段:

> 在第一阶段,宇宙影响作家,作家反映宇宙。由于这种反映,作家创造作品,这是第二阶段。当作品触及读者,它随即影响读者:这是第三阶段。在最后一个阶段,读者对宇宙的反映,因他阅读作品的经验而改变。①

如此,整个过程形成一个圆圈,完成从世界到作家到作品到读者到世界的正循环。与此同时,"由于读者对作品的反映,受到宇宙影响他的方式所左右,而且由于反映作品,读者与作家的心灵发生接触,而再度捕捉作家对宇宙的反映,因此整个过程也能以相反的方式进行"②,从而完成负循环。正负循环周流不息,文学的创作与欣赏就此展开。

图表经过创造性改造之后,刘若愚开始用它来分析中国的文学批评了。他依据文学创作与欣赏过程的四个阶段,将中国的文学理论,分成了六个大类:形上理论、决定理论、表现理论、技巧理论、审美理论与实用理论,并且在逐一分析各项理论之后,还探究了六大理论间的互相影响与融合。对于刘若愚创造性地调整艾布拉姆斯"四要素"说用于解读和探究中国文学理论,并试图建构起中国文学理论体系的做法,学界在充分肯定其有效性之余,也有学者反思、批评这种所谓削足适履的做法给中国文学理论带来的伤害。笔者并不反对反思与批评,但重要的是,反思与批评之后,如还能依托时代所赋予的新的理论资源而能有所建构与创新,就属难能可贵了。叶维廉,就属于这种既能对前人的理论进行反思,又勇于另辟蹊径进行理论创新与建构的学者。

---

① 《中国文学理论》,第12页。
② 《中国文学理论》,第12页。

三、叶维廉的诗学理论对艾氏"四要素"说的调整

叶维廉是在为东大图书公司出版的《比较文学丛书》所作的总序中全面阐述自己对艾布拉姆斯四要素理论的修正与自身理论的建构的。为了区别起见，我们可以先根据叶维廉对"四要素"说修正后的理论形态，将其概括为"五据点"说。叶维廉的"五据点"说，可以说是在刘若愚对"四要素"说的创造性修正之后，又一次对艾氏及刘氏理论的修正、刷新与创造。

1. 叶维廉建构"五据点"说的理论语境

20世纪70年代以来，东西方比较文学研究兴起，西方一些具有远见的学者认识到东方文学的价值，他们"敏锐地觉察到过去比较文学的局限和它的发展趋势，他们高瞻远瞩……认为只有开展东西方文化的比较研究，才能全面研究文学的各类问题，恰当地解决文学中的各种争论。"① 而率先在中西文学领域开展比较研究的，是刘若愚、叶维廉等一批旅居国外的华裔学者。但由于以往西方的比较文学研究，基本上是在欧洲文化的系统内部展开的，对比较文学概念的反思与论争，也没有能脱离这个单一的文化系统，"西方的比较文学家，过去几乎没有人用哲学的眼光去质问他们所用的理论作为理论及批评据点的可行性。"② 于是，"很多人还是用一个文化的模子去主宰另一个文化的文学，因循歪曲。"③ 鉴于此，叶维廉开始思考：

---

① 陈惇、孙景尧、谢天振主编：《比较文学》，北京：高等教育出版社，1997年，第7页。
② 叶维廉：《〈比较文学丛书〉总序》，《叶维廉文集》(第1卷)，合肥：安徽教育出版社，2002年，第4页。
③ 叶维廉：《〈比较诗学〉序》，《叶维廉文集》(第1卷)，第25页。

中西比较文学的研究，究竟如何寻出"共同的文学规律"？如何建立"共同的美学据点"？我们能不能、或应不应该用甲文化批评的模子来评价乙文化的文学？用了以后有多少程度的歪曲？我们如何可以调整改正？①

在叶维廉看来，由于东西方比较文学研究，天然地带有跨国别、跨文化的性质，如果要想从东西方文学比较研究中，寻求共同的文学规律和共同的美学据点，就"不能随便信赖权威，尤其是西方文学理论的权威，而希望从不同文化、不同美学的系统里，分辨出不同的美学据点和假定，从而找出其间的歧异和可能汇通的线路；亦即是说，决不轻率地以甲文化的据点来定夺乙文化的据点。"②"因为我们知道，如此做必然会引起歪曲与误导，无法使读者（尤其是单语言单文化系统的读者）同时看到两个文化的互照互识。"③那么应该如何实现两个文化间互照互识互对互比，或者同异全识，并借此来避免以往文化间交流与比较研究时出现的"垄断"现象呢？叶维廉提出了有名的"模子"理论：

要寻求"共相"，我们必须放弃死守一个"模子"的固执。我们必须从两个"模子"同时进行，而且必须寻根探固，必须从其本身的文化立场去看，然后加以比较加以对比，始可得两者的面貌。④

只有这样

东西比较文学的研究，在适当发展的情况下，将更能发挥文化交流的真义：开拓更大的视野，互相调整、互相包容。文化交流不

---

① 《〈比较诗学〉序》，《叶维廉文集》（第1卷），第24页。
② 《〈比较文学丛书〉总序》，《叶维廉文集》（第1卷），第1页。
③ 《〈比较文学丛书〉总序》，《叶维廉文集》（第1卷），第5页。
④ 叶维廉：《东西比较文学中模子的影响》，《叶维廉文集》（第1卷），第38页。

是以一个既定的形态去征服另一个文化的形态,而是在互相尊重的态度下,对双方本身的形态作寻根的了解。①

如此对中西文学与文化双方进行了寻根探源式的了解之后,再来做比较文学或比较诗学研究,就不容易再犯以甲文化的原则垄断乙文化的错误,从而尽量避免文化与文学上的歪曲与误解,并进而真正实现异质文化间的文学研究与文化交流。既然叶维廉主张扬弃这种以甲文化的原则垄断乙文化的比较文学研究方法,那么究竟应该怎样在异质文化间做比较文学与比较诗学的研究呢?叶维廉开始试图在文化"模子"理论的指引下寻求新路径。他的选择与刘若愚寻求中国文论现代转型时一样,他要借艾布拉姆斯的四要素框架,"略加增修,来列出文学理论架构形成的几个领域,再从这几个领域里提出一些理论架构形成的导向或偏重。"②

叶维廉指出,援引艾布拉姆斯的理论构架:

> 只借艾氏所提出的条件,我们还要加上我们所认识到的元素,但不打算依从艾氏所提出的四种理论;(因为)他提出的四种理论……是从西方批评系统演绎出来的,其含义与美感领域与中国(文论)……有相当的历史文化美学的差距。③

这也是叶维廉同样援引艾氏架构,却与刘若愚《中国文学理论》的理论建构的不同之处。

---

① 《〈比较文学丛书〉总序》,《叶维廉文集》(第1卷),第6页。
② 《〈比较文学丛书〉总序》,《叶维廉文集》(第1卷),第8页。
③ 《〈比较文学丛书〉总序》,《叶维廉文集》(第1卷),第9页。

2. 叶维廉诗学理论架构的比较特色

由于叶维廉调整后的文学理论架构,初看起来比较复杂,人们不容易发现该架构精要所在,所以笔者先给出一张简化之后的理论架构图(图3),供我们讨论该理论框架对艾氏与刘氏理论框架的援引与修正之处。

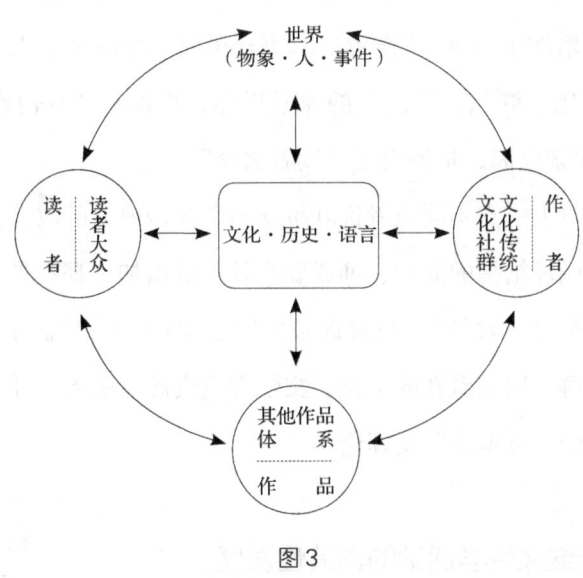

图3

比对艾布拉姆斯的原图和刘若愚的修正图,我们可以发现,叶维廉的理论图示有了明显的变化。

(1)与艾氏和刘氏的四要素相比,叶维廉的理论图示有了第五个要素,即文化·历史·语言。这第五元素处于图示的中心位置,或者根据叶维廉的理论阐释,处于图示勾画的背景上,或者,我们可以将这第五元素概括为语境。这第五元素,与其他四个元素互相沟通,交织在一起形成网状结构。

（2）叶维廉的理论图示，明显吸收了刘氏图示之流动的、圆圈的、双向循环的结构，而有异于艾氏三角架结构。同时，叶维廉也对刘氏的循环结构进行了简化，化单箭头单方向的流转为双箭头双方向的流转。这种循环结构，使得作者与世界、读者与世界建立起来直接的联系，同时打破了世界与作品之间的直接联系，为世界与作品的联系设立中介：读者与作者。

（3）与艾氏和刘氏不同之处，还在于叶维廉为作者、作品与读者三个要素，增加了外延。"作者"的要素里面，叶维廉引入了"文化传统"与"文化社群"，"作品"的要素里面，增加了"其他作品体系"，"读者"的要素里面，扩展出了"读者大众"。

其实，以上三点不同或者说叶维廉对艾氏四要素的改造，无论是要素的增加、循环结构的简化、抑或要素外延的增加，都不是叶维廉对原理论架构的简单"修补"，这种改造实际上体现了叶维廉对文学理论或诗学的新理解，以及对新的文化、文学理论资源的引入，叶维廉据此建构出了自己的"五据点"说理论。

四、叶维廉诗学理论的创造性发展

在利用叶维廉的理论架构的简化版，了解清楚了该理论架构与艾氏、刘氏理论架构的不同与变化之处后，我们现在开始引入叶维廉完整版的理论图示（图4），分析他诗学理论的创造性发展。

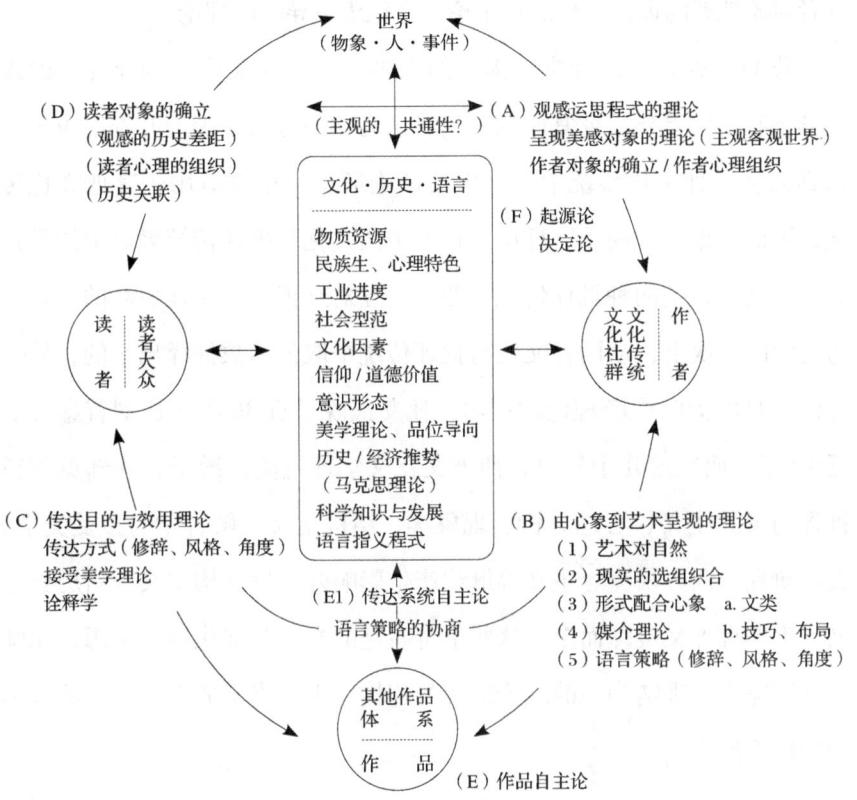

图 4 《〈比较文学丛书〉总序》,《叶维廉文集》(第 1 卷),第 10 页。

1. 叶维廉扬弃了艾氏根据四要素图示提出的四种理论和刘氏提出的六种理论,提出了新的六种理论。

叶维廉认为,艾氏的四要素理论是从西方的批评传统中演绎出来的,而西方的批评传统与中国的批评传统存在较大的差异与距离,直接套用肯定会出现用甲文化的原则垄断乙文化的问题。同时,叶维廉看到了刘若愚调整艾氏四要素理论框架后用来研究中国文学理论时所带来的弊端与所呈现出来的困难。因此,叶维廉扬弃了他们所提出的四种或六种理论,另辟蹊径提出了自己的六种理论,分别是观感运思程式的理论、表达程式的理论(由心象到艺术呈现的理论)、传达与接受的理论、作者与读者对象把握的理论、作品自主论、文化历史导向的理论。

我们不难看出，叶维廉提出的六种理论，与艾氏、刘氏提出的理论形态有很大差异，究其原因，笔者认为这一方面是因为叶维廉由于意识到只从一种文化传统中演绎出的理论形态，难以适用于其他文化传统，因而根据其"模子"理论，在对中西文化及批评传统做寻根探固式的研究之后，把两种批评传统互照互比互对互识，从而在更高的、哲学与美学的层次上，从两种文化与批评传统中取公约数抽绎出来的；另一方面，是因为叶维廉理论的提出，比艾氏晚了近30年，比刘若愚晚了近10年，而在这几十年里，西方文化文学理论流派纷呈，除却英美新批评与形式主义、心理分析、现象学、结构主义、解释学与接受美学、文化研究、西方马克思主义等继续产生影响外，后结构主义、新历史主义、生态批评又接踵而至，这些争奇斗艳的文学与文化理论资源，无疑被叶维廉主动吸纳到他的理论框架的建构之中，终于成就了他与前人不同的理论形态。

2. 叶维廉在艾氏四要素的理论图示中，引入了第五种要素——文化·历史·语言，并将其置于整个理论图示的中心位置。

其实，按照叶维廉在文中对第五要素的描述："作者所需要用以运思表达、作品所需要以之成形体现、读者所依赖来了解作品的语言领域（包括文化历史因素）"①，第五要素应该是涵盖文化历史要素在内的语言领域。但根据叶维廉在理论图示中表达及文中对于各理论导向的文字表述，笔者认为将这第五要素写成文化·历史·语言也许更好些。这第五要素的引入，其实对整个理论的构架有了整体性的更新。通过上面的理

---

① 《〈比较文学丛书〉总序》，《叶维廉文集》（第1卷），第9页。

论图示，我们明显可以看到，叶维廉通过四个左右箭头，将其与其他四个要素链接在一起，并且，通过这个中介要素，原本不直接联系在一起的作者与读者、世界与作品联系在了一起。如果我们可以把这张图看成一张网，五个要素看成网络的五个节点的话，我们将会发现，这第五要素实在是连接度非常高的枢纽性节点。这个第五要素，除了四周围直接连着四个要素之外，还充当着四个要素彼此互联的中介。

以往，我们会将历史、文化甚至语言，作为文学研究的背景性材料拿来使用，但在叶维廉这个五要素织成的理论框架网中，很明显这个第五要素已经不仅仅是背景性的材料那么简单了。我们现以观感运思程式的理论为例，分析一下这第五要素的作用，作者对世界的观感，其实是要通过历史、文化、语言的媒介的，并且作者处身其中的历史、文化、语言之语境，对作者的观感运思都有着极为深刻的影响，甚至带有着决定性的功能，纯粹的、不带有文化历史色彩、脱离任何语境的作者对世界的观感和认知，是不存在的，所以要探讨作者对世界的观感认知方式，必须对其文化、历史、语言的语境做寻根探固式的研究。

叶维廉指出：

> 不管是在观、感程式、表达程式、传达与接收系统的研究，作者和读者对象的把握，甚至连作品自主论，无一可以离开他们文化历史环境的基源。……作者观、感世界和表达他既得心象所采取的方式，是取决于这些条件下构成的"美学文化传统与社群"；一个作品的形成及传达的潜能，是决定于这些条件下产生的"作品体系"所提供的角度与挑战；一个作品被接受的程度，是决定于这些条件所造成的"读者大众"。①

---

① 《〈比较文学丛书〉总序》，《叶维廉文集》（第1卷），第14页。

3. 叶维廉的"五据点"理论，显示出了其在中西比较文学研究中追求同异全识、历史与美学全然会通的努力。

学术研究的目的不同，决定了研究方法与理论体系的不同。艾氏的学术研究，是为了给看起来混乱芜杂的西方批评传统以体系，所以他提出了著名的艺术研究四要素，并以此为出发点，建构出了四种理论；刘氏的中国文学理论研究，是为了提出并阐明渊源悠久而大体上独立发展的中国批评思想传统中的各种文学理论，并为它们可以与来自其他系统的理论作比较研究提供健全的基础，所以他援用并修正艾氏的四要素理论架构，提出艺术过程的四阶段说，并以此为标准，概括并阐释了六种中国文学理论；而叶维廉的学术研究，是明确以比较诗学研究或者说中西文学、诗学的比较研究为导向的。叶维廉要做跨文化的研究，而且要避免以甲文化的原则垄断乙文化的错误倾向，所以叶维廉在其著名的"模子"理论的基础上开始寻求对两种文化做寻根探固的探究，达到两种文化间互照互识，同异全识。艾氏最初的四要素框架，刘氏对四要素框架的修正，在叶维廉这里都是他从事比较文学、比较诗学研究的历史理论资源。他在跨越异质文化的宏阔视野下，在对东西方文学、文化做同异全识的主动追求下，建构起了"五据点"的理论框架及六种理论领域。从这个意义上讲，这无疑是叶维廉比较诗学理论的重大创新。

20世纪80年代前后，新历史主义文学批评方法或曰文化诗学在英美文化和文学界初露端倪并渐成潮流，"这是一种针对形式主义批评和那种线性的、目的论旧历史主义或实证主义而提出的新的研究路径或批评模式"①。这种批评建基于新的历史观，即"文本的历史性"和"历史的文本性"的批评理论，要求打破文学与历史的二元对立，主张将文学

---

① 李春青：《论文化诗学的基本特征与操作路径》，《江苏行政学院学报》2014年第3期，第42页。

看作是历史的一部分，受到历史制约的同时，并在与其他文化因素交锋竞争中参与历史的创造。这种文学批评的理论，主张以历史文化的眼光来关注研究对象，力求把研究对象放置到其生成、演变的具体历史语境中去把握，在充分考虑、揭示研究对象的历史与社会关联或曰文化网络基础上，解释文本的意义并建构其价值。与此同时，起源于20世纪六七十年代的文化研究理论，则因其跨学科的特性及其"文学是文化的一部分"的文学观，开始使文学研究突破了文学边界，进入了范围更为广阔的文化领域。叶维廉在这样的导向文化历史的理论面前，保持着清醒的头脑，他认为这样的文学研究"很容易把讨论完全走出作品之外，背弃作品之为作品的美学属性，而集中在社会文化现象的缕述"①，在他看来，文学研究应该追求历史与美学、意识形态与形式的融合，应该以历史与美学的全然会通为文学研究的理想与胸怀。叶维廉的这种理论观点，与当下正方兴未艾的中国文化诗学研究何其相似，甚至我们可以说，叶维廉在20世纪80年代初，已然凭借自身的学识，和比较文学与比较诗学研究的宽广眼界，开出中国文化诗学研究的先声。

艾布拉姆斯的"四要素"说对中西文学理论界影响巨大，刘若愚尤其是叶维廉等学者将其引进比较诗学、中国诗学研究中，又使比较诗学、中国诗学有了新启发与新突破。叶维廉对艾布拉姆斯"四要素"说理论的创造性转化与运用，他将历史、文化、语言作为第五要素引入艾布拉姆斯四要素框架之中的学术价值与理论贡献，他在中西诗学比较、文学比较的角度和高度上，提出的六种理论领域及其在其中的探究与耕耘，都值得学界进一步认识与发掘。

---

① 《〈比较文学丛书〉总序》，《叶维廉文集》（第1卷），第14页。

第四节　叶维廉与欧美文学诠释学

20世纪60年代到80年代，是美国文学批评领域的各种新流派和运动蓬勃发展的时期，文学诠释学就是这些批评流派之一。叶维廉自1963年到美国留学，到80年代提出传释学理论，显然受到了美国文学批评界文学诠释学的影响。传释学的提出，标志着叶维廉诗学建构的重要转向，如果可以说港台时期的叶维廉，其诗学的底色是英美新批评的话，那么赴美之后的叶维廉，其诗学的底色开始发生变化，越来越倾向于诠释学。需要注意的是，尽管美国文学批评界诠释学的兴起与繁荣，是以摧毁或推倒新批评为目标的，但叶维廉对诠释学的吸收与借鉴，却是以完善自身的诗学体系为目的的，他对新批评的态度并不像诠释学研究者那样敌视，而是借助于诠释学对新批评进行了扬弃，并最终在会通两者的基础上形成了自己的诗学传释学。

一、叶维廉诗学研究的诠释学转向

叶维廉到美国之时，正值美国文学批评界风起云涌。新批评派作为当时文学批评的正统，已在美国学界风行了近半个世纪并逐渐式微，诠释学、读者反应批评、结构主义和符号学、解构主义、黑人美学和左派批评等力图推翻新批评传统的批评流派开始兴起并蓬勃发展①。正是在美国日益兴起并繁荣的文学诠释学的影响之下,叶维廉的诗学研究开始转向。尽管叶维廉初到美国之时,曾继续沿用新批评研究方法,写出了研究中国台湾新生代小说家小说的批评文章(后以《现象·经验·表现》为题结集出版),以及关于中国现代诗语言的探讨文章,但是,他后来的中西比较诗学研究、道家美学研究等,则明显带有了文学诠释学的色彩。曾有论者指出,叶维廉传释学的提出,是其在20世纪80年代诗学实现突破的关键,在其诗学体系转变的过程中起着枢纽性的作用。②此言不虚。

1. 对新批评理论的扬弃

在《现象·经验·表现》(1969)一书中,叶维廉收录了一篇带有全书批评纲领性质的文章:《现代中国小说的结构》。在这篇文章中,叶维廉认为无论是诗歌还是小说,都是文字的艺术,而建构起艺术的文字,都具有两大阶层:主题的结构(意义阶层的安排)及语言的结构(意象与节奏的安排)。在叶维廉看来,文学批评的主要任务,断不是从作品中抽离并大大发挥所谓的思想内容,而是将关注的焦点放在作品中思想与情感的生长及变化过程上,亦即主题的结构上。要实现对主题结构的准确把握,则必须凭借语言的结构,而要获得语言的结构,批评者必须回到作品本身,从作品的意象及节奏的处理上去感受。叶维廉还进一步强调说,理想的作品,主题的结构就是语言的结构,语言的结构

---

① [美]文森特·里奇:《20世纪30年代至80年代的美国文学批评》,王顺珠译,北京:北京大学出版社,2013年,第184页。
② 张志国:《传释学与文化模子理论——叶维廉诗学批评论》,《文艺理论研究》2006年第3期。胡春燕在《英美新批评研究》(中国社会科学出版社,2010年,第238页)中也有类似的观点。

就是主题的结构,两者是互相依存,不可分离的①。非常明显,叶维廉的上述观点带有强烈的新批评派的色彩,它将文学批评的注意力完全放到了文学作品本身,它要着力探讨作品的结构(语言的结构与主题的结构),强调对作品的细读,关注作品的意象、节奏等,而将作品产生的历史文化语境、作者的意图、读者的反应等都置诸脑后。

而在20世纪70年代后期写作的诗学研究文章中,我们看到了叶维廉诗学研究的转向。在《东西比较文学中模子的应用》一文中,叶维廉告诉我们,比较文学研究中,最大的弊病就是用甲文化环境中形成的文学模子,硬套乙文化环境中生成的文学,而这样做的后果一定是造成对乙文化中文学的歪曲与误解。要解决这个问题,则必须对甲乙两种文学各自生成、发展的文化土壤进行寻根究底式的探究,在做到对两种文学的"同异全识"之后,才能进行两者间的互照互识、互补共生的比较研究。②叶维廉在文中提出的"文化模子"的概念,已成为当下中国比较诗学界的重要术语,从事中西比较文学研究的学者们已然将该术语作为从事跨文化研究的理论预设。有学者研究指出,"文化模子"理论的提出,"有着复杂的个人原因、学科逻辑与社会背景"③,在他们看来,个人原因主要是叶维廉的山水情结、中国文化特有的天人合一思想以及对中西文化兼收并蓄的精神,学科逻辑则是叶维廉是翻译和创作实践中注意到的中诗英译之后存在的歪曲,而社会背景则主要是指东西方普遍存在的运用西方的文学理论对中国文学与诗学的批评与重构,以及这种研究范式所存在的局限性。在笔者看来,叶维廉提出的"文化模子"理论的诱因,包含但并不局限于这些因素,其中一个非常重要但又容易忽略的

---

① 叶维廉:《现代中国小说的结构》,《叶维廉文集》(第1卷),第217–240页。
② 《东西比较文学中模子的应用》,《叶维廉文集》(第1卷),第26–47页。
③ 曹顺庆、吴兴明主编《中西比较诗学史》,成都:巴蜀书社,2008年,第394页。

就是诠释学理论的影响。叶维廉文化模子学说反对用甲文化的模子硬套乙文化的文学的观点的背后,其实是当时学界盛行的对建构在实在论基础上的主——客体文学诠释模式的解构思潮。而对这种模式予以解构的有效武器,就是现象学哲学以及现象学诠释学。

对比分析叶维廉两个时期的文学批评,我们可以发现两者之间存在的显著差异。在笔者看来,产生这种差异的原因,就是叶维廉接受了美国文学诠释学的影响,并对新批评理论进行了扬弃。需要说明的是,扬弃不是抛弃,叶维廉在接受了诠释学影响并对自己的诗学体系建构进行了调整与转向之后,依然保留着新批评的优长之处。这一点,我们研读叶维廉的诗学文章时,可以明显地感受到。

2. 对历史与美学之会通的追求

法国著名比较文学学者艾田伯(René Etiemble)在《比较不是理由:比较文学的危机》一文中,针对法国学派与美国学派之间就比较文学研究何去何从问题的争论,提出了将历史的考证与审美的沉思相结合的文学研究方法,他说:"把这两种相互对立而实际上应该相辅相成的方法——历史的考证和批评的或审美的思考——结合起来,比较文学就会像命中注定似的成为一种比较诗学。"① 这样的将历史的考证与审美的沉思相结合的文学研究方法,叶维廉在《比较诗学丛书总序》将之称为"历史与美学的汇通"②。叶维廉在自己的诗学研究中,有意识地将其作为自觉的追求。

关于这点,我们从他的"五据点"说中可以明确看出来。首先,叶

---

① [法]艾田伯:《比较文学之道:艾田伯文论选集》,胡玉龙译,北京:生活·读书·新知三联书店,2006年,第42页。
② 《〈比较文学丛书〉总序》,《叶维廉文集》(第1卷),第15页。

维廉把语言（包括文化历史因素）引入他的理论图示之中，彰显出他对文化历史因素的重视。他对语言（包括文化历史因素）因素的解释，包括了广阔的社会文化内容，"包括'物质资源''民族或个人生理、心理的特色''工业技术的发展''社会的型范''文化的因素''宗教信仰''道德价值''意识形态''美学理论与品位的导向''历史推势（包括经济推势）''科学知识与发展''语言的指义程式的衍化'……"① 在叶维廉看来，正是在这广阔的语言（包括文化历史因素）内容，或曰历史文化语境之中，作者观感世界、运思为文，作品生长成形、出版传播，读者阅读接受、批评反馈。认识到这一点，文学研究又岂能仅仅局限于对文本内部的孤立研究，而不从事对文学作品的历史考证与文化辨析？同时，叶维廉也认识到，如果文学研究从文本的内部研究向外转，从事外部研究，又应该要规避完全走出作品之外，背弃作品之为作品的美学属性，仅仅将研究的焦点集中在社会文化现象的缕述上的偏向。于是，将历史与美学会通，将历史考证与美学的思考相结合，顺理成章地成了叶维廉这一时期的诗学追求与研究范式。

此一时期叶维廉比较诗学的研究文章，都明显地显露出他对历史与美学会通的自觉追求，他的《中国古典诗和英美诗中山水美感意识的演变》，就是这种历史的考证与审美的思考相结合的典型。这篇文章中，叶维廉在中国古典诗与英美山水诗看来相似的表象之下，深入中西山水诗所各自形成、生长的历史文化语境之中，从两个文化模子的根源进行观察，从它们两者在历史中的衍生态和美学结构活动两方面进行对比，从而发现了它们之间根本性的歧异，以及在西方哲学发生现象学转向之后，中西山水诗将来可能发生的融合与会通。显然，叶维廉所追求的历

---

① 《〈比较文学丛书〉总序》，《叶维廉文集》（第1卷），第14页。

史与美学会通的研究范式，相比较于新批评的核心概念，已经充分表现出文学诠释学所倡导的尊重历史，沟通文本与当下语境之间距，创造性地沟通文本视域与诠释者视域的努力与追求，以及他对康德以来当代主体化美学所主张的内容与形式分离的批判的认同。值得注意的是，叶维廉在提出"五据点"说的时候，有意将文化历史因素包含在语言的领域之内，其实也透露出了海德格尔、伽达默尔的语言观。叶维廉诗学研究中对历史与美学之会通的自觉追求，其实就是他在对新批评的批评方法进行扬弃，并汲取美国诠释学的理论之后，所探究出的新的研究方法。

3. 对语言与理解问题的关注

诠释学认为，只要有语言和表达，无论是东方或西方，就都有理解和阐释的需要，语言和理解是普遍的，语言和理解构成了我们生存于其间的宇宙。但是，他们同时又指出，通过语言而获得真正的理解和认识，并不是轻而易举的事情，对待语言，要抱着非常审慎的态度，"语言虽有传达意义之功能，但语言表述和意义之间，往往无可避免有不同程度的差距，所以我们对于一切语言表达，都需要仔细思考和分析，才能达于正确的理解"①。深受现象学诠释学影响的美国诠释学家、文学诠释学的新派人物帕尔默（Richard E. Palmer）说，"语言并非人类的工具，人类借此工具将寂然无声的思想与经验纳入他所指定的意义之形式中"②，它是"作为一种中介，通过这一中介，世界才能够站在我们面

---

① 张隆溪：《阐释学与跨文化研究》，北京：生活·读书·新知三联书店，2014年，第6页。
② ［美］理查德·E. 帕尔默：《诠释学》，潘德荣译，北京：商务印书馆，2014年，第297页。

前，并存在于我们之中"①，它是"存在得以显现的方式"②。由是他们指出，文学诠释的起点绝非所谓与文学内容相分离的形式，与观念或主题相分析的材料，而"必须是经验作品本身的语言事件——作品'言说'的东西"。③受此影响，叶维廉开始在本体论的层面上关注语言，一方面他在艾布拉姆斯的文学批评四要素的理论框架中引入"语言"要素，并用其取代作品置于批评框架的中心位置，建构起他的文学批评"五据点"说。另一方面，他还深入中西美学、哲学思想之中，比较两者对语言的反省与警惕，深入开掘了道家学派的美学思想与知识论，并以此为武器对西方语言的"专为一种意识形态去服役"④的工具论以及西方学者运用"语言中的理性化的元素，使具体的实物变为抽象的概念的思维程序"⑤进行了批判。

在比较诗学研究中，叶维廉发现并一再强调中西诗歌之视镜的差异源于受各自美学传统影响的中西诗人对语言效果的追求与运用。在叶维廉看来，中国古典诗人因为受到道家美学、魏晋玄学以及禅宗佛学的影响，往往追求任景物自然兴发与演出的效果，而不愿以主观的情绪或知性的逻辑介入去扰乱眼前景物内在生命的生长与变化的姿态，所以，他们喜欢运用中国文言语法的灵活性，超脱语言的分析性、演绎性、时间性，减少语言的链接媒介，少做或不做语意中因果逻辑的追寻，追求自我融入浑然不分的存在，溶入事象万变万化之涂，以物观物，意象并置，从而达至极少知性干扰、接近自然天然的纯诗的效果。此时的诗歌语言，仅为点兴、逗发万物自真世界形现演化的气韵气象之用，它们

---

① 《诠释学》，第312页。
② 《诠释学》，第314页。
③ 《诠释学》，第319页。
④ 叶维廉：《语言与真实世界》，《叶维廉文集》（第1卷），第153页。
⑤ 叶维廉：《从比较的方法论中国诗的视镜》，《叶维廉文集》（第1卷），第72页。

仿佛一种指标、一种符号，指向具体、无言独化的真世界，"语言，像'道'一样，说出来便应忘记，得意可以忘言，得鱼可以忘筌；或化作一只水银灯，把某一瞬的物象突然照得通明透亮。"① 而西方诗人，则因为他们文化中将宇宙现象二分的传统，难以忘却在自然面前滔滔欲言的主体自我，漠视宇宙的天机自然，运用分析性、概念性、逻辑性的语言任意对自然天机进行类分与切割，从而失去了语言的通明，遮蔽了世界的原真，把自身闭锁在语言的牢笼之中，并终于导致了语言的危机与人性的异化。在对道家美学与知识论的开掘之中，叶维廉还进一步论述概括了他在中西比较诗学中提出的观点，他说作为万物万象之一体的人是有限的，他不应被视为万物的主宰，更不应该视为能为宇宙万象赋予秩序的动因，在超乎人智与语言的宇宙现象整体运作面前，人不应固执自己的主体地位，用滔滔之言去类分、切割自然世界，而应该用透明的语言点兴、逗发万物，让万物以近乎电影般强烈的视觉性在读者面前演出。

在叶维廉比较诗学研究中，我们还可以看到很多西方诠释学影响的痕迹，比如他一再批评的西方自柏拉图与亚里士多德以降把人的自我提升到垄断和主宰经验世界的高位，引导人们运用立足于主体的控制和宰制事物的立场来思考和把握现实世界的做法。应当指出的是，叶维廉上述在中西比较诗学的研究与道家美学的阐释之中，并未局限在西方诠释学研究与讨论的范围之内，而是在此基础上有所思考与突破，比如叶维廉在研究中曾突出强调中西诗人运用语言进行创作、传意的问题，这其实是他援引中国传统诠释学的思想与西方诠释学相印证、相对话的结果，这是叶维廉的独到之处，也为他日后思考、构建传释学做了铺垫。

---

① 《语言与真实世界》，《叶维廉文集》（第1卷），第161页。

二、叶维廉诗学传释学的建构

传释学与诠释学，一字之差，传达出了叶维廉对美国诠释学的认知、理解与发展，也标志着叶维廉诗学研究的新突破。据叶维廉的解释，之所以舍"诠释"二字而用"传释"，是因为："'诠释'往往只是从读者的角度出发去了解一篇作品，而未兼顾到作者通过作品传意、读者通过作品释意（诠释）这两轴之间所存在着的种种微妙的问题。"① 在叶维廉看来，西方诠释学的讨论主要是围绕读者与作品之间的关系展开的，虽然讨论涉及了作品生产与读者所处的历史文化语境以及这两种语境之间的间距的问题，但是他们却忽略了艾布拉姆斯四要素图示中所展示的另外一个重要的要素，即作者。虽然诠释学理论不断地在讨论"作者原意"的能否被确定、讨论"重建作者的意图"是否可行的问题，但是这些讨论基本都是围绕作品（文本）展开的，真正作为不可或缺的文学四要素之一的作者却从来都是缺席的。他们没有认真思考过作者的作品生产、意义传达，他们像新批评一样"让作者消失在作品的世界里"②。但作为具有诗人、学者双重身份的叶维廉，却没像那些学者一样，将作者遗忘在黑暗的角落里。他将作者从幕后提到前台，将作者的创作作品、传达意义，明确作为传释学研究的对象。同时，叶维廉还将传释学研究的视域，扩大到作者传意与读者释意这两轴之间所存在的种种微妙的问题上，"如两轴所引起的活动之间无可避免的差距，如所谓'作者原意''标准诠释'之难以确立，如读者对象的虚虚实实，如意义

---

① 叶维廉：《与作品对话——传释学的诸貌》，《叶维廉文集》（第 2 卷），合肥：安徽教育出版社，2003 年，第 1 页。
② 《20 世纪 30 年代至 80 年代的美国文学批评》，第 188 页。

由体制化到解体到重组到复音复旨的交错离合生长等等"。① 叶维廉说，传释学所要研究的，就是"作者传意、读者释意这既合且分、既分且合的整体活动"。②

1."传释乃交谈"——与文本对话

"传释乃交谈"的观点，是叶维廉在伽达默尔诠释学对话理论的基础上提出来的。伽达默尔之所以要提出对话理论，是因为他要反拨传统方法论诠释学对作者原意顶礼膜拜的倾向。以施莱尔马赫为代表的方法论诠释学认为，"文本的理解和诠释基本上是一种'倾听'，即读者对文本作者内心'独白'的超时空'倾听'"③，在他们看来，文本诠释的标准是作者的原意，读者在进行文本诠释时，必须借助于"心理移情"方法，在摒弃自己的"前见"之后，细心体悟作者在创作文本时的主观意图，在重构作品与其所产生的历史文化语境之关联的基础上，透视并发掘出作品的意义。这种传统的诠释学理念，在伽达默尔看来，使得读者在阅读文本的过程之中，完全对作者俯首帖耳，完全成为作者意图的发掘者与传声筒，从而丧失了自己的主体性。在伽达默尔看来，文本的理解与诠释，绝不应该消解读者的主体性以彰显文本中所隐藏的作者的主观意图，绝不应该是读者"洗耳恭听"作者通过作品所表达的"内心独白"，它应该是作者与读者这两个主体围绕文本所进行的"对话"，而理解与诠释的结果，也不应该是对作者原意的发掘与回归，而应该是作者与读者在进行弓张弦紧的对话之后，在双方主观精神的交流与碰撞

---

① 《与作品对话——传释学的诸貌》，《叶维廉文集》（第2卷），第1页。
② 《与作品对话——传释学的诸貌》，《叶维廉文集》（第2卷），第1页。
③ 彭启福:《对话中的"他者"——伽达默尔"诠释学对话"的理论批判》，《哲学动态》2007年第3期。

之后所生成的新的意义。因此，在伽达默尔这里，作者与读者的关系，也就不是"主仆"的关系，读者面对作者时也就无须仰视他，对他亦步亦趋，而是一种平等的关系，是一种主体与主体的关系，在这种关系之中，作者与读者，是彼此尊重、相互开放的，一方面，读者要认真倾听来自作者的讯息与意义，另一方面，读者也要保持自身的独立性，在向作者敞开心扉的同时，发挥自身的主观能动性，对作者在文本中的思想与观点进行质疑、问难与辩驳，并在此过程中创生出新的意义。

叶维廉"传释乃交谈"的思想，显然将伽达默尔的对话理论吸纳其中，他也强调读者对文本的诠释和理解，是一种对话与交谈。叶维廉说，读者与作者通过作品相遇时，两者必然会有"调协"与"调整"。在作者方面，他进行创作时，尽管对读者群并不十分明确，但是他确实需要对读者群有一个起码的界定，否则创作是无法展开的。叶维廉说，每一个作家在进行创作时，对他的读者群体都会有一定的假设，而这个假设的读者群，他们的悟性、思想习惯、文字水平等等，都会影响到作者语言策略的选择，而作者与这个假设读者群的对话，也会在一定程度上影响到他原要表达的"心象"与思想，并迫使他做出调整与修正。而创作完成之后进入读者群中进行的流传、阅读与批评情况，也会对作者的创作产生一定的影响，他通过与读者的直接对话、对读者批评意见的反思，会意识到原作品的不足与不易为读者接受之处，他会对原作品做出修订，或者在再创作时，认真聆听读者的声音，调整他的语言与表达策略，修正他的思想。而在读者方面，他在进行诠释时，因为他已有知识积累、思维习惯、文化修养，而会对文本做出自己的"迎"与"逆"，他当然会敞开心扉，通过作者的文字聆听作者的声音，熟悉作者的为人与处境，体悟与认同作者的人生智慧与情感思想，自然他也会依据自己的"前见"对文本的内容与思想做出自己的批评与辩难,并进而提出自己的观点与见解,从而使文本生成与作者所预设的意义不同的新意义。

同时,叶维廉还对读者与作者通过文本而形成的对话,做了进一步反思。在他看来,此种对话与现实生活中的对话,还是有一定的区别的。实际生活中的两个人之间一来一往的对答,意义传达的目的、方式与效果,都与文辞对话有不同之处,叶维廉说,"在这个对话里,有许多暂行的意念,等待对方的首肯,一切慢慢地在多次来来往往的磋商之后才成为一个意向脉络清楚的单元。如果这里面有统一性,这统一性不是理则和线路,而是气氛和精神的回响。说话者知道他只是经验制造者之一而已,经验的完成还待对方的合作(或反对)来完成。对话不讲究起、中、结。真正的对话有时永远不完结,永远等待修改和挑战"。[①] 而读者通过文辞与作者的对话,显然不能像与作者面对面时进行交谈那样,能够获得作者即时的指点、解释、阐发与回应,作者在文本中所要传达的思想与感情,是已然计划好的、是在作者有意识的操控下呈现出来的,它讲究起、中、结,甚至是有严密的逻辑结构的,它貌似一个独立的王国、一个超然的世界,一个已经完结的存在。读者在这样的一个逻辑严密、过程完整的文本面前,显然是无法做到像实际生活中的交谈那样与之对话的。叶维廉说,我们之所以可以与这样的逻辑严密的作品进行对话,则是因为"一首诗中的文、句,不是圈定的死义,而是一种意义活动,新音旧响交织叠变",也就说,文学作品中的文、句,都绝非单音、单旨的,它们虽然受控于作者的意图,来表达作者的思想与情感,但它们绝不是作者手中的玩偶,束手就擒般被圈定成死义,相反它

---

① 《与作品对话——传释学的诸貌》,《叶维廉文集》(第2卷),第28页。

作为被创作出来之后一直在人们的使用中集聚着能量的单元，一定会在不同的光源的烛照下，散发出异样而耀眼的光芒。这光芒所照亮的一直被遮蔽的世界，也就是新意义的创生！

显然，叶维廉所提出的"传释乃交谈"理论，内涵比伽达默尔的对话理论更丰富，伽达默尔从读者的角度强调对话，目的是凸显读者在作者、文本面前的主体性作用，强调阅读与阐释的开放状态与创造性，而叶维廉所提出的交谈理论，则在此基础上描摹出在文本创作、阅读过程中的作者与读者互为主体、互相攀谈、辩驳问难的场景，尽管这个场景可能是虚拟的，但他借此改变了原来作者"高高在上""滔滔万言""发号施令""好为人师"的刻板印象，让作者走下"神坛"直面读者，成为对话与交谈的一方，在与读者互为主体的过程中，倾听读者的意见观点，表达自己的思想主张。

2. 传释乃过程 —— 意义的创生与流变

西方诠释学，如时钟之摇摆，运行于寻求作者原意消解读者主体性与罔顾作者原意任由读者随意阐释之两端，叶维廉提出传释学的概念，把作者传意与读者释意整合在一个学术场域之中，有效解决了西方诠释学诸学说偏颇、极端的倾向，从而将传释学整合为关注作者与读者交相对话，研究意义生成衍变过程的学问。

诠释学，是关于理解与解释的学问，其核心议题就是意义从何而来的问题。如上文所述，西方传统诠释学家认为，作者是作品意义的来源，而且是唯一来源，从此观念出发，他们以探究作者的意图为能事，关心作者的身世、重构作者的生活、梳理作者的朋友交际，由此而形成了文学批评与诠释的"作者中心论"，他们醉心于作者意图的探寻，消解了自身的主体性，以作者的原意作为文本诠释的唯一标准。这样做的后果就是，使得读者成了作者的传声筒和附庸，使得作品的诠释流于表面无法深入，使得作品的意义成为僵化的"死义"不能再生，使得前人创造的精神价值无法转化为当下的精神价值，从而使得"经典"濒临消亡。鉴于此，西方现代诠释学家开始寻求突破，随着现代阐释学与接受美学的兴起，以作者为中心的传统阐释学受到了严峻的挑战。在现代阐释学中，读者的地位得到了空前的提高，作者则被彻底放逐，被宣布死亡，作品意义的生产者由作者让渡给了读者。没有了作者意图的"框限"，对作品意义的阐释滑向了另一个极端——过度阐释与强制阐释。如果说过度阐释，还能围绕文本进行，阐释而来的意义还能有让作者与读者对作品的某些潜在意义有所领悟的话，强制阐释，则完全脱离了文本中心，文本成为阐释者先在意图的原材料，在被肆意切割之后而面目全非，这种诠释，因为意义是先在的、强加的，而就不能再产生新的意义，文学作品的整体价值，则消失在了因被切割而导致的碎片之中。

　　跳脱于西方诠释学固守一端之研究模式的叶维廉，在传释学的研究与建构中，显现出了明显的过程性思想。关于这种过程性的思想来源，我们可以从中国哲学传统中找到端倪，却也可以从西方过程哲学那里找到缘起。在过程哲学看来，世界在本质上是一个不断生成的过程，事物的存在就是它的生成，因而过程才是真正的实在，"整个宇宙是一个面向新颖性的创进过程。没有任何现实存在不处于不断的生成之中。整个世界就是一个动态的和过程的海洋，存在就是生成，生成就是新事物不断出现、旧事物不断灭亡"①。现在我们回过头来审视叶维廉的传释学：叶维廉的传释学依据其对艾布拉姆斯和刘若愚改造后的"文学四要素"

---

① 杨富斌：《怀特海过程哲学概述》，《过程哲学与中国教育改革——探索中国教育改革的另一种可能》，北京：教育科学出版社，2016年，第32页。

循环说，将从作者对宇宙的观感运思、经作者创作作品、作品在社会语境之下流传，到读者解读接受作品看成一个完整的意义生产与生成过程。叶维廉说作者观感外物所得心象可以作为意义一，作者通过对语言的斗争与挣扎以及与潜在读者的协商而终于传达出的意象可以作为意义二，作品诞生以后在流传过程中所产生的意义的派生可以作为意义三，读者根据自己的需求对文本阅读时在文本所得的意义可以作为意义四，读者由于教育、品位、训练、气质而从作品中获得的意义可以作为意义五……很明显，所谓意义，从作者观感运思对其生成的那一刻开始，一直在不停地更新、流转，正如叶维廉所说，意义不是封闭、圈定的东西，而是一个通过文辞这个美学空间开放交谈、参化、衍变和生长的活动。在这种意义观的观照之下，对作者原意的考古发掘、对作品意义的过度与强制阐释，都不可能把握住在时空流转过程中意义的"实在"，只有当我们将意义看成是不断衍变生成的活动过程时，我们才能够真正地理解意义、诠释意义。

需要说明的是，传释学将"意义"看成作者传意到读者释意这一过程中的生长活动，并非是要将其陷入不可知的境地，而是在合理地理解和说明"意义"如何存在、为何存在，从而引导人们在整个世界的互相关联、生成变迁中理解和把握"意义"，防止再用孤立的、片面的、静止的观点去文本的背后或作者的生平中去挖掘自以为是宝藏但又没有新价值新意义生成的做法。

3. 传释乃探源 —— 回到事情本身

在西方诠释学看来，"理解从来都不是一种'无前提'的把握，任何理解的解释活动之初，都必然有着作为前提的'先入之见'，它们是在解释之前已经给定了的，具体地说，是在此在的前拥有、前见解和前把握中给定了的"①。这也正如叶维廉所说，我们是无法超越自己的历史性的，我们的观、感、思、构、用字、解读都受制于历史、文化、语言在我们的意识中体制化了的模子。这些模子制约着我们对事物、对知识的理解与解释，它们铸造出我们理解自身的结构前提，亦即是前结构，使得理解的活动总是处于被这种"先入之见"或曰"预见"所指引的状态之下，它决定着理解进行的方向及其对意义的诠释与获得。当然，如果没有前拥有、前见解和前把握，我们是无法进行理解活动的，它是"作为此在的生存论环节之理解所固有的，它使理解成为可能，并不可避免地渗透到理解之中"，但是，这理解的前结构的问题是我们应该如何保证它的正确性。我们可以想见，这种未予证明的前结构，可能是正确的，但也可能是偏见或者错误的、与事实不相符合的。也恰恰是因为这种前见解未被证明是正确的，那么在这前见解、前结构指引下的理解活动，也就有可能存在对事物或是知识理解不准确或者形成偏见的可能性。那么如何才能保证前理解的正确性就成了诠释学理论的一大难题。这个难题在做跨文化的研究与理解之时，则显现得更为突出，尤其是在两种本来已经隔膜很深的文化之间进行对话时。

对于这个难题，西方诠释学家海德格尔、伽达默尔是以诠释的"循环结构"进行化解的。他们说，我们正是要通过这种理解的前结构，进行理解的循环，然后在理解的循环运动中清除自己的前判断中不合理的东西，以达到正确的理解。因为在他们看来，作为前理解的前结构，在理解中并不是仅仅作为前提而游离于理解过程之外，它本身也被理解着，并通过这种理解被修正着，在这里，解释被赋予的"首要的不断的最终的任务，就是始终不让向来就有的前拥有、前见解与前把握以偶发

---

① 潘德荣：《诠释学导论》，桂林：广西师范大学出版社，2015年，第93页。

奇想和流俗之见的方式出现，它的任务始终是从事情本身出来清理前拥有、前见解与前把握，从而保障课题的科学性"（海德格尔语）①。海德格尔在这里用了一词"从事情本身出来"，我们可以做这样的理解：我们在前结构的指引下理解与解释事情的时候，前理解也要参与理解的过程，并在理解的循环之中不断被修正，而这被修正的标准从何而来呢？如何能保证这标准的相对正确性呢？现象学家海德格尔则回到了他现象学家所提倡的"回到事情本身"的探源功夫上来。探源，或者说是还原，是西方现象学哲学的术语。所谓现象学还原，是现象学家们有感于现代科学理性及实证科学在一切与人性有关的领域中霸权地位，给人文社会科学领域的研究带来了严重危机而提出的概念，他们主张把那些既定的实证科学的成见放进括号里，悬置起来不予讨论，完全凭借直观来对我们所意识到的"意向对象"加以描述，或者简单说，就是回到事情本身。②

　　叶维廉说，探源可以说是推动海德格尔现象学哲学最大的力量，但同时强调，探源更是中国哲学最普遍的力量。西方现象学家的还原是要把遮蔽人性的科学逻辑解构掉，而中国哲学中的还原性力量，尤其是道家哲学中以破解儒家名制思想为鹄的而来的带有消解性、颠覆性的美学思想，更是一种"力透纸背""触及根源性"的前瞻性精神。西方现象学对事物的还原，均是"用语言论语言、用体制化的思维模子追踪原模……恐怕无法跳出樊笼"，叶维廉说，真正的探源，首先要是对我们应用的工具——思想模子及语言的质疑。海德格尔发现了这一点，当他说"语言是最珍贵也最危险的馈赠"的时候，他自然是明白：是语言帮我们发现了事物，但同时也是语言遮蔽了事物，但是遗憾的是，虽然

---

① 《诠释学导论》，第99页。
② 邓晓芒：《论中国传统文化的现象学还原》，《哲学研究》2016年第9期。

他一生着力于消除语言带来的危机，还原世界质样俱真的事物的面貌，但由于他最终无法跳出西方思维模子及语言的限制，无法像道家老庄一样，让主体虚位，主客合一，使物我之间互为通明，然后以"随说随扫"的语言策略，做到"言无言"的语言运用之境界，让语言如水银灯或闪电一样，在一刹那间将事物照射得通透明亮，任素朴的天机活泼泼地自由兴现于眉睫之前。于此，我们可以看到，叶维廉将海德格尔与道家美学在对世界的现象学还原上会通起来，而且指出道家美学的还原性力量，较之海德格尔的现象学更彻底，更触及根源。叶维廉在这里提到了一个纯粹语言的概念，他认为这纯粹的语言必须在跨文化的传释系统中"交谈"出来，毫无疑问，他对道家美学思想的阐释，就是在这跨文化的交谈中迸发出来的灵感。在叶维廉看来，这种任活泼泼的天机自由兴现的纯粹语言或曰原型语言，这种跨文化的传释中交谈出来的成果，更适合做诠释学中的前拥有、前见解、前把握，在这种前结构的指引之下，对事物所做的解释与理解，才能更符合事物的原真，才能更准确。我们也可以从叶维廉之后的系列文章中，看到他在这种见解之下对中西诗歌所进行的跨文化沟通与诠释的努力与成果。

正如前文所说，叶维廉对西方诠释学理论的研读与借鉴，目的其实并不在于要参与到美国文学诠释学的讨论与争执中去，他真正的目的是要在借鉴文学阐释学理论资源的基础上，建构起自己的诗学体系。于是我们看到了叶维廉在当时美国学界一片批驳与推倒新批评派理论的喧嚣声中，仍然继续沿用、吸收新批评派的有效理论资源，将之与诠释学理论进行会通与融合，并且在此过程中还将包括中国传统诗学、西方其他文学批评流派的命题与概念吸纳进他的诗学传释学体系之中。可以说，正是因为叶维廉这种敞开自身，向各派学术思想与资源开放的姿态与胸怀，积极与之对话、协调、融会贯通的实践与努力，促成了他对西方诠释学的认同与修正，并最终促成了他诗学传释学的探索与生成。

三、文学传释学的理论诱因

据笔者看来，叶维廉传释学理论的提出，除上面提到的他作为诗人学者的身份，使其格外重视和强调作者的重要性之外，应该至少还有下面三个诱因：

其一，叶维廉是译者，他曾将中国古典诗歌和中国现代诗歌翻译到英文中去，将西方英语诗歌译成中文，他还对庞德《华夏集》的翻译进行过专门研究，并写成博士论文《庞德的〈华夏集〉》，形成了自己的翻译理论。在叶维廉看来，翻译，是两个文化之间的 pass·port，是两个文化互通的港口。翻译的过程中，要想达到理想的翻译效果，译者一方面要对甲文化数千年来民族的意识、默契、联想构成的传统力量下所产生的原作者的思维状态与境界有了解和认知，另一方面还需对乙文化数千年来民族的意识、默契、联想构成的传统力量下所产生的语言表达的潜能与限制有认知和把握。也就是说，译者在翻译的过程中，必须要考虑作品的生产与意义的传达等作者的活动，否则，只是根据作品文本进行翻译，则翻译会完全受限于译者对作品诠释时所采取的角度及其对作品含义、结构、语规的认知程度，从而导致翻译的失败。

其二，前文已经提到过，叶维廉曾经化用艾布拉姆斯的文学批评"四要素"说来构建自己的"五据点"说体系，他在化用这个体系时沿用了刘若愚对这个系统的调整，即化以作品为中心、其余三要素（世界、作者、读者）分列周围三个角的三角形构架为双向流动的圆环，将"作品"这一中心转化为双向流动中的一环。刘若愚的用意很明显，他是要把作品做去"中心化"处理，他要化西方文学研究传统的各执一端为文学研究的循环化与过程性。叶维廉沿用这个体系，同样具有这样的用意，他希望文学研究不要单纯地偏执一端，而要做综合性、过程性的研讨。在这样一种诗学研究的思想之下，叶维廉在构建自己的传释学时，又怎么会把作者一端置之不顾呢。

其三，这是叶维廉对中西文化中诠释学思想互参互证的结果。叶维廉一贯主张中西诗学与文论的对话，中国传统诠释学的思想资源正是他与西方文学诠释学进行互照互认的重要资源与参照，他在孟子的"以意逆志"说、"知人论世"说，以及刘勰"秘响旁通"概念中获得了重要启示。

"以意逆志"语出《孟子·万章上》，原文说："故说诗者，不以文害辞，不以辞害志；以意逆志，是为得之。"① 关于"逆"字，叶维廉采取了《说文解字》中的释义"逆，迎也"和《周礼·地官乡师》中释义"逆，犹钩考也。"在同一篇文章中叶维廉还认为"逆"字，还应保留它的本意，虽然叶维廉没说它的本意是什么，但笔者根据上下文揣摩，认为叶维廉所指之意应为"背叛与对抗"之意②。根据叶维廉在文中的注释，这句话可以理解为：诠释《诗》的人，不能断章取义地割裂个别字眼，以曲解辞句之意，不能仅就辞句的表面做解释，而曲解了作品的原意，应以己之意迎受诗人之志而加以钩考，这样才能真正有所得。③ 在叶维廉看来，"以意逆志"，其实质是关及读者与作者在作品上相遇时必须有的调协与调整，而调协与调整是传意、释意活动中所无法避免的行为，他说"假如我们说作者把心象表达于作品（传意）是一种写作，那么读者去了解作品（诠释、释意）便是一种重写。在我们阅读的过程

---

① 杨伯峻：《孟子译注》，北京：中华书局，1960年，第215页。
② 《与作品对话——传释学的诸貌》，《叶维廉文集》（第2卷），第28页。
③ 《与作品对话——传释学的诸貌》，《叶维廉文集》（第2卷），第25页。

中，我们在心中因有不同的'己意'而会对眼前的作品（一个不断向我们'说话'的存在）作出种种的'钩考'。"①需要指出的是，叶维廉提出保留"逆"字的"本意"，应该在上述所说的"以己意迎受诗人之志而加以钩考"的意义之余，还有对"诗人"之志的不赞同、叛逆、创造之意。由此，叶维廉发现，孟子在两千多年已然明白，读者与作品的相遇其实是读者与作者之间对话与交谈。既然是双方的交谈，在理解与解释作品的意义时，不让作者发声，显然是做不到的。

"知人论世"语出《孟子·万章下》，"颂其诗，读其书，不知其人可乎？是以论其世也，是尚友也。"②这句话的意思是说：吟咏古人的诗歌，研究他们的著作，不了解他们的为人，可以吗？所以要讨论他们的时代，这就是追上去与古人交朋友。"知人论世"之说，也有学者称之为与"言志"相对应的"尚友"阐释理论："既然如《诗大序》所言，诗歌是'情动于中而形于言'的产物，那么诗人作诗，也便是有意向读者敞开心扉，晤言交流。面对这样的善意举动，读者理应善意回报；于是与'言志'的创作诗学相应，便有了'尚友'的阐释理论。"③根据孟子的"知人论世"说或曰"尚友"说，诠释者、读者对作者应以朋友相待，有意识地了解他的生平经历、所处的社会环境以及文学创作的文化历史语境，并通过阅读他的作品，与之对话交谈。显然，孟子的"知人论世"强调的是在诠释作品的意义过程中，读者要像是作者的朋友一样，熟悉作者的身世与生活的环境，保持关系的平等与对话的开放，或者如叶维廉所说，诠释者保持着具有有效历史意识的开放性，向对方开

---

① 《与作品对话——传释学的诸貌》，《叶维廉文集》（第2卷），第26页。
② 杨伯峻：《孟子译注》，北京：中华书局，1960年，第251页。
③ 吴伏生：《信任与怀疑：中西对陶渊明诗歌的不同阐释》，《中国比较文学》2016年第1期。

放,相互聆听,用对话的方式完成、用对话的方式达至两个不同"意境的融汇",或者用伽达默尔的术语来说,是"视界的融合"。这样,诠释者才能获得一个比历史(作者)的视界与读者的视界更大、更新、更有价值的视界,在这种融合的过程之中,历史(作者)的视界得到了扬弃,读者的视界得到了更新,诠释者获得了一个不同于前理解、前结构、前视界的新的、统一的视界,获得了一个包含着历史视界的新视界、新意境。如此,叶维廉就将孟子的知人论世说与西方诠释学所强调的诠释的历史性、效果历史意识以及视界融合会通起来,并赋予了它新的意义。

"秘响旁通"语出刘勰的《文心雕龙·隐秀篇》:"文之英蕤,有秀有隐。隐也者,文外之重旨者也;秀也者,篇中之独拔者也。隐以复意为工,秀以卓绝为巧。……夫隐之为体,义主文外,秘响傍通,伏采潜发,譬爻象之变互体,川渎之韫珠玉也。故互体变爻,而化成四象;珠玉潜水,而澜表方圆。"[①]在叶维廉看来,文辞对话中的言语,尤其是诗歌等文学作品之中的文、句,就像在隐秀篇中所说,秘响旁通,枝节曼衍,绝非圈定的死义,"而是一种意义的活动,新音旧响交织叠变。……每一种言辞都是复音的。"[②]叶维廉曾注意到伽达默尔在1972年的一篇文章中也有过这样的论述,他说在这篇文章里面"盖氏(伽达默尔)重新肯定诠释绝对不可以只求语句内的所谓论点,而应该顾及反语句的或超语句的其他的意义"[③]。叶维廉说,当伽达默尔把诠释活动比作对话时,他一方面改正了"圈定的死义"的倾向,另一方面指出了作者在创作时必曾发出的声音,和必曾和别的时空的声音交响的活生生的

---

① 王运熙、周锋:《文心雕龙译注》,上海:上海古籍出版社,1998年,第359页。
② 《与作品对话——传释学的诸貌》,《叶维廉文集》(第2卷),第29页。
③ 《与作品对话——传释学的诸貌》,《叶维廉文集》(第2卷),第29页。

情况，而进而肯定了读者接触文辞时也有类似的活动，尽管读者因与作者所处的历史时空的不同而有了不完全相同的回响。正是在这个层次上，叶维廉在《文心雕龙》之中，找到了与其会通的术语——"秘响旁通"，并做专文《秘响旁通——文意的派生与交相引发》来讨论这个问题。学界有学者将"秘响旁通"与西方文论术语互文性进行比较研究，认为他们之间有可以相通之处，但我们看叶维廉对"秘响旁通"的现代阐释，以及他提出"秘响旁通"的文化语境，却可以发现这个术语与"互文性"还是有区别的。据相关学者研究，西方文论中"互文性"的概念有广义和狭义之分，广义上的互文性一般是指文学作品和社会历史（文本）的互动作用，或者说文学文本是对社会文本的阅读和重写，而狭义上的互文性一般用来指称一个具体文本与其他具体文本之间的关系，尤其是一些有本可依的引用、套用、影射、抄袭、重写等关系。① 而叶维廉赋予"秘响旁通"意义与此不同，他想说明的是，当我们阅读一首诗时，我们会发现诗中每一个字的出现，都不是全新的、独立的，它的出现必然是复叠而多义的，我们所读的并非仅是一首诗，而是许多诗或声音的合奏与交响，诗歌中的字、句的多义、隐喻使得文义交相派生与回响，并且这些字、句还充当着引领读者跃入庞大的时空去活动的阶梯，此时，诗歌也就不再是锁在文、句之内的历史流传物，而变成了进出历史空间的一种交谈。

　　叶维廉常说自己是五四的继承者，他常常忆起自己走向诗坛时中国20世纪三四十年代的诗人对于他的启发与滋养，他也念念不忘在港台时期他通过夏济安等人推介对西方现代批评——新批评理论的研读与接受。事实证明，叶维廉的确与中国三四十年代的诗歌与诗学有着浓厚

---

① 秦海鹰：《互文性理论的缘起与流变》，《外国文学评论》2004年第3期。

的血缘关系。与此同时，我们也要看到，叶维廉的诗学体系与当代西方批评理论如诠释学的密切关系，尽管我们未曾见到他自身对此的回忆与强调。叶维廉诗学研究的诠释学转向、他的比较文学研究"模子"理论的提出、他的历史与美学会通的诗学追求等等，都与他对西方诠释学理论资源的吸收与借鉴有关，这些诠释学的理论资源最终化成了他诗学传释学理论建构的血肉，成为其不可分割的一部分，并继续影响着叶维廉的中西比较诗学研究。叶维廉诗学研究的诠释学转向是有代表性的，与叶维廉同时或比其稍后留美学习与研究的华裔学者（如刘若愚、张隆溪等）的诗学研究，也都或隐或显地透露出诠释学的光晕。

第三章 会通中西——叶维廉比较诗学的新进境

第一节 理论追求：从共同诗学到互补互拓

第二节 研究范式：从以西释中到文学对话

第三节 结构框架：以道家美学统摄比较诗学

第四节 价值取向：以生态精神对抗文化宰制

叶维廉比较诗学架构的确立，是他在继承中国现代诗学传统的基础上，融摄与迎拒西方诗学，并在其诗歌创作与文学翻译过程中对中西诗学进行自觉思索与反省的结果。曹顺庆在20世纪90年代为中国当代文论的建设把脉时，曾经说过，当今文艺理论研究所面临的最严峻的问题就是失语症。他说，长期以来，中国文艺理论的言说，基本上都是采纳和沿用西方文论的话语体系，中国传统文论的声音消逝了。曹顺庆的观点，在学界引起了大讨论，一时间赞同者与反对者的声音甚嚣尘上，众声喧哗，但迄今为止20多年过去了，中国当代文论的失语症问题好像依然没有得到有效解决，众多学者所努力追求的中国传统文论的现代转化，好像并未取得突破性进展，比较诗学视野下中西文论对话，也因种种问题陷入了困境。人们不禁要问，路在哪里，中国传统文论在当今文化语境之下真的失掉生命活力了吗，将来的比较诗学研究怎样才能焕发传统文论的生机，使传统文论在新的文化语境下参与中国当代文论的建设，从而使中国当代文论由失声而善鸣呢？要解决这个问题，我们也许可以从叶维廉诗学架构的确立过程获得一些启示。叶维廉独特的成长求学经历，特殊的学术研究环境，使他在比较诗学研究中获得了有别于同时代中国学者的启发与资源，成就了他比较诗学研究的丰硕成果，他在理论追求、研究范式、研究框架、价值取向四个方面，会通中西诗学而形成的诗学体系，明显标示出了他对中国现代诗学的突破与超越。

第一节　理论追求：从共同诗学到互补互拓

在初版于1983年的《比较诗学》一书序言中，叶维廉曾经说过他是承着五四运动而来的学生与创作者，"五四"以来诗学研究的理论成果给了他比较文学与比较诗学研究得以"沉思与回顾"的重要学术资源，"如王国维把悲剧观念运用到《红楼梦》的讨论，如宗白华用西方美学的观念对中国美学境界的重新审视，如朱光潜对直觉表现和中国意境的参证，如梁宗岱《诗与真》的探索……如钱锺书《谈艺录》一些章节对平行研究的提示……能使我们在创作行为与理论架构的探求上作种种重估的反省"[①]。下面我们就沿着叶维廉在上述叙述中给出的线索，探究他与中国现代诗学传统的血脉联系。

一、寻求中西诗学的融会贯通

叶维廉的上述叙述，关涉到了中国现代诗学理论发展中一个非常重要的学术范式——援引西方的文学理论阐释中国的文学与诗学。这种学术范式的运用，在中国现代诗学理论家的研究之中非常普遍，从王国维、鲁迅到吴宓、闻一多、朱自清，再到朱光潜、梁宗岱、宗白华，无不是这种学术范式的思考者、践行者。他们的思考与践行，使得他们在

---

① 《比较诗学》，第2-3页。

取得丰硕成果的同时，也给中国现代诗学留下了因这种范式而来的遗憾。但幸运的是，历史发展从来不是单线行进的，上述学者虽然受限于时代与历史，但通过他们的反思与自觉，现代诗学研究其实也在不断地努力突破这种学术范式的束缚，而呈现出一种新的诗学研究路向——中西诗学的融会贯通！如果说援引西方文论阐释中国文学、改造中国诗学的研究范式，主要在五四时期"全盘西化"的文化语境中生长成型的话，那么寻求中西诗学的融会贯通的诗学研究范式，则主要是因着五四后期文化保守主义的阵营学衡派及其领袖人物吴宓的倡导①，在当时清华大学"融通中西"的文化生态环境②中孕育成熟并突围而出的。

  东南大学时代的吴宓，在《学衡》杂志简章上，就明确提出了"昌明国粹、融化新知"的办刊宗旨，和抨击新文化运动，反对新文化派全盘西化的文化选择，他主张存旧立新，审慎研究择取中西文化的精髓，实现中西文化、新旧文化的会通。清华时期的吴宓，更是在坚守这一文化选择的基础上，在文学研究与文化研究领域，积极进行中西文学与诗歌间的互相参照、互相发明，并开设中西诗歌比较研究的课程在清华学校的课堂上给学生讲授。吴宓的文化选择与主张，在清华这样一所中西异质文化互相激荡的学校里，很快获得了学者们的普遍认同，并迅速蜕变为清华学校的学风，影响了清华学者如朱自清、闻一多、钱锺书等人

---

① 根据徐葆耕的说法，较早而且比较有影响的会通派的代表人物可以追溯到张之洞。但是由于他所处时代的局限，以及对西方文化深层结构缺乏了解，并未曾取得重大建树。会通派真正产生影响，还是待20世纪20年代初，在美国研修而又主张中西会通的学人如吴宓等人归来之后。具体可参阅徐葆耕主编的《会通派如是说——吴宓集》的前言。

② 关于清华融通中西的文化生态环境，可参阅徐葆耕的专著《清华精神生态史》以及高旭东的论文《论中国现代文学中的清华传统》。徐葆耕在专著中重提王瑶关于"清华学派"的话题，并对"清华学派"的学术思想及风格进行了概括，概而言之，即为贯通新旧，会通中西。高旭东在论文中认为，当时清华学人的文化选择方案基本上是融通中西，力图吐纳中西再造文明。

的诗学思考与理论研究。朱自清援引西方新批评派的理论资源对中国古典诗歌进行解读,"借镜西方"观照中国传统诗文评"本来面目",追求达到"将我们的材料跟那外来意念打成一片"、中西思想相化、相合的中西结合之境界。闻一多的"神话诗学","运用乾嘉学派古典学的训诂考据方法,融汇西方文化人类学和古典语言学新知,以诗性灌注史才,以史才与议论驾驭诗笔,而独能将古代经典生命化,建构了一套以象征为主干和以神话为辐辏的古典诗学论说。"[1] 钱锺书比较诗学研究的目的之一,用他自己的话来说,就是"求'打通',以中国文学与外国文学打通,以中国诗文词曲与小说打通"。[2] 他的皇皇大著《谈艺录》《管锥编》中,俯拾皆是这类"围绕一个命题,常常可见中西理论之间、中外经典小说之间、经典小说与通俗文学之间、文学言述与街谈巷语之间的多元对话和互补互证"[3] 的文字。

作为在早期"诗歌创作中,一直追求中西诗艺的汇通"[4] 的诗人,叶维廉在其诗学研究与理论建构中,一开始就自觉打破用西方文化土壤中生成的文学理论去生硬地阐释中国文学与诗学的研究范式,努力追求中西诗学的会通与文化的交融。这在他的"模子"理论以及其对中国古典诗与英美现代诗美学的会通式研究中明显地显露出来。针对当时中西方比较文学研究中普遍存在的用西方的文学理论生硬强解、误解中国

---

[1] 胡继华:《象征的神话之维——闻一多的古典诗学探微》,《燕赵学术》2014年春之卷。
[2] 郑朝宗:《〈管锥编〉作者的自白》,《人民日报》1987年3月16日。
[3] 陈跃红:《从"游于艺"到"求打通"——钱锺书文艺研究方法论例说》,《中国高校社会科学》2013年第2期。
[4] 乐黛云:《为了活泼泼的整体生命——〈叶维廉文集〉序》,《广东社会科学》2003年第4期。

文学、诗学的问题，叶维廉提出了著名的"模子"理论[①]。在叶维廉看来，东西方文化明显属于根源不同的文化，由这种文化的异质带来的肯定是东西方文学与诗学"模子"的不同。叶维廉支持东西方文学的比较研究，支持在比较研究中寻求两者"难得"的"共相"，但反对直接用一种文化中的文学与诗学"模子"去硬套另一种文化与诗学的现象，从而获得一种似是而非的异中之同。他提出，应该在对异质文化的文学与诗学研究中，放弃死守一个文化"模子"的固执，跳出自身"模子"的限制，对异质文化的文学现象的"模子"从其本身的文化立场进行重新认识，然后对两种文化"模子"同时进行寻根探固，不断加以比较、对比，才能在得到全面认识两者面貌的同时，求得"难得"的"共相"。叶维廉坚信，异质文化间一定有"超脱文化异质限制的'基本形式及结构行为'"，一定有"语言学家所鼓吹的'深层结构'"，相信异质文化间互相尊重、互相包容的文化交流，能够找寻到超异质文化与语言限制的"共认的核心"，但也坚决反对以一个文化的既定形态去征服另一个文化的形态，闭关自守固不可取，丧失自我或霸权征服，也不是合理的文化选择与文化态度。

二、寻求共同的文学规律与美学据点

在叶维廉的诗学研究文本中，他经常使用"汇通"（convergence）的概念表示中西文学与诗学的"会通"之义，为行文方便，本文除在直

[①] 叶维廉是在《东西比较文学中模子的应用》这篇文章中，集中探究并提出他的"模子"理论的，"模子"理论提出之后，在国内外比较文学界产生了重大的影响，究其原因，我认为是这个理论一定程度上解决了中西文学比较研究中的异质文化间如何平等交流与对话的困惑与难题。

接引用叶维廉原文时，使用"汇通"字样外，其余均用"会通"一词，以与中国现代诗学传统中频频出现的该词汇相呼应。"会通"一词，出自《易传·系辞传上》中"圣人有以见天下之动，而观其会通，以行其典礼"一句，后来刘勰在《文心雕龙·通变》篇中有过使用该词的话，"凭情以会通，负气以适变"。从易学上讲，"会"意为阴阳相遇、会和，"通"意为阳变阴、阴变阳的交替循环，与"穷"相对。"会通"之意为阴阳相交、相合，求同存异，推陈出新。据童庆炳研究，刘勰使用"会通"一词，主要意为融会贯通文学发展的古今，求文学的新变以适应时代的需要①。如此看来，融汇古今中西文化、文学与诗学的多样性特质，以形成一个新的、既从多样性中来、又超越于此多样性的，并且能够解释与涵盖此多样性的普遍性原则或曰"共相"，应该是"会通"之题目应有之义。正是在这个意义上，中国现代诗学融会贯通中西诗学的研究路径上，所自觉追求与必然走向的诗学鹄的必定是中西文学与诗学的共通性，或曰"共相"，甚至为中西文学与诗学所交融混成而新生的普遍适用于中外文学的文学规律与美学据点。

针对20世纪三四十年代中西比较诗学的研究与进展情况，高旭东有过这样的论述，他说："五四新文化运动之后，中西比较诗学可以分为两个流派，一个是主流的西化派……胡适、鲁迅等……另一派是非主流的融通中西派，他们试图在中西文学理论中寻找共通的具有普遍性的文学观念，……吴宓认为东西方诗学根本就是大同小异……钱锺书认为'东海西海，心理攸同；南学北学，道术未裂'。"②寥寥数语，高旭东就将中国现代诗学的学术流派与理论追求清晰地概括出来。吴宓的诗学观念，主要反映在他写的《诗学总论》《空轩诗话》《余生随笔》

---

① 童庆炳：《〈文心雕龙〉"会通适变"说新解》，《河北学刊》2006年第6期。
② 高旭东：《比较文学实用教程》，北京：北京大学出版社，2011年，第197页。

《英文诗话》以及几篇论外国诗人的文章中。他既极力主张熔铸中西文化的精华，而他的诗学理论，则正是熔铸中西诗学传统、并且适应时代需求而提出来的。钱锺书沿着吴宓所开辟的"会通东西之精神思想"，"以创造今世之中国文学"①的诗学研究与人才培养的道路，探索"中西文化的共性与人类审美心理的普遍性"，寻求跨越异质文化、跨越不同学科的人类共同的诗心与文心。叶维廉在《东西比较文学模子的应用》（1975）一文中，所提出来的"共相"的概念②，以及后来在《比较文学丛书·总序》（1983）中提出的"共同的美学据点""共同的文学规律"的概念，明显是循着前辈学者吴宓、钱锺书等人开辟出来的道路有继承、有发展而来的。

北京大学出版社曾经出版过由温儒敏、李细尧编选的叶维廉文集，书名为《寻求跨中西文化的共同文学规律：叶维廉比较文学论文选》（1987），书名是取自编选在该书中一篇同名文章。其实，这篇同名文章，原是叶维廉为台湾东大图书公司出版的《比较文学丛书》的总序，原文没有题目。北京大学出版社出版的文集中该文题目是文集的编选者所加，而且文集的书名也是编选者所冠③。编者所加的书名及文章名，至少透露出两层含义：第一，20世纪80年代的中国学界及比较文学研究界，已然将中国现代诗学研究者所追求的中外文学与文化会通以及由会通而来的中外文学的共同的文学规律作为比较文学研究的明确的

---

① 徐葆耕：《会通派如是说——吴宓集》，上海：上海文艺出版社，1998年，第204页。
② 所谓"共相"，原为佛教用语，与自相（不共相）相对，谓几种事物的共通相，叶维廉用来作为对应于柏拉图的ideal forms，亚里士多德的universal logical structures概念。叶维廉使用的"共相"一词，或可译为不同事物的共同特征，或普遍规律等。
③ 具体可参阅温儒敏、李细尧编：《寻求跨中西文化的共同文学规律：叶维廉比较文学论文选》，北京：北京大学出版社，1987年。

理论追求；第二，中国当代比较文学研究界，已然清楚地认识到叶维廉20世纪60年代以来比较文学与诗学研究成果，是在对中西诗艺与诗学自觉会通以及对中西诗学之共同的文学规律的自觉追求下取得的。该文集所编选的8篇文章，比较集中地反映了叶维廉在寻找中西文学之间的"共相"或曰"共同的美学据点"与"共同的文学规律"的学术努力。

同时，我们需要注意叶维廉在承继前辈学者的理论追求——寻求中西共同的文学规律时，一直并提的另一个概念，即"共同的美学据点"。这个术语，是叶维廉比较诗学研究的创新与发展，清晰体现出他对共同的文学规律的理论追求的进一步思考。"共同的美学据点"的探求，一方面凸显出叶维廉在比较文学与比较诗学研究中，对中西文学进行寻根探固时，将自己的研究触角延伸到了美学、哲学的领域；另一方面也揭示出叶维廉在比较诗学研究中对应该如何实现共同的文学规律的探寻，或者说揭示出他对比较诗学研究可行路径的可贵探究。叶维廉的"据点"说，是受到美国著名文学理论家艾布拉姆斯的文学批评"四要素"说的启示，并在前辈学者（如刘若愚）调整的基础上，修正、转化而来的。叶维廉的"模子"理论，明确提出跨越中西异质文化的文学比较研究，不能用一个文化的准则去垄断另一个文化的，以避免文学研究中认识与理解的歪曲。他提出要对中西文化进行"同异全识"，要对两种文化模子，进行寻根探固，才能使两者互照互识。但是，叶维廉在"模子"说里，只是提出了异质文化间比较文学研究的上述原则，至于具体如何开展，却没有论及。而"据点"说，则是叶维廉循着"模子"说思考的路径，在试图解决上述问题的过程中，取得的又一理论成果。

为了使"模子"说的理论追求能够落到实处，同时为了避免跨文化的比较文学与比较诗学研究中大而无当的虚妄，任意比附的拉郎配，叶维廉认为，应该在"模子"的导向之外，寻求新的起点。于是，他化用了艾布拉姆斯的"四要素"说,提出了自己的"五据点"说。这五据点,包括作者;作者观感的世界(物象、人、事件);作品;承受作品的读者;作者所需要用以运思表达、作品所需要以之成形体现、读者所依赖来了解作品的语言领域(包括文化历史因素)①。根据这五据点之间的彼此联系与关系,叶维廉提出了六种理论,即观感运思程式的理论、由心象到艺术呈现的理论、传达目的与效用理论、读者对象的确立、作品自主论。叶维廉说,在中西比较文学研究中,要寻求共同的文学规律,首先要做的,就是要在由五据点而来的上述六种批评导向理论中,找出它们各自在中西文化美学传统里生成演化的同与异,互照互对互比互识,从而印证中西文化间跨文化美学会通的可能性。当然,叶维廉所提出的"共同的美学据点",我们也不能仅仅理解和认定为上面说的五个据点,虽然叶维廉的比较诗学研究显然是在这由五据点发展而出的六种批评导向的领域之内展开的。叶维廉对"五据点"说的讨论与概括,是建立在他自身的诗学研究实际的基础上的。我们现在来研究他的据点理论,一方面要认清叶维廉所说的据点的具体所指,更重要的是要把握住叶维廉追求建立共同的美学据点的诉求:他其实是要告诉学者们,寻求中西文学间共同的文学规律,寻求中西文化的会通,必须要找到理论研究的立足点,找准立足点,才能避免比较文学研究中的任意比附,才能找到中西文学中研究对象间的可比性,才能真正可能实现中西文学跨文化的会通。

---

① 《比较诗学丛书·总序》,《叶维廉文集》(第1卷),第9页。

三、寻求异质文化间文学的"互照互识"与开放对话

如果说叶维廉在《比较诗学·序》中所提的"共同的文学规律与美学据点",是对中国现代诗学精神的传承与接受,并反映了中外学界尤其是国内学界的普遍共识的话,那么在《历史·传释·美学》一书中,对比较文学研究的理论追求的表述,则彰显着叶维廉在美国文化语境中对此共识的新思考与新认识。

叶维廉在《批评理论架构的再思》一文中提出了中西文学间"互照互识"的概念。他指出中西文学间的"互照互识"可以开放出文学对话的新领域与新境界。他说,为了寻求建立可行的共同的文学规律的基础,首先就是要打破独钟单一文化的局限。而要打破这种将某一文化的理论假定视为唯一永恒的文学权威的假定,"我们必须对不同文化体系理论的基源作哲学上的质疑:问它们源于何处,它们做了何种衍变,并努力去了解他们在单一文化系统里和多种文化范围里的潜能、限制及派生变化"①,叶维廉说,这种对几种文化体系所做的从根认识和比较研究,目的是要达到一种文化间"互照""互识"的境界,从而在这种"互照""互识"中切实践行真正的文化交流。叶维廉提出,"互照互识"确是解决某些重大批评理论问题的关键,它可以使我们提出单元文化里不大容易提出的问题。叶维廉以中西文学中悲剧文类为例,来说明这个问题。叶维廉说,当我们考察中西文学中的悲剧时,我们会发现在单一文化的视野里所不能提出的许多问题,比如中国有没有亚里士多德式的悲剧?如果没有,为什么会没有?为什么中国文学不以史诗开篇,而戏剧却要在诗已经灿烂了许多世纪之后在13世纪才出现?在中国古代也

---

① 叶维廉:《批评理论架构的再思》,《叶维廉文集》(第1卷),第51页。

存在着和西方一样的祭仪活动，为什么在西方这样的祭仪活动可以演变成成熟的戏剧，而在中国却没有？是什么阻碍了这种演变呢？对这些问题，叶维廉并没有做出解答，但是这种对中西戏剧在不同文化模子中进行寻根探固式的分析之中所进行的互照互识，确实为中西文学的研究与文化的交流打开了新视域和新境界。这真如叶维廉所说，中西文学间的"互照互省为我们提供了文化与文化之间完全开放的对话"①，在这种对话之中，"不同的批评与美学的立场就可以坦诚相见，互相认识到汇通与分歧的潜在领域，同时了解到各自作为孤立系统的理论潜能及限制，以及作为文化系统合作后互相扩展的潜能与限制"。②

而对于中西文化间的文学对话，叶维廉在《与作品对话——传释学的诸貌》中，又在《批评理论架构的再思》基础上有了新阐释与新发展。在《批评理论架构的再思》一文中，叶维廉提出了"文化交流的真义是，而且应该是，一种互相发展、互相调整、互相兼容的活动，是把我们认识的范围推向更大圆周的努力"③的理念，但是未进行详细的阐释与说明。但在《与作品对话——传释学的诸貌》一文中，叶维廉援引西方阐释学理论建构自己的传释学体系时，对中西文化、文学间的对话，有了明晰而深刻的阐释。关于这一点，我们可以援引乐黛云一番话来进行说明：

> 叶维廉1988年出版的第二本比较文学论文集《历史·传释与美学》说明他的思想与时俱进，有了新的发展。在这部文集里，他特别强调了"科际交相整合"。他认为欧美近10余年来的文学理

---

① 《批评理论架构的再思》，《叶维廉文集》(第1卷)，第60页。
② 《批评理论架构的再思》，《叶维廉文集》(第1卷)，第61页。
③ 《批评理论架构的再思》，《叶维廉文集》(第1卷)，第51页。

论都是"把美学、哲学、历史、语言揉合在一起或贯穿在一起"。这里面几乎找不到一个纯粹在文学之为文学单面的研究，他们几乎都是"文化理论者"。在这个基础上，他进一步探讨了"不管哪一派批评都不可避免的传释学（亦译诠释学）倾向"，他声称自己正在努力的，正是"要从中国古典文学、哲学、语言、历史里找出中国传释学的基础"。①

他认为中西比较文学应当是一种"坦诚相见""向对方开放""互相聆听"的学问，必须包括一些不同的意见和拒绝另一些意见，必须涵盖传统和现在的对话，并说出一些"有关现在的话"，不仅要沟通中外，而且要贯串古今，"只有这种完全开放的对话方式，才可以达致不同的境界的融汇"。②

叶维廉的上述主张，参考、化用了西方哲学家伽达默尔的诠释学理论。伽达默尔在《真理与方法》一书中，提出"效果历史意识"理论时为"有助于定位、并由此而澄清历史地运作的意识（亦即是效果历史意识）的特性"③，提出过"我–你"关系的三种类型说："你"作为某领域的客体；"你"作为反思性的投影；"你"作为在言说的传统。④ 在第一种"我–你"关系之中，"你"或曰"他者"，被视为与"我"分离、属于某领域或种属的客体；在第二种关系之中，对"你"的经验和理解是，将其视为一个具有特殊性的个人，强调"我"通过反思来建构"你"的"他性"，并在实际上成为你的"主宰"；在第三种关系之中，"我"对

---

① 乐黛云：《为了活泼泼的整体生命——叶维廉文集序》，《广东社会科学》2003年第4期。
② 乐黛云：《为了活泼泼的整体生命——叶维廉文集序》，《广东社会科学》2003年第4期。
③ 《诠释学》，第250页。
④ 《诠释学》，第250页。

你真正开放,"我"不再向你投射任何意义,"我"愿意聆听"你"的言说,"愿意"接受你的修正,而不再专横地操纵"你"。叶维廉化用伽达默尔的三种"我–你"关系类型来表述三种对话的方式:第一种是依据约定俗成的、对受话者或曰对话伴侣的认知,把对方减缩为几个概念;第二种是把对方看成一个与自己相对立的人,采取一种专横的态度,把对方作为纯粹的客体肆意摆布;第三种是与对方平等相处,坦诚相见,互相聆听,谋求双方的汇通与扩展。① 叶维廉在文章里对对话概念的阐释,显然采用的是第三种对话方式。

2006年,叶维廉发表《比较文学与台湾文学》一文,在文中进一步思考、总结了中西比较文学研究的开展与文学对话的问题。他说:

> 为了让本源的美感思域保持其本身如此的方式呈现,而不是框入、套入这一个得势的、特别礼遇的文化的传释习惯和文学机制里而受到歪曲破坏,我们应该打开一个完全开放的论述空间,通过交相反思的对话,通过双重/多重的感知投向——也就是从两三种文化立场界域并排时提出来两组或三组美感文化的反应之间必有的空隙或断裂,开出交相感知的可能,让我们有机会用一种文化系统的符码法规的活动标出(而不是改变或隐蔽)另一个文化系统不同的符码法规,这样我们才能够更充分地了解美学与权力论述以及层级的构成与拆解。在这个空隙里,不同的批评与美学的立场就可以坦诚相见,互相认识到可能的汇通与分歧的潜在领域,同时了解到各自作为孤立系统的理论潜能及限制,以及作为文化系统合作后互相扩展的潜能与限制。要创立一个真的开放的对话,我们必须保存文化差异间的张力。文化互流的真义是,必须是,互相扩展,互

---

① 《与作品对话——传释学的诸貌》,《叶维廉文集》(第2卷),第27页。

相调整，互相容纳的一种活动，而这活动是在高度张力与对峙中进行推向更大圆周的了解。是这种文化与文化之间交相互照互识互认的开放的对话才能帮我们更完全地揭露文化与文化间争战共生的迹线。①

相较于《历史、传释与美学》中关于中西比较文学研究与文化对话的表述，在这段文字里，叶维廉投射进了更多层次、更丰富的内涵，这来源于他近半个世纪的中西比较诗学研究的实践，也来源于他对于中西文化之间不断争战而又彼此共生的迹线的观察与思索。叶维廉钟情于道家美学，他所向往的理想境界绝非强势文化对弱势文化的霸权，一种文化对另一种文化的特权、框限、消解与遮蔽，他向往美国诗人罗拔·邓肯（Robert Duncan）笔下所描述的"整体的研讨会"的境界，他希望所有被得势的文化所边缘化的文化与文学，能够重新纳入世界文学、文化、文明的大会里来，它们彼此实现互照互识，实现真正的开放式的对话与交流，从而推进人类认知的圆周的不断扩展和人类不同文化的共生共荣。此刻，在叶维廉看来，比较文学研究已然不是求同抑或求异那般简单，它已事关异质文化之间的对话与交流、争战与共生。

2012年出版的《跨文化对话》（第29辑），同时刊发了两篇讨论"共同诗学"的文章，作者分别是张汉良和叶维廉。张汉良在题为《检讨"共同诗学"》的文章中批评叶维廉，他说叶维廉将汉语中的术语"共同的文学规律"在英语中表述为Common Poetics（共同诗学），让他很疑惑。张汉良猜测，叶维廉使用这样的英译，可能是出于这一英译在英语世界是约定俗成的概念或学术研究范畴的假设，但张汉良接着

---

① 叶维廉：《比较文学与台湾文学》，《台湾文学研究集刊》2006年第1期。

说，这一英文术语并非约定俗成，且存在语意重复的嫌疑。① 其言外之意，这术语是叶维廉臆造，以之为自己的诗学追求张本。接着，张汉良说，叶维廉这样的诗学命题或曰理论追求，是和他自己的带有文化相对论色彩的诗学主张相矛盾的。张汉良说，如果今天有人质问什么是"共同诗学"？什么是超越文化的"共同的文学规律"，他不相信叶维廉或任何人能讲得很清楚。② 张汉良的批评，引来叶维廉的回击，叶维廉在《也谈"共同诗学"》中说，他自己在总序中提到 Common Poetics 实际上是一种策略，是承着当时太多人崇信"人同此心，心同此理"的简单印象提出所谓相同性，他说只要读完他的序文就能明白，他是打算解构、推翻掉这个概念的，叶维廉强调说"在那篇文章里始终没有坚持或强调要找到中西共通/共同的诗学"③。叶维廉的意思是说，他在总序中说到共同的美学规律和共同的美学据点之时，其实他的内心对其是质疑的，他是希望通过他的论证将这个太多人崇信的教条推翻的。但无奈这个从现代诗学传承而来的概念对学界的影响太深了，而且当时又处在一个特殊的文化语境之中，人们至难从这样一个迷梦中走出来。更何况，叶维廉在原文之中，也并没有旗帜鲜明地标示要反思和解构这样一个理念。尽管如此，我们在叶维廉后来的文章与著作之中，确实也发现了他比较诗学研究宗旨的改弦更张。

---

① 张汉良：《检讨"共同诗学"》，《跨文化对话》（第29辑）2012年。
② 张汉良：《检讨"共同诗学"》，《跨文化对话》（第29辑）2012年。
③ 叶维廉：《也谈"共同诗学"》，《跨文化对话》（第29辑）2012年。

第二节　研究范式：从以西释中到文学对话

研究范式是研究共同体进行科学研究时所遵循的模式与框架，在中西比较文学的研究史上，最经典的研究范式，莫过于援引西方的理论来阐释中国的文学作品了。在中国中西比较诗学的发展史上，从王国维、鲁迅到吴宓、闻一多、朱自清，再到朱光潜、梁宗岱、宗白华，无不是这种学术范式的思考者、践行者。到了20世纪70年代初，港台学者在淡江大学召开的第一届"国际比较文学会议"上，提出了建立比较文学的中国学派的主张，随后在1976年，台湾学者古添洪、陈慧桦出版了比较文学论文集《比较文学的垦拓在台湾》，为比较文学的中国学派张本。在该书的序言中，编者明确提出："援用西方文学理论与方法并加以考验、调整以用之于中国文学的研究，是比较文学中的中国学派。"① 显而易见，此时的港台学者在现代学者思考与探究的基础上，已然将援用西方理论阐释中国文学的研究范式，作为比较文学中国学派的主要研究模式与理论框架了。

一、从"求同存异"到"同异全识"

在刚开始进入比较文学与比较诗学研究时，叶维廉就关注到了中国

---

① 曹顺庆、王蕾：《比较文学中国学派三十年》，《外国文学研究》2009年第1期。

现代诗学研究中这个非常重要的学术范式——援引西方的文学理论阐释中国的文学与诗学。这正构成了他比较诗学研究的基础。

叶维廉说：

> 我进入了比较文学系，并不表示一切可以有轨可循。正如我在"总序"上提到的。中西比较文学的研究，究竟如何寻出"共同的文学规律"？如何建立"共同的美学据点"？我们能不能、或应不应该用甲文化批评的模子来评价乙文化的文学？用了以后有多少程度的歪曲？我们如何可以调整改正？这些问题，在我当研究生的时代，完全没有被提出来，完全没有人帮我解答。因为在西方的学院里，用西方柏拉图、亚里士多德以来的批评模子去评理文学被视为一种"当然"，所以美国大学里虽然开有东西比较文学的课，但大都仍然受限于西方批评模子中的美学假定。我个人虽曾从五四的一些学者，如前述的宗白华、朱光潜、钱钟书及后来认识的陈世骧先生的文章里得到不少启示，但作为纯学理上方法上对于两个文化美学据点同异识辨的自觉，当时还没有人提出，中英文都没有。换言之，一个中国学生研究东西比较文学时，从何入手呢？有许多美国的学校，毫无计划地请你去修中国文学的课和修英国文学的课，仿佛修了两面的课，方法便垂手可得。事实上不然。很多人还是用一个文化的模子去主宰另一个文化的文学，因循歪曲。①

从叶维廉上面的这段自述之中，我们可以得到几个信息：第一，叶维廉在进入比较诗学研究之时，西方学界并没有开展东西比较文学研究的范式可以遵循，他们比较文学研究的主流，无论是法国学派的影响研

---

① 《比较诗学序》，《叶维廉文集》（第1卷），第25页。

究,还是美国学派的平行研究,都还仅仅在西方文化圈的内部开展,他们还没有将东方文学纳入比较文学研究的视野,也就还没有思考、建构起在东西方文学之间进行比较研究时的可行模式。第二,真正在东西方文学之间展开比较研究的,还是那些身处东方的优秀知识分子、学者们,他们面临自身的传统文化被西方文化的强势所挤压所宰制的困境,忧虑之下苦苦思索解困之道,他们眼见西方文化的活力与中国文化的僵化,希望通过援引西方文论来阐释中国传统文学,来刺激、激活中国文化的活力,使中国文化在新的历史语境之下获得新生,同时,希望借用西方文论的标准与规则来透视与批评中国传统文学,从而彰显中国文学的世界性价值。由此,他们探索、总结出了"援用西方文学理论与方法并加以考验、调整以用之于中国文学的研究"①的研究模式。第三,这种研究模式是行之有效的,并取得了丰硕的研究成果,但是,却也为中国比较文学研究带来主体性缺位、并患上"失语症"的创伤。这种用甲文化体系中产生的批评标准去衡量、裁定乙文化体系中产生的文学的做法,在很大程度上歪曲、伤害了乙文化的文学,也使得乙文化中文学的整体生命机体被肢解得支离破碎。面对这样的中西比较文学研究现状,认识到以西释中的研究范式之危机,但还是要在这种研究范式上起步的叶维廉应该如何展开他的比较诗学研究呢?

  是为了针对这一个问题使我写下了《东西比较文学中模子的应用》一文。是为了针对这一个问题使我和我的同道,在我们的研究里,不随意轻率信赖西方的理论权威。在我们寻求"共同的文学规律"和"共同的美学据点"的过程中,我们设法避免"垄断的原

---

① 古添洪、陈慧桦编《比较文学的垦拓在台湾》,台北:东大图书公司,1976年,第7页。

则"（以甲文化的准则垄断乙文化）。因为我们知道，如此做必然会引起歪曲与误导，无法使读者（尤其是单语言单文化系统的读者）同时看到两个文化的互照互识。互照互对互比互识是要西方读者了解到世界上有很多作品的成形，可以完全不从柏拉图和亚里士多德的美学假定出发，而另有一套文学假定去支持它们；是要中国读者了解到儒、道、佛的架构之外，还有与它们完全不同的观物感物程式及价值的判断。尤欲进者，希望他们因此更能把握住我们传统理论中更深层的含义；即是，我们另辟的境域只是异于西方，而不是弱于西方。但，我必须加上一句：重新肯定东方并不表示我们应该拒西方于门外，如此做便是重蹈闭关自守的覆辙。①

在叶维廉看来，援引西方的理论来解读中国的作品，其实质不过是在中西文学之间求得所谓淡如水的"普遍"而消灭浓如蜜的"特殊"。中西文化本来异质，片面求同只能得到似是而非之"同"，而这肤浅表面的"同"，其实并无益于对中西文化与文学的认识，亦不能助力于中西文化的交流。叶维廉说，我们再不能片面采用西方的理论来认识中国的文学，这样只能破坏中国文化的整体面貌，只会歪曲中国文学的特质，只会让西方人在了解中国文学作品时发现他们在自己文化文学中常见的现象，而见不到中国文化与文学中特殊的境界。叶维廉提出文化模子的学说，就是在提醒我们，本来西方学者就是在戴着有色眼镜看中国，他们很难跳出也无意跳出他们自己由西方文化塑造的思维方式的限制，来认识在观感程式与运思表达方面都与他们本身有很多差异的中国文化与文学，我们就更不能再强迫自己跳进他们的文化模子中来认识中国和表达中国来迎合他们对中国的曲解了。叶维廉提出在比较文学研究

---

① 《〈比较文学丛书〉总序》，《叶维廉文集》（第1卷），第5页。

中，对文学现象之异同，从中西文化模子的根底上进行观照与透视，要做到既能看到表面的同，也能看到文化深层必然存在的异，既能看到表面的异，也能看到文化深层可能存在的同，如此才能做到藉同而识异，藉异而识同，才能做到同异全识。在叶维廉看来，援引西方理论以批评中国文学，显示的是弱国心态，近代以来落后挨打的局面，使得中国现代的文化语境是除旧布新，全盘西化，使得现代知识分子丧失了文化自信，一心想得到别人的认同，所以他们在研究中自觉不自觉地要用西方的标准衡量自己，试图在找出中西文化间肤浅片面而似是而非的同之后，向西方展示炫耀，希望获得他们的认可。叶维廉说，其实这种心态大可不必有而且应该警惕，东方文化只是在境域上异于西方，但是并非弱于西方。我们不必处处惟西方马首是瞻，我们应该有文化自信，相信自己的文化能够以其异于西方的样貌与思维，为世界文化的发展贡献智慧，同时，叶维廉也提醒我们警惕夜郎自大、故步自封的心态，应该以平等、对话的姿态，游走中西文化之间，为建设新文化而汲取中西文化中有用的资源。这，用叶维廉的话来说，就是"互相包容、互相扩展"，以求争战中的共生。

有意思的地方在于，叶维廉在诗学研究中似乎有点矫枉过正，张汉良对此就曾经有过批评。他在研读了叶维廉的论著《庞德的〈华夏集〉》《秩序的生长》，以及其后几篇重要的论文之后指出，"叶先生文学秩序的生长过程标示出一个不变的方向，即透过中西（英）语言的特质，以及它们所反映的心智状态与美感意识，从事消极的比较与积极的汇通"[①]，他肯定了叶维廉对中西比较文学语言与美学会通的研究途径，但与此同时，却对叶维廉倾心中国古典诗与批评英美诗的态度进行了批

[①] 《语言与美学的汇通——简介叶维廉的比较诗学方法》，廖栋梁、周志煌编《人文风景的镌刻者——叶维廉作品评论集》，第353页。

评,他说反映不同的心智状态与美感经验的中西各种诗形式,在判定孰优孰劣时,应该采取多方面的价值判断标准。更有意思的是,同样是对这种"中国本位",柯庆明却持肯定态度,他说"从王国维开始,现代中国文学批评的发展大抵是以西方的文学观念作为讨论中国文学基本'模子'"①"叶维廉的以中国文学为主的立场,正标示着现代中国文学批评的一种新动向"②,他主张中国学者尽可大量地吸收西方文化的滋养,却未必非要放弃对于自己文化传统的认同,他说"毕竟对于外来文化的力求融摄和投身皈依是截然不同的两回事"③。

二、历史的考证与审美的思考之结合

法国著名比较文学学者艾田伯在《比较不是理由:比较文学的危机》中有一段关于比较文学与比较诗学的经典论述,他说:"把这两种相互对立而实际上应该相辅相成的方法——历史的考证和批评的或审美的思考——结合起来,比较文学就会像命中注定似的成为一种比较诗学。由于这样的美学不是从思辨原则上加以推导的,而是在对体裁的历史演变或者从各种不同文化体形的特点和结构上做了细致的研究之后归纳出来的,所以它不同于任何教条,它将会是有益的。"④这段论述(尤其是第一句)向来广被引用,用来说明在法国学派的影响研究与美

---

① 《纯粹经验美学的主张者——叶维廉》,廖栋梁、周志煌编《人文风景的镌刻者——叶维廉作品评论集》,第433页。
② 《纯粹经验美学的主张者——叶维廉》,廖栋梁、周志煌编《人文风景的镌刻者——叶维廉作品评论集》,第433页。
③ 《纯粹经验美学的主张者——叶维廉》,廖栋梁、周志煌编《人文风景的镌刻者——叶维廉作品评论集》,第433页。
④ 《比较文学之道:艾田伯文论选集》,第42页。

国学派平行研究论争的背景之下，比较文学研究何去何从的问题，以及用来论证中西比较文学研究中比较诗学研究的价值所在。但学者们在引用与论述第一句话时，往往会将后一句话遗漏，或轻轻带过。确实，艾田伯的第一句话，就像灯塔一样照亮了中西比较文学在没有事实联系的情况下的研究路径，一方面，它为西方的比较文学研究，凝练、概括出了后法美学派论争时代的具体走向，另一方面，也或直接或间接地肯定和鼓舞了中国现代学者在比较文学（诗学）研究中的理论探索。中国现代学者的比较文学研究，一开始就是在跨越异质文化的中外（西）文学之间展开，由于中国古代文学与西方文学之间缺乏明显的事实联系，而自然地进入了进行文学理论比较即比较诗学研究的领域。艾田伯的后一句话，也包含着非常丰富的信息：第一，概括出了历史考证与审美思考相结合后的比较诗学研究模式——在对文本做细致的历史考证的基础上，做审美的思考，反对盲目琐屑的历史考证，反对纯粹逻辑的美学推演。第二，所谓历史的考证，是指对文本体裁等研究对象做历史演变的细致梳理，或者对研究对象由于因异质文化模子而产生的特点及独特结构做文化上寻根探固式的考察。第三，所谓审美的思考，是基于历史真相与文化特质的、对研究对象的诗意追求与审美把握，它不预设自己的美学立场与思想原则，一切从细致的历史考证和文化辨析出发进行归纳整理，在揭示历史真相与文化特质的过程中自然呈现出来。

有关学者研究指出，中国现代诗学研究传统中，隐隐存在着两种诗学范式之争，分别是：以陈寅恪为代表的以诗证史、以史解诗的诗学研究范式，以及以钱锺书为代表的融会语言学、心理学、哲学和艺术学理论以解诗的诗学研究范式[①]。其实，就中国现代诗学研究的整体来看，

---

① 胡晓明：《陈寅恪与钱钟书：一个隐含的诗学范式之争》，《华东师范大学学报（哲学社会科学版）》1998年第1期。

前辈学者们如吴宓、朱自清、闻一多、朱光潜、宗白华等人的诗学研究，均是历史的考证、文化的辨析与审美的沉思相结合的典范。闻一多的中国古典文学研究，熔铸清代朴学的历史考证功夫与其作为诗人的审美沉思于一体，并援引西方文化人类学的理论与弗洛伊德心理分析学说照亮古代文学得以产生的传统社会，取得了许多创获。闻一多的《唐诗杂论》、《诗经》研究、《楚辞》研究、神话研究等，正如朱自清先生评价《唐诗杂论》时所说，"都是精彩逼人之作。这些不但将欣赏和考据融化得恰到好处，并且创造了一种诗样精粹的风格，读起来句句耐人寻味。"① 朱光潜曾经批评过单纯地把对文学对象作历史的考证视为文学研究的错误倾向，也批评过利用外部的几条所谓批评标准或仅靠自己的嗜好来评判文学作品的好坏的错误倾向。朱光潜认为对文学作品的考据仅是文学研究的第一步，主要是积累文学知识，文学研究还需要在此基础上下批评与欣赏的功夫②。换句话说，在朱光潜看来，真正的文学研究，必须是历史的考证与批评的、审美的思考相结合的研究。朱光潜的《诗论》，切实将历史追踪、文化探源、理论批评与美学研究熔为一炉，成就了现代诗学史上的又一精彩之作。其实，就上文谈到的陈寅恪与钱锺书两位先生而论，他们又何尝真的仅仅固守在历史考证或美学沉思的狭隘的诗学研究圈子里，对异于自我的他者不闻不问？陈寅恪的以诗证史、以史解诗，绝不同于一般考据家们的专以追溯来源、考订字句和解释意义为务，他所追求的是让诗歌的价值与意义在历史考据中的自然呈现。钱锺书融会语言学、心理学方面的理论知识来解诗，他对字句的考

---

① 朱自清：《中国学术界的大损失——悼闻一多先生（二）》，《国文月刊》1946年第46期。
② 朱光潜：《灵魂在杰作中的冒险——考证、批评与欣赏》，《朱光潜全集》（第2卷），北京：中华书局，第37–42页。

辨与追踪，他对中西诗语用法的比较与会通，其实也暗含了历史的考证与文化的辨析。

叶维廉将这样的研究范式命名为"历史与美学的汇通"，并在自己的诗学研究中自觉追求。关于这点，我们从他的"五据点"说中可以明确看出来。首先，叶维廉把文化历史因素引入他的理论图示之中，彰显出他对文化历史因素的重视。他对文化历史环境的解释，包括了广阔的社会文化内容，"包括'物质资源''民族或个人生理、心理的特色''工业技术的发展''社会的型范''文化的因素''宗教信仰''道德价值''意识形态''美学理论与品位的导向''历史推势（包括经济推势）''科学知识与发展''语言的指义程式的衍化'……"① 在叶维廉看来，正是在这广阔的社会历史文化内容，或曰历史文化语境之中，作者观感世界、运思为文，作品生长成形、出版传播，读者阅读接受、批评反馈。认识到这一点，文学研究又岂能仅仅局限于对文本内部的孤立研究，而不从事对文学作品历史考证与文化辨析？同时，叶维廉也认识到，如果文学研究从文本的内部研究向外转，从事外部研究，又应该要规避完全走出作品之外，背弃作品之为作品的美学属性，仅仅将研究的焦点集中在社会文化现象的缕述上的偏向。于是，将历史与美学会通，将历史考证与美学的思考相结合，顺理成章地成了叶维廉的诗学追求与研究范式。

叶维廉的论文《中国古典诗和英美诗中山水美感意识的演变》，就是这种历史的考证与审美的思考相结合的研究的典型。叶维廉说，虽然来自中西两种异质文化的山水诗，表面看来有许多相似之处，但是如果从两个文化根源的模子观察，从它们两者在历史中的衍生态和美学结构

---

① 《比较诗学》，第13页。

的变动两方面进行比较和对比，便会发现根本的歧异。于是，叶维廉分别以王维和华兹华斯的诗为中西诗歌的经典代表展开了研讨。他认为王维的诗之所以表现出与华兹华斯的诗在观物应物上的极大不同，根底在于他们所处的文化传统以及它们各自在传统之中的演变。在叶维廉看来，中国古典山水诗中的观物、示物的态度，是与道家哲学在魏晋时期的发展、中兴息息相关的。以王弼注与诠释的《老子》、郭象注与诠释的《庄子》为主流的道家哲学，为中国作者的运思与表达，提供了新的哲学与美学起点，他们因为道家哲学"拒绝把人为的假定视作宇宙的必然"①，追求"物各其性，各得其所"，万物"物各自然"，肯定与澄清庄子的"道无所不在"，是"自本自根"的观念，而使中国作者"完全不为形而上的问题所困惑，所以能物物无碍、事事无碍地任物自由兴现。"②而西方诗人囿于柏拉图以来"将宇宙现象二分，认为现象世界的具体事物刻刻变化，没有永恒价值，将之否定而追求抽象的理想的本体理念"③的传统以及亚里士多德以来将人认定为秩序的主动制作者的传统，而在诗中时时穿插演绎性、分析性及说明性的语态，时时对自然山水的自然呈现进行干扰与界说，所以诗歌所呈现出来的山水诗完全不同于中国古典山水诗的风貌。同时，叶维廉还看到，在西方现象学哲学思潮的出现，引起了西方山水诗面貌的改变。现象学要求离弃抽象的系统，回归事物具体的存在，主张恢复到苏格拉底以前对于物理世界的任万物自由涌现的认识，主张回到事物本身，要求"看到具体的事物，要去直接感应事物，把事物可触可感地交给读者，而不经过抽象的过

---

① 《中国古典诗和英美诗中山水美感意识的演变》，《叶维廉文集》（第1卷），第176页。
② 《中国古典诗和英美诗中山水美感意识的演变》，《叶维廉文集》（第1卷），第179页。
③ 《中国古典诗和英美诗中山水美感意识的演变》，《叶维廉文集》（第1卷），第193页。

程。"① 于是，在这种哲学与美学思想的指导下，出现了以"意象派"为代表，在诗歌创作中追求"保持自然的形象本身"的诗人，他们开始以中国古典山水诗歌为参照，转变感物应物的程式，开拓新视野，追求新境界，逐步走近任自然自动发声的诗歌理想，开始实现中西诗歌的融合与会通。

三、直透文学"机心"而会通中西诗学

叶维廉在不同的场合一再强调，他的诗学是他在创作过程中的领悟、发现、发明，他理论上的浓烈，是因为他的诗，所以必须要浸入他诗的世界，始可以感印他美学的弦动。"叶维廉首先是一个诗人，而且是一个现代派诗人"②，然后才是学者。

这样的先诗人后学者的身份，在很大程度上决定了叶维廉诗学研究的与众不同：第一，作为诗人，他首先接触的就是他能找到的古今中外的诗歌，他所关心的是诗的美学风格与语言策略，他要创作诗歌，他所读的古今中外的诗歌，都被他作为滋养，所以在他的诗学研究里，也就不容易看到他以西方诗学批评中国文学，以西方诗歌诗学为标准来压制析解中国诗歌诗学的问题。既然如此，受传统文学滋养的中国诗学，当然也就可以活在他的诗学研究里了，而不至于像在某些中国当代文论家那里一样，成为僵死之物，并因此导致了中国当代文论在西方强势理论话语面前的失声。叶维廉对秘响旁通、论诗如论禅、空故纳万境等传统诗学概念的新阐释，他对道家美学、禅宗美学的偏爱，都可以证明中国

---

① 《中国古典诗和英美诗中山水美感意识的演变》，《叶维廉文集》（第1卷），第196页。
② 乐黛云：《为了活泼泼的整体生命——叶维廉文集·序》，《广东社会科学》2003年第4期。

传统诗学在当下文化语境之下的丰沛活力与现代言说能力。相比较中国的某些当代文论家,他们一边意识到中国当代文论的"失语症",希望通过对中国传统文论的现代转化来进行医治,一边把传统文论视为需要援用西方文论来激活的僵死之物,他们用西方文论的手术刀,随心所欲地对中国文论切割之后,所得到的仍是没有生机或活力的、碎片化的材料,中国传统文论的现代转化自然也就失败了。

第二,正因为叶维廉是个诗人,读诗、赏诗、写诗是他的第一要务,能找到的古今中外的诗,他都读,都了解,所以他在论诗时少有中西诗学孰优孰劣的先入之见,反而使他可以直透问题的核心,就诗与文学之本身而论,不受其他外在因素的左右。我们在他的诗学研究中,能够很清晰地看到他的研究思路,他往往先不谈中西诗学孰优孰劣之问题,他愿意先就自己读诗写诗的经验,提出自己的诗学问题、树立自己的评诗标准,然后以此为立足点来参看中西诗学,在分清中西诗学各自的优劣之后,才有所评价,并同时将两者的优长援引摄入自己的诗学之中来,完成自己的诗学建构。这也就是说,叶维廉在进行诗学研究之时,他始终将他的出发点与立足点固定在诗歌或文学作品之上,他不主张离开诗歌谈诗学,他希望就他读诗、写诗之时所发现的问题,在中西诗学之中寻找理解与阐释的途径,并在此过程中找到中西诗学的对话点,最终实现在对话中的中西诗学之会通,并实现自己比较诗学研究之"生生"。

叶维廉的《中国文学批评方法略论》一文,就是因其由诗人而学者,须能直透文学的"机心"而寻求中西诗学会通的理论主张的集中体现。面对与西方相异甚远的中国诗学,叶维廉并没有采用西方诗学的标准来批评它,他采用了朱自清所说的方式,将西方诗学作为镜子,烛照并理清了中国诗学的特点:

在一般的西方批评之中，不管它采用哪一个角度，都起码有下列的要求：1. 由阅读至认定作者的用意或要旨。2. 抽出例证加以组织然后阐明。3. 延伸及加深所得结论。他们依循颇为严谨的修辞的法则……（始、叙、证、辩、结）不管用的是归纳还是演绎——而两者都是分析的，都是要把具体的经验解释为抽象的意念的程序。①

这种程序与方法在中国传统的批评文学中极为少见，就是偶有这样的例子，也是片断的，而非洋洋万言娓娓分析证明的巨幅，如果我们以西方的批评为准则，则我们的传统批评泰半未成格，但反过来看，我们的批评家才真正了解一首诗的"机心"，不要以好胜的人为来破坏诗给我们的美感经验，他们怕"封（分辨、分析）始则道亡"，所以中国的传统批评中几乎没有娓娓万言的实用批评，我们的批评（或只应说理论）只提供一些美学上（或由创作上反映出来的美学）的态度与观点，而在文学鉴赏时，只求"点到即止"。②

我们可以看出，叶维廉并不像当代的某些文论家，用西方批评的准则来看中国的诗学，他并不像他们一样，指责中国传统文论片段化、碎片化、没有系统、不成体系、只重顿悟、不讲逻辑，他的重心在于以西方借镜，在了解对方的同时，真正认清自己的面貌，并同时找到了传统诗学的优长与西方诗学的短板。同时，他采用老子所说"万物并作，吾以观复"的思维方式，在中西诗学的众声喧哗中，"致虚极，守静笃"，

---

① 叶维廉：《中国文学批评方法略论》，《中国诗学》，北京：生活·读书·新知三联书店，1992年，第3页。
② 《中国文学批评方法略论》，《中国诗学》，第4页。

直抵问题的核心——诗学所应该关心的根本问题，即诗的艺术性，从中提炼出评价中西诗学的可行标准，然后将中西诗学一一检视，找出中西诗学各自的优劣，并给出应该改进与发展的方向，给出文学批评的理想模式。

叶维廉说：

> 一个完美的批评家（或理论家）必须要对一个作品的艺术性，对诗人由感悟到表达之间所牵涉的许多美学上的问题有明澈的识见和掌握，不管你用的是"点、悟"的方式还是辩证的程序。……批评家的先决条件也是要有"洞澈之悟"的，对作品中的艺术性（一首诗的机心）有了明澈的识见，也就不在乎他用的是"点、悟"的方式（有禅机的批评家用了这种方法而不见碍），还是用逻辑化的辩证的程序（他自然会避免不必要的修辞的枝丫），而都可以做到"言简而意繁"的有效的批评。[①]

也正是从这个角度，叶维廉告诉我们，中国现代诗学史上，朱自清的《新诗杂谈》及其对传统文学的探讨，朱光潜的中西美学的比较，李广田的《诗的艺术》，钱锺书的《谈艺录》及其他美学文学论文，刘西渭（李健吾）的论诗与小说的文字，在现代激进的、过度情绪化的批评激流之中，是多么难得的论著。

如果可以将《中国文学批评方法略论》一文看作叶维廉的诗学宣言的话，那么他本人从诗歌研读与创作，进而从事比较诗学研究，最终形成自己独具特色的诗学体系，都是他这宣言的精彩例证。

叶维廉的诗人之路是从香港开始的，他在香港那"殖民政策下民族

---

① 《中国文学批评方法略论》，《中国诗学》，第13页。

意识的弱化与高度文化工业对人性杀伤"①的文化语境之下，走向了20世纪三四十年代中国现代诗人的诗歌与诗思，走向了西方现代派诗人和西方现代主义诗歌。西方现代主义对现代性的那充满了模棱性辩证的美学反应——既包含了对新事物的憧憬与兴奋，以及由此而来的逸乐幸福感，又包含了对垄断资本主义中极端工业化和城市化所带来的整体生命之减缩变形的抗拒，给了包括叶维廉在内的五六十年代港台现代诗人抗拒他们当时所面临的意识危机的美学策略。20世纪五六十年代的香港与台湾，虽然意识危机有所不同：在香港，主要是英国的殖民统治所带给人们的身份认同的危机和历史文化意识的弱化，以及西方文化工业的延伸性影响和商品化社会高度发展所带来的人性的异化，在台湾，则更多的是当时的政治气候下"白色恐怖"的高压所带给人们的禁锢、疏离、绝望与愤怒之感，但两地的诗人都从西方现代派的诗歌之中获得了启示。游走于港、台两地之间，经受着这双重的错位与创伤，一方面焦灼于中国文化的全面瓦解，一方面忧虑于人性的异化缩减的叶维廉尤其如此。

叶维廉说：

> 现代主义是针对现代性的美学上的反应，充满了模棱性的辩证，而其中对垄断资本主义中极端工业化和城市化所带来整体生命减缩变形的一种抗衡，就是在自然体的"我"的存在性和语言的存真性都受到重大威胁下寻索生存的意义，关于前者，可以举韩波（或译蓝波）为例，想通过犹存的"感觉"（向内心寻索后来又发展为超脱人性减缩的工具化理性之囚的超现实主义），重新获取"可

---

① 叶维廉：《走过沉重的年代》，须文蔚编《台湾现当代作家研究资料汇编79：叶维廉》，台北：台湾文学馆，2015年，第175页。

感"的存在，这样，也许可以把工业神权和商业至上主义砸碎的文化复活；关于后者，诗的书写，通过语言的自觉自主自赏，仿佛可以剔除文化工业加诸他身上的工具性而重获载负灵性的语言。①

叶维廉发现，西方现代主义诗人钟爱抒情诗（Lyric），他们之所以如此，是因为抒情诗，"无论是早期作为去曲调的词或后期作为主观感情传达的体式，都不强调序次的时间。在一首 Lyric 里，诗人往往把感情、或由景物引起的经验的激发点提升到某种高度与浓度"。②因此，叙事诗中那些常见的有关行为动机的叙述和故事发展的轮廓，大都被消解不见了，或者只有部分枝节的提示。而在更纯粹、更核心的 Lyric 里，如象征派的诗作之中，"一首 Lyric 往往只是把包孕着丰富内容的一瞬时间抓住：利用浓缩的一瞬来含孕、暗示这一瞬间之前的许多线发展的事件，和这一瞬可能发展出去的许多线的事件"③。叶维廉说，抒情诗强调的是时间的"一瞬"，而非"一段"，在一段时间里，时间的次序性才占有重要的角色，语言是序次的东西，事物仍旧依次出现，而在一瞬间，"由于是经验、感受被提升到某种高度、浓度瞬间的交感作用，其中便有一种'灵会'，与某种现实作深深的、兴奋甚至狂喜的接触与印认，包括与原始世界物我一体的融浑，包括与自然冥契的对话，包括有时候进入神秘的类似宗教的经验"④，如是，当抒情诗的一瞬间所引起人

---

① 《走过沉重的年代》，须文蔚编《台湾现当代作家研究资料汇编79：叶维廉》，第167页。
② 《走过沉重的年代》，须文蔚编《台湾现当代作家研究资料汇编79：叶维廉》，第168页。
③ 《走过沉重的年代》，须文蔚编《台湾现当代作家研究资料汇编79：叶维廉》，第169页。
④ 《走过沉重的年代》，须文蔚编《台湾现当代作家研究资料汇编79：叶维廉》，第169页。

们内在的意识活动达到极致时，它就成了一种超脱语言限制的诗。叶维廉说，西方现代主义诗人与垄断资本主义的极端工业化、程式化所带来的整体生命的缩减变形相抗衡，一个主要的目的就是要拆解语言的框限，回到一种原真，现代主义诗人要追回未变形的、未被玷污的诗。显然，这个目的在现代抒情诗中得到了彰显与实现。

关于传统文论在当下的新生，当代的学者提到概念是转化，他们希望运用西方的理论话语来阐释传统文论的核心概念，从而赋予其在当下文化语境中的言说能力。但是，当我们今天反思这个概念时，我们发现所谓转化，带有赋予传统文论术语以新内涵，而将其固有的意蕴予以排挤和放逐的危险。当我们说传统文论需要转化的时候，我们的理论假设往往是传统术语在新的文化语境之下已经失去了概括与言说的能力，已然成为陈旧过时的僵死之物，否则，我们何以需要对他进行现代转化呢。而我们在叶维廉的诗学理论中，却发现他用的术语是接轨、是会通。面对着西方现代主义诗歌与诗艺，面对着中国白话新诗的"瘦弱病变"，叶维廉说，我们要寻求古典与现代、东方与西方的接轨，我们的传统古诗里，有着独有的骄傲与荣光，如果能够在西方的某种烛照与启发之下，援引我们的传统与西方的现代在当下的文化语境之下进行接轨与会通，那我们的新诗将会重新走上康庄大道，我们的传统文论也会焕发出新的活力，成为当代文论新发展的有机组成部分。叶维廉在西方现代主义诗歌，尤其是象征主义诗歌中，找到了与中国古典诗歌的诗艺相接轨、相会通之处——他用"文字的雕塑"这个术语来概括它，他将这些独有浓缩的瞬间、逻辑的飞跃、多线发展、并时性结构和空间并列、意义疑决性、意象重于意念、具体重于抽象、反说明性和演绎性文字的风格与特色的西方现代诗，与中国古典诗歌相比较，终于在重新体认了中国传统诗歌特色的基础上，为中国白话新诗在当代语境下的新发展开辟出了有效的美学策略。不仅如此，叶维廉在从西方现代主义诗歌中获得启示，重新体认了中国古典诗歌的风格特色并发掘出了内涵于这种风格之后的美学思想与策略之后，转而开始了对西方诗歌与诗学的批评以及寻求中西诗学两者之间接轨与会通。我们看他中西比较诗学的研究文章，几乎都是遵循着这个思路展开的。

第三节　结构框架：以道家美学统摄比较诗学

从美学的框架下研究文学，应是自王国维开始，王国维援引西方美学思想研究《红楼梦》等古典文学作品的著作，影响了一大批学者，后起的朱光潜和宗白华，都是其中翘楚。叶维廉在比较文学研究中，对暗藏在中西诗歌背后的美学含义的发掘，根源想必在此。

关于中国现代美学的发展历程及模式，学者张法有过这样的论述：

> 中国现代美学从王国维始，于古今转换的大变关头，受西方与日本的双重影响，得学术与文化的相互激荡，产生了一花（美学）开四叶（四种基本模式）的景观：一是梁启超的社会学模式，要求美学为政治服务，服务于中国现代性的国民性转换，让中国人民由臣民变成新民。二是蔡元培的教育学模式，把美育作为现代性人格培养的一个重要方面，以美育代宗教，让美成为中国现代性的人生境界。三是朱光潜的现象学模式，朱光潜摘取西方心理学美学诸流派的思想，融距离说、直觉说、内摹仿说、移情说为一完整体系，向人们指明了，在现实中如何才能获得美。审美现象学在这里得到了明晰的说明。四是宗白华的文化学模式，把中国古代的各门艺术（诗、书、画、乐）与哲学思想联系起来，体会其中的文化统一性，并在这种统一性中突显出中国文化的特质，进而把中国艺术与西方

艺术的差异从文化的角度进行比较，并在更高境界上达到一致。①

依据张法教授的说法，比照叶维廉的比较文学研究，我们发现他的研究框架与宗白华的美学模式极其接近。钱锺书曾经用"出位之思"这一术语来概括一种媒体欲超越其本身的表现性能而进入另一种媒体的表现状态，叶维廉在其诗学研究中也沿用了这个术语。我们现在借用这个术语，想要说明的是中国现代诗学研究传统及叶维廉比较诗学研究中，对诗与绘画、音乐、小说及影视艺术进行美学上会通的努力。叶维廉诗学的研究，接受宗白华的文化学模式的启发，将诗与绘画、音乐、小说、影视相会通，体会其中所蕴含的道家美学思想意蕴，并以之为中国诗学的特质与西方诗学进行比较研究所拓展出的新境界，将是我们重点关注的内容。

一、诗与画、音乐、小说、影视艺术的美学会通

1. 诗与绘画、音乐的美学会通

在《中国比较文学批评史纲》一书中，杨义、陈圣生曾经说过这样一段话："谈论比较诗学，无论如何不应忘记宗白华，尤其是40年代写过《中国艺术意境之诞生》《中国诗画中所表现的空间意识》和《中国书法里的美学思想》等重要论文的宗白华。他在这些论文中展示一些为当时谈论中西诗学的学者不甚注意到的学术视角、思路和境界，因而在比较诗学史上成为一个独特的存在。"② 这"当时学者"不甚注意的学术视角、思路和境界，就是宗白华对诗与绘画、音乐、书法等艺术门类的

---

① 张法：《中国现代美学：历程与模式》，《人文杂志》2004年第4期。
② 《中国比较文学批评史纲》，第461页。

美学会通。宗白华是美学家、哲学家，美学问题是他始终探索的对象，但因为美学研究的领域是中国古代艺术，包括上述的诗词、绘画、音乐、书法、建筑、雕刻、工艺等，所以他在思考中国古代艺术的美学问题时，将诗与绘画、音乐、书法融会一炉，在美学的层面上打通了它们之间的界限与隔阂，实现了中国传统中各门艺术的美学会通，从而成为中西比较诗学研究史上虽不专门从事比较诗学研究，但又对比较诗学研究有重要贡献的独特存在。

在宗白华看来，因为中国人的最根本的宇宙观植根于《易经》中的"一阴一阳之谓道"，故而中国诗与中国画中的空间意识是一致的，如果用《易经》中的表述，即为"无往不复，天地际也"。而这样的空间意识，是节奏化了、音乐化了的，是趋向着音乐的境界的。画家、诗人眼中的自然与山水，是有势、有情的节奏化了的自然与山水，是"万物皆备于我"，亲近我、扶持我的和谐的宇宙。他们跃入大自然的节奏里去"游心太玄"，用"俯仰自得"的精神去欣赏宇宙。他们"以流盼的眼光绸缪于身所盘桓的形形色色"，"以'以大观小'的看法……把握全境的阴阳开阖、高下起伏"①，规避"定点透视"的机械，活现"折高折远"的自然，规避"定点透视"的追寻、探索与冒险，以及由此带来的彷徨不安、欲海难填，于有限中见到无限，又于无限中回归有限，安顿向往无穷之心，归返自我。通过宗白华的分析，我们发现，由于具有共同的空间意识，中国传统的诗人与画家，他们观物感物的程式是高度一致的。他们都不愿意被固定的焦点所限，而采用数层视点以构成节奏化的空间，采用"俯仰自得，游心太玄""目既往还，心亦吐纳"的办法，以达到"澄怀味象"②的境界。由此，宗白华揭示了中国传统诗人

---

① 宗白华：《美学散步》，上海：上海人民出版社，1981年，第98页。
② 宗白华：《美学散步》，上海：上海人民出版社，1981年，第111页。

创作诗歌时在观物感物程式上有别于西方诗人的特别之处，为后来的学者进一步从这方面着手进行中西比较诗学研究提供了重要的启示。从某种程度上，我们可以说叶维廉正是沿着宗白华所开辟的新的研究路径，来展开他的中西诗艺的比较研究的。

叶维廉至少是从两个方面，对诗与绘画、音乐进行美学会通的。第一，叶维廉认为，艺术的美感经验的核心，不受其表现媒体本身的限制与左右，必须在媒体性能之外去考虑与寻找，所谓"意在言外""弦外之音"，就是这个意思。"一首理想的诗要能从文字的桎梏里解放、活泼泼地跃出来呈现在读者之前"[①]，一幅理想的画，则要"避过外在写实的一些细节而捕捉事物主要的气象、气韵。"[②]诗与画"都要求超越媒体的界限而指向所谓'诗境'、所谓'美感状态'的共同领域。"[③]这样的共同领域或按照叶维廉的说法称为共同的"美学据点"，就是诗与画超越自身的表现媒介而在美学上的会通之处。从这共同的美学据点反观诗歌，叶维廉发现，诗人使用文字创作诗歌时，就必须消弭文字的"述义性""说明性""推理性"，"转而依赖一种音乐与绘画的结构或程序"，"让诗有一个独立性的存在，直接与读者'说话'或作戏剧性的呈现"[④]，从而达到诗歌创作的理想境界。此时的文字，"如夜中的火花，使我们在一闪间看到字外的意义"，"如水银灯，点亮一刻的真趣"[⑤]。第二，基于上述诗与绘画的美学会通及其对诗歌文字运用之奥秘的发现，叶维廉在诗学研究中开始融会绘画、音乐的相关理论。叶维廉说，中国传统绘画中的散点透视，或曰"旋回视灭点""多重视灭点"，"使我们

---

① 叶维廉：《出位之思：媒体及超媒体的美学》，《比较诗学》2007年，第171页。
② 《出位之思：媒体及超媒体的美学》，《比较诗学》2007年，第176页。
③ 《出位之思：媒体及超媒体的美学》，《比较诗学》2007年，第176页。
④ 《出位之思：媒体及超媒体的美学》，《比较诗学》2007年，第179页。
⑤ 《出位之思：媒体及超媒体的美学》，《比较诗学》2007年，第172页。

从多重角度同时看到现象的全貌"①，他认为中国诗也是这样。中国古典诗歌创作中，诗人观物、感物视点的灵活运动，使得他们摆脱"以我观物"的视角的局限，获得"以物观物"的姿态，从而诗歌中有了物象的独立性、意象的并置及事象的强烈视觉性。中国传统绘画的特点，允许观者从任意角度移入遨游，他不会被画家任意选择的角度左右，仿佛可以跟着画中提供的多重透视回环游视。中国古典诗歌，同样使读者有了可以自由出入、回环涵咏的空间，并且读者在感悟诗歌意境的同时，可以参与诗歌境界的再创造从而获得更丰富的美感体验。

2. 诗与小说、电影的美学会通

钱锺书可谓中国现代诗学研究史上，将诗与小说进行美学会通的第一人，这当然与他既是小说家又是诗论家有关。钱锺书的诗学研究，目的在寻求人类共同的诗心、文心与人心，方法则是"求打通"，要"以中国文学与外国文学打通，以中国诗文词曲与小说打通"②。钱锺书的小说研究，无论是其20世纪30年代以考据辨伪、发掘新材料为特征的古小说研究，还是40年代以钩玄提要、考释辨伪、中西对比为特征的中外小说研究，还是40年代以后，《谈艺录》《管锥编》写作时期以征引古代小说作为例证的贯通性诗学研究，都孜孜致力于人类共同的诗心、文心与人心的追求，并获得了丰硕的成果。曾有研究文章这样指出，钱锺书"学术成就的取得，在很大程度上要归功于他对于从小说、戏曲乃至歌谣俚曲中汲取精华的重视。"③钱锺书对建构宏大的理论体系不感兴趣，也对他人的权威理论不愿迷信，他觉得与其汲汲于"好多是陈言加

---

① 叶维廉：《语法与表现》，《比较诗学》2007年，第42页。
② 郑朝宗：《〈管锥编〉作者的自白》，《人民日报》1987年3月16日。
③ 沈治均：《钱锺书古代小说研究述评》，《贵州大学学报》1993年第3期。

空话，只能算作者表了个态，对理论没有什么实质性贡献"的所谓名牌理论，倒不如在"诗、词、笔记里，小说、戏曲里，乃至谣谚和训诂里"，寻觅"往往无意中三言两语，说出了益人神智的精湛见解"的句子，他认为这种"含蕴着很新鲜的艺术理论，值得我们重视和表彰"①的资料，而且是直接来自第一手的文本资料，对人类共同的诗心、文心的寻求更有裨益。我们检视钱锺书的《谈艺录》《管锥编》，就会发现书中少有长篇大论，更多的是札记形式的文言短文，这种短文所承载的都是作者博学多采、贯通古今、会通中西所得之为人类所普遍共有的诗心与文心。

与钱锺书一样，叶维廉也是诗歌与小说的美学会通的探索者。但两位学者在这方面的相异之处同样明显：在钱锺书那里，小说与诗的研究，均服务于人类共同的诗心与文心的寻找，小说与诗都是钱锺书诗学研究的原材料。钱锺书博古通今，从烟波浩渺的小说、诗歌、历史等文本资料中披沙沥金，只为达到对诗心、文心和人心的全面而深湛的认识。在叶维廉这里，小说与诗的研究，表现在他"用诗的艺术来讨论小说，迫使小说进入高度的艺术领域"②。叶维廉醉心中国古典诗歌，以其诗学、诗论为基础，涉足小说批评领域，强调与倡导现代小说的诗化特质，让我们看到了小说与诗在美学层面的会通③。在叶维廉看来，小说与诗都是语言的艺术，虽一主叙事，一主抒情，但语言的功用却是一致的："在艺术的领域，只应捕捉事物伸展的律动。不应硬加解说。任事

---

① 钱锺书：《七缀集》，北京：生活·读书·新知三联书店，2002年，第33页。
② 古添洪：《小说与诗的美学汇通——论介叶维廉〈中国现代小说的风貌〉》，载廖栋梁、周志煌编《人文风景的镌刻者——叶维廉作品评论集》，第383页。
③ 叶维廉援用诗学理论解读、批评现代小说的文章，集中在他的专著《中国现代小说的风貌》中，他在书中集中探讨了王文兴、白先勇、聂华苓、王敬曦、於梨华等台湾现代小说家的作品。

物从现象中依次涌出,让读者与之冲激,让读者参与,让读者各自去解说或不解说"①,"艺术的语言不同于科学的语言的地方是:艺术的语言只应雕塑行动的抛物线,不应加以评解和分析。"②换句话说,小说艺术中的语言,也应该像诗歌中的语言一样,应剔除解说式的叙述性文字,凝缩事物伸展演变律动中最富包孕性、最明澈的片断,留足读者可以涵咏、可以主动参与的"空白"。叶维廉认为,小说的语言只有做到这样,小说才能真正像诗歌一样,进入真正艺术的殿堂。

关于诗与电影的美学会通,叶维廉的研究具有独到之处,他主要是从诗歌的语言文字特性入手的。汉字"六书"造字法中的"象形"与"会意",近代以来引起了西方学者的关注与争议。在费诺罗萨、庞德将关注点聚焦在象形字与会意字,并引起了美国现代诗歌在语法表现上发生重大变化的同时,另外一位学者、电影导演爱森斯坦也在会意字的结构上获得了启发,发明了电影艺术中"蒙太奇"手法——"把意义单一、内容中立的画面(镜头)组合成意念性的脉络与系列"③。叶维廉同时发现了这两种有趣的现象,并用"意象并置"或者"叠象"的概念,对庞德等诗人对英文的"语法切断"以及爱森斯坦的"蒙太奇"手法进行了概括与会通,并借助这个美学的据点,反观中国古典诗与英美诗歌。

意象的并置,语法的切断,使得中国古典诗歌像电影一样,让滔滔欲言的"自我"敛声,避免以人为的法则规矩天机,转变视自己为万物主宰的观念,让自我融会在世界里,消除主客,物我共通,超脱西方时间观的限制,过滤掉作为时间征兆的前置词、连接词及时态变化,从

---

① 叶维廉:《现象·经验·表现》,《叶维廉文集》(第1卷),第326页。
② 《现象·经验·表现》,《叶维廉文集》(第1卷),第336页。
③ 叶维廉:《庞德与潇湘八景》,台北:台大出版中心,2008年,第52页。

而达到"提升意象的视觉性,保持物物间的空间对位和张力的玩味,依着物现物显的过程,以近似电影的水银灯的活动做'如在目前''玲珑透澈'的演出"①的效果。英美古典诗歌,则因为英语语言的说明性的主导程序将诗歌的意象按照自我的逻辑进行串联,而失去这种任景物直现读者目前的直接性。而英美现代诗歌,虽努力进行诗歌语言语法的变革与调整,试验进行语法的切断,追求意象的并置,但叶维廉还是发现,英美现代诗人们仍然无法真正做到"忘我""无我",也就无法进入"物我通明"的关系之中,无法"重认及拥抱真世界"。

通过上文的分析,我们可以看出虽然宗白华、钱锺书等人在研究中对诗与绘画、音乐、小说的美学透视中,并未显示出对道家思想的青睐与独钟,但是我们却可以看到叶维廉的美学倾向性,无论是叶维廉对中国诗与绘画中的"以物观物"观感程式的强调,还是他对诗与小说中"任事物从现象中依次涌出"的表达方式的推崇,都明显带有他自身对道家思想美学阐释的理论特征。所以我们可以说,叶维廉对诗歌与绘画、音乐、小说、电影等艺术形式的会通,其实都是在道家美学的视野下和理论基础上进行的。

二、叶维廉对道家思想的美学阐释

叶维廉对道家思想的关注与研究并非偶然,究其原因,大体可以概括为两点:其一,与叶维廉本人的诗歌创作与诗学研究有关。叶维廉的诗歌阅读与创作,使得他在遍读古今中外的诗歌经典之后,渐渐发觉了中外诗歌律法背后的不同的美学含义,这便开启了发掘中国古典诗歌

---

① 《庞德与潇湘八景》,第48页。

背后传统美学的用心。而深受叶维廉喜爱的王维、李白、苏轼等诗人诗歌作品背后的美学传统,无疑是道家的。还有,叶维廉在诗学文本中一再征引的包括司空图、严羽、王士禛等在内的诗论家,他们的诗学作品也无不是深受道家与禅宗影响而成的。其二,应该与美国诗坛和西方学界对道家思想的译介、推崇和应和有关。尽管叶维廉博士研究生阶段的研究对象是庞德,而庞德最为推崇的是儒家思想,但在当时大部分的美国诗人心中,禅宗和道家才是真正的中国精神,才是中国诗学的真髓所在。叶维廉在诗学文本中经常提到的几个美国现代诗人如威廉·卡洛斯·威廉斯(William Carlos Williams)、史乃德(Gary Snyder)、唐林荪(Charles Tomlinson),都受到了道家思想的影响。可以说,道家思想本来就是叶维廉作为诗人和诗学研究者的兴趣所在,再加上他所处身的美国诗坛与学界的文化语境,叶维廉对道家思想的深入研究与阐释也就顺理成章了。叶维廉对道家思想的研究与阐释独具特色,他采用海德格尔的现象学哲学与怀特海的过程哲学为借镜,援引他所能汲取的众多理论资源为助力,从哲学、美学的视角透视道家思想,最终生成了以道家美学这一概念所涵盖的丰富的思想内容。

叶维廉曾经在《无言独化:道家美学论要》《言无言:道家知识论》两篇文章中,对道家美学进行集中阐释,后来在北京大学的讲演中(后集结成书,由北京大学出版社出版,题为《道家美学与西方文化》),面对当下的文化语境,又进行过新的阐释与论述。关于道家思想,叶维廉说:

> 道家思想是触及根源性的一种前瞻精神,最能发挥英文字radical的双重意义,其一是激发根源问题的思索从而打开物物无碍

的境界,其二是提供激进前卫的颠覆性的语言策略。①

又说:

"道家美学"指的是从《老子》《庄子》激发出来的观物感物的独特方式和表达策略。②

据此,我们可以尝试概括叶维廉道家美学思想的要点如下:

1. 人类与宇宙万物之关系

环视世界,我们不难发现宇宙万象是一个彼此互联的整体、是一个时刻不停地演化生成的过程这样一个基本的事实。人类处身其中,与万物紧密相连,参与宇宙的演化生成,其实是宇宙万物万象的一分子,一部分,是整个宇宙之大网的一个小小节点。人类在有限的时空之中也许可以发挥主动性,参与宇宙的演化,并推进万物成毁的进程,但在宇宙恢宏的大互联、大流行之中,更多的是身不由己地被裹挟和与之俱化。西方人不甘心如此被宇宙之变迁"绑架",他们的学者愤而思考宇宙的永恒问题,寻求使人类摆脱现象界不停变迁并与之变迁的宿命的办法,柏拉图找到了理念世界,从此开始了看待世界时将现象与本质二分的思维方式,开启了人与宇宙相敌对、相抗衡的思想观念,并深刻影响着后世的西方人。中国人亦不甘心于被大化流行所裹挟而无所作为,我们的学者亦开始思考人生不朽之问题,与西方学者不同之处在于,道家领悟到"反者道之动"之理,"天地与我并生,而万物与我为一"之境,儒家则寻求"参赞天地之化育"之道,意为大化流行之际,我们参与流

---

① 叶维廉:《道家美学与西方文化》,北京:北京大学出版社,2002年,第95页。
② 《道家美学与西方文化》,第1页。

行，与之俱化，但同时因天地之化育流于自然，威胁人类之灾难难以避免，因而发挥主动性以寻求趋利避害，保全生命。儒道之观念杂糅互补，成就中国传统文化中处理人与宇宙之关系的准则。

叶维廉说，"我们一旦完全了悟到各物象共同参与这个整体不断生成的运作，便会对自此一融汇不分的浑然涌生出来的物象产生尊敬并设法保存其原貌本样。"① 一旦了解到，在宇宙不断生成演化的全景中，人只不过是万千存在物之一，我们也就没有理由只给人特权，将自己凌驾于万物之上，让人成为世界的主宰，将其视为宇宙物象秩序的赋予者。如此一来，人在宇宙面前也就不应该用人为概念和结构形式，用刻意的方法，去归纳和类分宇宙现象，用抽象的系统把人为的秩序强加给宇宙，因为这样必然会对宇宙万物产生某种限制、减缩甚至歪曲，其结果也必然是使人类对宇宙万物的认识与理解，离开万物之本真越来越远。叶维廉说，老子《道德经》开篇就告诫我们，"道可道，非常道。名可名，非常名"，庄子在《齐物论》里也提醒我们说，"是非之彰也，道之所以亏也"，这"可道之道"，"可名之名"，这"是非之分"，皆为概念的世界、语言的公式，且不说它"不足以包含宇宙现象生成的全部，亦无法参透肉眼看不见的物之精微"②，它实质上也无法牵制、影响宇宙现象自发自动的生成演变，而只会把宇宙天机的完整性在人类的视野中分解成破碎的片段，从而使人的精神陷入迷失与彷徨之中，更有甚者因为人类的所思所想所作所为背离常道太远，破坏了宇宙自然的生态，而被宇宙的自我调节、自我修复所惩罚所"复仇"。

那么，已经在语言、概念、系统之中迷失的人类，如何迷途知返呢？叶维廉指出，老子呼吁"复归于婴"，庄子颂扬"未知有物"的

---

① 叶维廉：《无言独化：道家美学论要》，《叶维廉文集》（第2卷），第125页。
② 叶维廉：《无言独化：道家美学论要》，《叶维廉文集》（第2卷），第127页。

"古之人",意为要人们重返概念、语言、意识发生前的无言世界,排除所有公式化、系统化的思维分类与结果,重新肯定存在于概念外、语言外的具体世界中的万物的自然自足和各依其性的演生调化。只有如此,人才能真正回归到宇宙中本属于他的位置,而这个世界也就可以质原貌朴、自由兴发地流向我们,此时,人与宇宙万物才能自然应和,人与世界的关系才能得以调和。

2. 人观感运思世界之程式

叶维廉曾经修正艾布拉姆斯的文学批评四要素说为五据点说,来讨论中西比较文学研究的问题,他在艾氏文学批评四要素的基础上,增加了语言(包括文化历史因素)这第五要素①。在叶维廉看来,作者对世界的观感运思,都是要通过文化、历史和语言之镜来进行的,他对世界之自然现象、人物事件的选择,他采取的观感视点,他采取的运思程式,都受到文化、历史和语言这第五要素的影响。道家思想对真实具体世界的肯定,对人与自然之和谐关系的追求,也就决定了受道家思想影响的作者在观物感物时与西方作者的不同。西方作者受柏拉图、亚里士多德主客二分、现象与本质二分思想的影响,他们将关注的焦点聚集在"滔滔欲言的自我"上,他们所寻求的是智心的探索与超越,以致他们观物、感物与运思的程式,是典型的"以我观物",以自我来解释宇宙万物,不断地将人为的概念观念加诸具体现象之上,并设法使物象与自己的意念相吻合,"削足适履"也在所不惜。而受道家思想影响的中国作者,则在观物感物时,寻求"绝圣去智""心斋坐忘",试图将自我融入浑然一体的宇宙现象中,任由万物在眼前自由地兴现、演化,并参

---

① 叶维廉:《比较文学丛书·总序》,《叶维廉文集》(第1卷),第9页。

与、推动万物的演化生成，应和万物素朴的兴现，绝不以主观的情绪或知性逻辑去干扰眼前景物的内在生命生长与变化的姿态，此乃"以物观物"的观感策略。

王国维在《人间词话》中说，"有有我之境，有无我之境……有我之境，以我观物，物皆着我之色彩，无我之境，以物观物，不知何者为我，何者为物"①。这以我观物与以物观物的观感策略，叶维廉在《中国古典诗和英美诗中山水美感意识的演变》中有很好的诠释。叶维廉以王维和华兹华斯的山水诗为例，将《鸟鸣涧》和《汀潭寺》做了对比研究。叶维廉说，在华兹华斯的诗中，诗人用四分之三的篇幅详细描述了自然山水之美如何给予他（诗人）甜蜜的感受和宁静的心境，他如何在景物中感到崇高的思想融合着雄浑，智心和景物是如何活泼泼地交往，他如何依归自然事物，观照自然事物，自然如何使他最纯洁的思想得以下淀等等，这充分表明了自然山水本身并没有成为华兹华斯心中、诗中的美学的主位对象，他这絮絮叨叨的言说，片刻未离自我智心，"自然或山水"在诗人心中、诗中也就仅仅充当了供他智心探索的主体主题，"是他用以认可其智心发展的场地"，"山水对他，作为美感观照的对象，顶多是，在他用认识论去寻求超越时，帮他流露他'想象'的伟力"②。而王维的《鸟鸣涧》则不然，短短四行二十个字，展现在我们面前的是自然景物自由兴发的活泼生机，景物事象直现眼前，新鲜而又生机盎然！王维的诗之所以能达到这样的境界，原因就在于道家思想影响之下的以物观物的观感程式，魏晋时期道家思想的中兴，肯定和澄清了庄子"道无所不在"，道是"自本自根"的观念，这个观念的产生，使

---

① 王国维：《人间词话》，《王国维文集》（第1卷），北京：中国文史出版社，1997年，第149页。
② 《中国古典诗和英美诗中山水美感意识的演变》，《叶维廉文集》（第1卷），第187页。

中国作者的运思和表达心态，完全不为形而上学的问题所困惑，所以能物物无碍、事事无碍地任物自由兴现，作者心如止水般全然接受万物的兴现，并"与之万化"，由此捕捉到宇宙天然自然的律动与万物的生机！

3. 人呈现表达经验之策略

受道家思想影响的作者，经"心斋""坐忘""丧我"之程序，"剔除刻意经营用心思索的自我"之后，采取以物观物的观感策略，方才得到了难得的自然之律动、万物之天机、山水之神趣，方才有了观感世界所得的经验、心象，那么，该如何将这心象通过语言文字将之呈现、表达出来呢？道家一开始就认识到了语言文字的限制，深知语言文字会给自然万象带来限制、减缩与歪曲，根本不相信语言文字能够将完整的心象和盘托出，但悖论之处在于，作者又不得不借助于语言文字的工具将心象呈现，沉默无言显然是不足取的，此种情形之下，又该采取什么样的表达策略呢？

叶维廉说，在道家"离合引生""空纳空成"的辩证方法里还有一个假定，那便是"当我们重获原性与道为一，其他一切的活动会自然自发，得心应手，如庖丁之解牛，如轮扁不徐不疾的斫轮"。①我们的传统美学中，有"自然"的观念，传统的诗论与画论也都以"自然"为最高的艺术标准，并以此要求诗人画家要像自然本身呈露运化成形的方式去呈露自然，但问题在于艺术毕竟带有人为的色彩，如何能成为纯然的"自然"呢？也许绘画、书法、武术能够臻于心手无碍的化境，但诗歌真的可以做到像走路那样自动自发不知其然吗？苏东坡虽然有过文章应

---

① 《无言独化：道家美学论要》，《叶维廉文集》（第2卷），第141页。

如行云流水，行于当行，止于当止等比喻，但那看来似乎是可望而不可及之境界，因为我们无法否认语言是人为的、文化的产物这一事实。既然是人为的、文化的，也就难以避免对自然天机的偏限与减缩，用语言去传情达意，难得"自然"之境确定无疑。

为化解此等悖论，叶维廉援引了《庄子·齐物论》中的一段话，说"道隐于小成，言隐于荣华。故有儒墨之是非，以是其所非而非其所是。欲是其所非而非其所是，则莫若以明。"① 这段话的意思是说，大道往往被小的成就所遮蔽，真理往往被浮华的辞藻所埋没，所以才有儒、墨两家的是非争辩，他们各自肯定对方所否定的，否定对方所肯定的，弄得甚嚣尘上莫衷一是。与其如此，不如"以空明的心境去观照事物本然的情形"②。叶维廉发挥说，"明也者，以物观物，不以身观物，消除主客而齐物，肯定物各自然、各当其所的自由兴发：不封、不隐、不荣华"③。由是，作者们在使用语言文字时，不应把自己的意念、思想、系统投射到万物中去，把万物当成是自身的反映，相反，作者们应该洗尽"铅华"、消除语言文字中的各类概念与结构，剔除诗作里演绎性、解说性的程序，回归语言的本真，增高事物并生并发的自由兴现，使得语言文字的使用，只为着"点兴逗发素朴自由原本的万物自宇宙现象涌现时的气韵气象"④，以达到语言文字"仿佛是一种指标，指向具体、无言独化的世界里万象细密的纺织"⑤的效果。亦即，消除语言本身的本体性，使它像一道闪电，霎时间照亮这个宇宙，或像捕鱼之筌，得鱼可忘，或像老子所说的"道"，强以为名，但随说随扫，是暂行的，是必须忘却

---

① 陈鼓应：《庄子今注今译》，北京：商务印书馆，2007年，第63页。
② 《庄子今注今译》，第67页。
③ 《无言独化：道家美学论要》，《叶维廉文集》（第2卷），第144页。
④ 《无言独化：道家美学论要》，《叶维廉文集》（第2卷），第144页。
⑤ 《无言独化：道家美学论要》，《叶维廉文集》（第2卷），第144页。

和解除的。唯有如此,那在自然面前"绝圣去智"所得之心象,才能借用语言文字表达呈现出来,而不至于被歪曲与偏限。

三、道家美学视野下的中西诗歌之会通

在叶维廉眼里,道家思想已经不是那个教人消极避世、引人曲意投机的老庄哲学了,叶维廉说,道家美学是一种触及根源的前瞻性、革命性力量,是一种能够对抗西方霸权和体制宰制的潜在力量。叶维廉的这种认识,当然与他当时所处的文化语境有关,当我们把老庄思想贴上消极的标签而扔进历史的垃圾堆时,美国文学界却兴起了一股学习道家思想的热潮,在他们看来,在后工业社会里,老庄所主张的"清静无为"携带着抗议,是一种难得的对现行体制的抗拒力量![①] 叶维廉身处港台之时,为了寻求对抗存在于当时的香港与台湾的"意识危机",从西方现代主义诗歌之中获得了重要启示,并找到了相应的美学策略。西方现代主义对抗文化工业对人性的压制与垄断的语言策略与美学策略,被港台的诗人包括叶维廉引入当时的文学诗歌创作之中,从而使得港台的现代主义诗歌勃然兴起。叶维廉发现西方现代主义诗人所使用的"文字的雕塑"美学策略、所期望的"原真的""未变形""未玷污"的理想诗歌,以及他们所致力于的对语言框限的拆解,都与中国传统诗歌与诗学有相合与接轨之处。由是,叶维廉的理思接上了早期的诗思——他早期因诗歌创作与中西诗歌翻译而来的对中国古典诗歌语言风格背后的美学策略的追寻,他发现了中国古典诗歌的语言策略中所蕴藏的抗拒语言偏限与强权宰制的潜在力量,发现了隐藏在这语言策略背后的道家思想

---

① 赵毅衡:《诗神远游——中国如何改变了美国现代诗》,上海:上海译文出版社,2003年,第49页。

的触及根源性的颠覆力量。同时，也发现了西方当代哲学家和现代主义诗人在批判柏拉图与亚里士多德以来的主客二元的哲学思维时，对中国道家哲学思想的借鉴，比如海德格尔和波德莱尔、马拉美等现代主义诗人。叶维廉在这里把握住了中西哲学与诗学交汇融通的历史节点，开始了对中国受道家美学思想影响的诗歌与诗学的推崇，推崇他们对世界万象的质样俱真的呈现，并以之为理论武器批评西方古典诗歌对世界的偏限与歪曲，同时，以其为理论指导透视西方现代主义的诗歌与诗学，批判现代诗歌与诗学时所存在的不彻底与不完备之处。

我们以《从比较的方法论中国诗的视境》为例，来参详叶维廉以道家美学来统摄其比较诗学研究的具体操作。叶维廉在文中比较了中西诗歌的语言特色与表现效果之后，总结归纳出了中国古典诗歌的特色：

  ✳超脱分析性、演绎性→事物直接、具体的演出。

  ✳超脱时间性→空间的玩味，绘画性、雕塑性。

  ✳语意不限指性或关系不决定性→多重暗示性。

  ✳连接媒介的减少→还物自由。

  ✳不作单线（因果式）的追寻→多线发展，全面网取。

  ✳作者融入事物（忘我）→不隔→读者参与创造。

  ✳以物观物→物象本样呈现→物象本身自足性→物物共存性→齐物性（即否认此物高于彼物）→是故保存了"多重角度"看事物。

  ✳连结媒介的减少→水银灯活动的视觉性加强。

  ✳蒙太奇（意象并发性）→叠象美→含蕴性在意象之"间"。①

---

① 叶维廉：《从比较的方法论中国诗的视境》，《叶维廉文集》（第1卷），第72页。

我们先拿这段话,跟叶维廉在《走过沉重的年代》中,他对西方现代主义诗歌的语言策略进行概括的一段话进行比较:

> 这(波德莱尔和马拉梅的诗艺理论)里面几乎每一点都是象征主义以还现代诗的指标:浓缩的瞬间、"逻辑的飞跃"(如罗列语法、语法切断);多线发展:并时性结构和空间并列;意义疑决性;"风格绝对论"、意象重于意念:具体重于抽象;反说明性演绎性文字和"梦的逻辑"等,但最重要的是诗要"一步一步严谨得像数学课题一样地经营意象、音质、气氛"的主张,要做到无一字虚设的凝练,就是所谓"文字的雕塑"(英文叫作 The Carving of Language,可以说是一种《文心雕龙》的美学情怀)。①

很显然,叶维廉在这两个地方几乎说着同样的话语,何以如此呢?看来,叶维廉对中国古典诗歌之特色的概括,明显受到他对西方现代主义诗歌特色认识的影响。或者说,他在研读了西方现代主义诗歌之后,发现了中国古典诗歌身上同样存在着这样的特征,由此他发现中西诗歌之间明显的会通之处。鉴于此,待他回过头来仔细研读中国古典诗歌之时,自然就把目光聚焦在了具有如此风格的古典诗歌上了,如王维、李白等人的诗歌。于是,他得出结论说,中国诗要呈露的是具体经验,是未受知性干扰的经验,是排除了语言中的理性化元素的具体经验。而这个表述,与西方现代主义诗人们所追求的未变形、未被玷污的纯诗诗观,是何其类似啊。所以,我们可以看出,叶维廉对中国传统诗歌艺术特色的概括,是戴着现代主义诗歌的眼镜进行的,明显有以偏概全的偏颇,虽然有难得的洞见。不过,叶维廉对中国古典诗歌艺术特色的概

---

① 叶维廉:《走过沉重的年代》,《台湾现当代作家研究资料汇编79·叶维廉》,须文蔚编,台北:台湾文学馆,2015年,第168页。

括，也非尽是在西方现代主义诗歌的启发下进行的，他对中国20世纪三四十年代诗歌的研读，他对前人（费诺罗萨、庞德关于汉字作为诗歌媒介的论述、刘若愚关于中国诗歌语言文字特点的论述）理论成果的汲取与接受，也促成了他对中国传统诗歌艺术特色的经典概括。

罗列出中国古典诗歌的风格特色之后，叶维廉开始追索这风格之后的美学根源。他说西方古典诗歌之所以不能达成中国古典诗歌这样的境界，就是因为"西方哲人不以存在、现象为主，以为人可以'驾驭'天，可以'知道'自然之全部，而往往取其片面以为是全体，以概念化的自然为自然，以解剖后的鸟为自然界的鸟。妄自尊大的缘故。"① 而中国古典诗歌之所以如此，是因为老庄道家美学的思想在影响着诗人们的运思与表达。叶维廉说，老庄道家美学主张，诗歌避免作者主观的介入，避免对读者有意说教，"诗歌的目的正是要使事物的气韵生动地呈现在我们的面前"②。在这种诗观的支配之下，中国古典诗人们，追求把自己忘却，让自己化入万象万物之中，从而捕捉到难得的天机，和自然合一，从而使物象能够本样地呈现在我们面前。到这里，叶维廉完成了对中国古典诗歌特色的概括，以及对之所以具备这种特色的美学根源的追溯。

而在另一篇文章《语言与表现——中国古典诗与英美现代诗美学的汇通》里，叶维廉在中国古典诗与以庞德、威廉斯、史乃德为代表的英美现代诗之间进行会通。他说，现代西方对于宇宙观的调整，引起了英美现代诗人在诗歌创作的语言策略、表达程式等方面的调整，这种调整使得他们的诗歌与中国古典诗歌在操作程序上，有了明显的会通之处，比如在超脱分析性、演绎性，以使事物直接、具体演出；时间空间

---

① 《从比较的方法论中国诗的视境》，《叶维廉文集》（第1卷），第73页。
② 《从比较的方法论中国诗的视境》，《叶维廉文集》（第1卷），第75页。

化、空间时间化,使视觉事象共存并发,以增强诗歌的空间张力,绘画性与雕塑性;保持语意不限指性或关系不确定性,增强诗歌的多重暗示性;克服以我观物的个人主观性介入,采用以物观物的观感程式等方面①。但是,叶维廉说,尽管如此,中西诗歌之间还是存在着难掩的歧异之处,"西方的语言惯于由'我'造'境',一旦决定把语言中的这些元素(分析性、指义性)剪除,便把语言'碎片化',使人得其陌生,如此艺术的心机便过于做作,与自然之义不合……新的诗行还待新的宇宙观去支持,必须要等到西方人完全剔除个人主义的包袱,他们(欲切去分析元素的)语言才可以成为自然语。"②叶维廉希望中西这两种语言两种诗学,能够在某一天,在西方,读者可以开怀接受部分东方的美学领域及生活风范,在中国,读者不再过度迷恋于物质主义自我中心的西方的思维方式和内涵的时候,实现真正的交融与会通。在这里,叶维廉以道家美学来统摄中西比较诗学的意图与努力,"昭然若揭"。

---

① 叶维廉:《语言与表现——中国古典诗与英美现代诗美学的汇通》,《叶维廉文集》(第1卷),第119页。
② 《语言与表现——中国古典诗与英美现代诗美学的汇通》,《叶维廉文集》(第1卷),第121页。

第四节　价值取向：以生态精神对抗文化宰制

2002年《叶维廉文集》出版时，叶维廉曾经应乐黛云之请，用两句话总结自己的学术追求："为了活泼泼的自然和活泼泼的整体生命，自动自发自足自然的生命，我写诗。为了活泼泼的整体生命得以从方方正正的框限解放出来，我研究和写论文。"[①]叶维廉这充满诗情画意的表述，透露出他浓郁的生态精神和生态追求。他的诗歌创作是因为与20世纪三四十年代的诗人、诗作有着浓得化不开的"血缘关系"，以及由此而来的对中国古典诗歌传统的接续，而天然地带有"天人合一""保合大和""静观空寂"的生态美学之审美理想[②]，他的诗学研究也因时空的变幻（赴台读书、赴美留学与教研）与历史的机缘（生态批评的兴起、道家思想在美国的"火热"），以及他作为诗人的美学理想与对中国传统文化的被边缘化、被压抑、被宰制的忧虑，而熔铸出了以批判人为干预天然、追求人与自然和谐相处；破解语言的框限与精神的囚笼，"走向断弃私我名制的大有大无"；颠覆权力的宰制与文化的霸权，追求"物我互参"式的主客对话与"交相引发"；抗拒文化工业的侵蚀与工具理性的割切，复归本样的自然与活泼泼的整体生命为要点的生态化诗学！

---

① 乐黛云：《为了活泼泼的整体生命——〈叶维廉文集〉序》，《广东社会科学》2003年第4期。
② 高旭东、于伟：《生态美学理论建构的创生——从曾繁仁〈生态美学基本问题研究〉谈起》，《中国文化研究》2016年第3期。

一、生态精神的生成

叶维廉的比较诗学研究,刚开始时虽无明确的生态美学的追求,但当他由中西诗歌而追踪中西美学,由中西美学思想的对话而发现了道家美学思想对当下文化困境的批评与解困作用,进而开掘出了道家哲学的生态学智慧之后,他诗学研究中的生态批评维度开始张扬,他提炼总结出了中国古典诗歌中"不限指、不定位"的句法背后"任自然自由兴发""任读者自由穿行"的诗人"以物观物"的观物感物策略与运思表达程式,以及中国诗学中不讲求逻辑分析论证的"点悟式"批评的背后"直透诗歌机心""境界重造"的批评家的不干涉、不说教、重"迹近"、重"逗发"的批评策略与表达方式。叶维廉对道家思想中生态资源的开掘,以及以此为理论资源展开的中西诗歌批评、中西诗学对话,给生态美学与生态批评提供了可贵的启示。

1.无言独化:任万物万象自由兴发

海德格尔关于"人是什么?"的问题与回答,启发叶维廉想到了庄子的《齐物论》中"天地与我并生,而万物与我为一"的观点,叶维廉阐释说,"人只不过是万千存在物之一,我们没有理由只给予人以特权"①,让人类成为万物的主宰,把人与自然强分主客,以人类为中心把自身的概念强加到自然万物的身上。"所谓'吹万不同而使其自己也',所谓'凫胫虽短,续之则忧,鹤胫虽长,断之则悲',物各具其性,各得其所,我们应任其自然自发。树向上长,河向下流,石刚水柔。大鹏抟扶摇而上九万里,小鸟只决起榆枋;大椿以八千岁为秋,朝菌却不知

---

① 《无言独化:道家美学论要》,《叶维廉文集》(第2卷),第131页。

晦朔，各依其性各展其能。我们怎可以此为主以彼为宾呢？我们只是万物中之一体，我们有什么权利去把它们分等级？我们怎能以'我'的观点强加在别的存在体上，以'我'的观点为正确的观点，甚至是惟一正确的观点呢？当我们如此做的时候，我们不是井底之蛙，视部分的天空为全部的天空吗？"①

既然"天地与我并生，而万物与我为一"，既然人类并未有主宰万物的特权与能力，既然我们历来所主张的人与自然之对立与征服如井底之蛙般可笑，我们在处理人与自然万物的关系时，又该采用怎样的态度呢？叶维廉征引庄子的话说："是亦彼也，彼亦是也。彼亦一是非，此亦一是非，果且有彼是乎哉……彼是莫得其偶，谓之道枢，枢始得其环中，以应无穷。"②人与物，人以为是者，物以为彼，物以为是者，人以为彼。通常看来，人与物各有是非彼此，但从庄子之道看来，"彼"和"是"不成对待，才是世界的实况与事物的本然，才是道的"枢纽"，亦即道的关键，所谓"体夫彼此俱空，是非两幻，凝神独见而无对于天下者，可谓会其玄极、得道枢要也"③。领悟了这"彼""是"不成对待的枢要，才能入于天下大化流行之环中，"以应无穷"。故而，人在万物面前，应该消除物我彼此是非之分，以达消弭因彼此是非之分而来的对立与纷争之效。叶维廉说，"所以化除名辨，同时从此从彼观物——所谓以物观物，始可得天钧。"④

明白了人在万物之中的位置，消弭了彼此是非之分与纷争，将自我融入万物万化的流行之中去之后，我们也就会发现，世间万物"物各自

---

① 《无言独化：道家美学论要》，《叶维廉文集》（第2卷），第131页。
② 《无言独化：道家美学论要》，《叶维廉文集》（第2卷），第132页。
③ 郭象注，成玄英疏：《庄子注疏》，北京：中华书局，2011年，第36页。
④ 《无言独化：道家美学论要》，《叶维廉文集》（第2卷），第132页。

然，不知所以然而然，则形虽弥异，其然弥同也"，"无既无矣，则不能生有；有之未生，又不能为生，然则生生者谁哉？块然自生耳……自己而然，则谓之天然，天然耳，非为也，故以天言之"。① 叶维廉说，"我们既然明白了万物自放中人所占位置是如此，我们自然不会放眼在滔滔欲言的自我，而会转向无言而能独化、活泼地自生自发的万物万象。"②

2. 言无言：消除概念的累赘

海德格尔说，语言是最珍贵的，但又是最危险的馈赠。说它珍贵，是因为借助它可以重现事物的原真，说它危险，因为语言是限制、圈定行为，它会歪曲、缩减和遮蔽事物的真相。叶维廉在探讨这个问题时援引了《庄子》中的寓言《知北游》和《濠梁之辩》(典出《秋水》)。《知北游》中说"知"北游于玄水之上，路遇无为谓，遂向他请教问题"何思何虑则知道？何处何服则安道？何从何道则得道？"③ 连问三次，无为谓均不知答。"知"返回白水之南，遇见狂屈，以同样的问题问他，狂屈正要回答但已忘所欲言。而后知返回帝宫，以同样的问题问黄帝，答曰："无思无虑始知道，无处无服始安道，无从无道始得道。"④ 接着，黄帝评论说，"彼无为谓真是，狂屈似之；我与汝终不近也。夫知者不言，言者不知，故圣人行不言之教。"⑤《濠梁之辩》说庄子与惠子游于濠梁之上，庄子说"鲦鱼出游从容，是鱼之乐也。"惠子辩道"子非鱼，安知鱼之乐？"庄子说"子非我，安知我不知鱼之乐？"惠子曰："我

---

① 《无言独化：道家美学论要》，《叶维廉文集》(第2卷)，第132页。
② 《无言独化：道家美学论要》，《叶维廉文集》(第2卷)，第133页。
③ 《庄子今注今译》，第645页。
④ 《庄子今注今译》，第645页。
⑤ 《庄子注疏》，第389–390页。

非子，固不知子矣；子固非鱼也，子之不知鱼之乐，全矣。"庄子曰："请循其本。子曰'汝安知鱼乐'云者，既已知吾知之而问我，我知之濠上也。"①

"知"汲汲于求知，反倒不能得到真知，而如无为谓者"不知答"，反而已得真知，是何道理？按照成玄英的疏解，"知，分别也。设此三问，非无为谓惜情不答，直是理无分别，故不知所以答"②。此言用叶维廉的话来说，是因为人类语言和概念多是"以主体的理念决定客体的形意"③的结果，并且因此而得来的语言又牢牢"支配着、主宰着甚至牢役着我们的见识与行业。"④即是所谓"知者不言，言者不知"。濠梁之辩，庄子以善达物体情而知鱼之乐，惠子却不以为然，他不能体物性，妄起质疑。在惠子看来，人物不能相通，难知物之性情，而庄子以为"鱼游于水，鸟栖于陆，各率其性，物皆逍遥"⑤，各得其乐，是以知之。世人多以为此处乃庄子诡辩，其实并非如此。叶维廉阐释说：庄子之意，"你不是我，但你能知道我不是鱼。所以我不是鱼，我当然也可以知道鱼之乐。如果你说我既然不是鱼，所以我不能知道鱼；那你不是我，又怎能知道我？如果你不是我而能知我，我不是鱼而能知鱼又有何不可？"⑥在叶维廉看来，"知"求知反而不得其知，并非永绝于知，像庄周这样达物之理体物之情，则可以不求而知，不说而明。

但人类究竟是语言的动物，不言不语是不可能的，即使通达如老庄、禅宗，还是未能消除语言、不立文字。面对这样的"体不可以言说

---

① 《庄子注疏》，第329-330页。
② 《庄子注疏》，第389页。
③ 叶维廉：《言无言：道家知识论》，《叶维廉文集》（第2卷），第151页。
④ 叶维廉：《言无言：道家知识论》，《叶维廉文集》（第2卷），第147页。
⑤ 郭象注，成玄英疏：《庄子注疏》，北京：中华书局，2011年版，第389页。
⑥ 《言无言：道家知识论》，《叶维廉文集》（第2卷），第147页。

显，而又不得不以言说显"①（熊十力语）悖论，"我们如何能找出不道而道的道，不言而言的言呢？"②

叶维廉想到了老子，老子开篇说"道可道，非常道，名可名，非常名"，"吾不知其名，（强）字之曰道，强为之名曰大"③。老子的意思是，可以言说的"道"，并非"常道"，但如要表达、透露这"道"，却也只能勉强借助于"道"与"大"这样的"名"。叶维廉说，"用'道'字用'大'字等的'名'是强行的，是暂行的，必须忘去，必须解除"④。在叶维廉看来，"道家从'无名''无言'中，利用'假名''假言'做到不执滞的近似'随说随扫'的辨思方式，是极其超妙的。"⑤

从庄子的濠梁之辩，叶维廉还总结出了"看而知""观天地而知"的策略。庄子说，"天地有大美而不言，四时有明法而不议，万物有成理而不说，圣人者，原天地之美而达万物之理，是故至人无为，大圣不作，观于天地之谓也。"⑥那么，观天地而知，是一种什么样的境界呢？叶维廉界定说，此观天地而知，需要破除我执，破除名义，需要消解距离，要着眼于现实的全面性。"'名'是执一而发全，'名'是从个体出发，定位，定向，定范围，'名'是'以我观物'……是从自我出发对川流不息无际无涯的'非我'，以概念、观念来将之分割，以因果律、直线时间观来把分割出来的事物择要串连，界定意义。"⑦而要遮破这定位，回到大制无割，去名破名的境界，则需要"藏天下于天下"，"以天

---

① 《言无言：道家知识论》，《叶维廉文集》（第2卷），第147页。
② 《言无言：道家知识论》，《叶维廉文集》（第2卷），第147页。
③ 陈鼓应注译：《老子今注今译》，北京：商务印书馆，2016年，第169页。
④ 《言无言：道家知识论》，《叶维廉文集》（第2卷），第160页。
⑤ 《言无言：道家知识论》，《叶维廉文集》（第2卷），第161页。
⑥ 郭象注，成玄英疏：《庄子注疏》，北京：中华书局，2011年，第392页。
⑦ 《言无言：道家知识论》，《叶维廉文集》（第2卷），第164页。

下观天下""以物观物"①。"藏天下于天下",语出《庄子·大宗师》,是说在大化流行面前,"不知与化为体,而思藏之使不化",岂不枉然?适当的做法是,"无所藏而都任之","体天地而合变化"②;"以天下观天下",语出《老子》五十四章,王弼注曰"以天下百姓心,观天下之道也。天下之道,逆顺吉凶,亦皆如人之道也。"③叶维廉引申说,就是"从无穷大的视镜去看"④。"以物观物",语出邵雍《伊川击壤集》,在《庄子》中已有展现,庄周梦蝶讲人的"蝶化",亦即"物化"的境界,在此境界之中,人在万物万象面前忘却自身,随物而化。用叶维廉的话来说,就是"自我融入浑一的宇宙现象里,化作眼前无尽演化生成的事物整体的推动里,去'想',就是去应和万物素朴的自由兴现。"⑤

叶维廉说,这种以物观物的策略,这种从无穷大的视镜去观物的策略,这种与万物一体俱化的境界,固然无法全然实现,但人可以在了解了物物之间、物我之间的这种理想的互为通明的境界之后,"常常提醒自己每一观、每一意都是暂行的,均有待其他角度、其他印认来做修饰"⑥,"不偏执于一个角度,不以名限物"⑦,"以不断换位的方式去消解视限、消解距离"⑧,"才可以做到'名'而不沾名义,做到'以物观物',做到主客自由换位,意识与世界互相交参、补衬、映照,同时出现,物物相应和、相印认。"⑨而语言之用,则才可以从对宇宙现象与物

---

① 《言无言:道家知识论》,《叶维廉文集》(第2卷),第165页。
② 郭象注,成玄英疏:《庄子注疏》,北京:中华书局,2011年,第135页。
③ 王弼注,楼宇烈校释:《老子道德经注校释》,北京:中华书局,2008年,第144页。
④ 《言无言:道家知识论》,《叶维廉文集》(第2卷),第165页。
⑤ 《无言独化:道家美学论要》,《叶维廉文集》(第2卷),第133页。
⑥ 《言无言:道家知识论》,《叶维廉文集》(第2卷),第167页。
⑦ 《言无言:道家知识论》,《叶维廉文集》(第2卷),第166页。
⑧ 《言无言:道家知识论》,《叶维廉文集》(第2卷),第166页。
⑨ 《言无言:道家知识论》,《叶维廉文集》(第2卷),第167页。

物关系的分解、串联与剖析中解脱出来，超越以说明性的指标引领控制读者的观感活动，代之以通过点兴、逗引万物自真世界形现演化的状态。

3. 名可名，非常名：破解权力构架

赵毅衡在《诗神远游》中探讨中国诗歌令美国现代诗人感兴趣的文化动力时说，"在后工业社会中，'清静无为'携带着抗议"[①]。叶维廉认为，道家的这种抗议精神，来自对"意义组构与权力架构"的消解。历来学者们阐释老庄，都仅只认为老庄怡情山水，消极避世，有时虽然认为道家思想有力量，也只看中了它在兵法上的意义"以退为进"，鲜有人将之看作一种抗议的力量。但是，道家思想西传欧美之后，后工业时代美国的诗人，效仿老庄的清静无为以自守，不与主流社会"同流合污"，反倒成就了他们对主流工业社会的批判。身处此种文化语境之中的叶维廉，反观道家思想时，探索的角度肯定与传统不同。另外，又因为受到海德格尔等人现代哲学精神、生态学思想的启发，终于激发出了叶维廉对道家思想是"触及根源性的一种前瞻精神"[②]的认知。叶维廉说，"道家思想……最能发挥英文字 radical 的双重意义，其一是激发根源问题的思索从而打开物物无碍的境界，其二是提供激进前卫的颠覆性的语言策略。"[③]

在叶维廉看来，海德格尔等现代西方大哲的思想，是在探源与解构西方抽象的概念化思维方式，以及中世纪以来压制、歪曲人的存在的

---

① 《诗神远游——中国如何改变了美国现代诗》，成都：四川文艺出版社，2013年，第48页。
② 《道家美学与西方文化》，第95页。
③ 《道家美学与西方文化》，第95页。

权力架构的过程中，生成与创发出来的，并且每每在这样的时刻，海德格尔等人的思想都与道家思想有着重要的会通，"说着同一的语言"①。在海德格尔哲学与道家思想的汇通之处，叶维廉继续追问，道家老庄何以在其生存的时代生发出如此具有"抗议精神""前瞻精神"的思想。在这里，叶维廉发现了周汉时期与西方世界中世纪时有着类同性的"意义组构与权力架构"的政治与社会实践。商周时期的"天命"思想，两周时期的"名分"观念与分封制度，汉朝时期的"人副天数""天人感应"假说，以及历来存在的语言暴虐，与西方中世纪君权神授、政制象天何其相似也，而这也正是道家思想得以生发的深厚土壤。

叶维廉说，对权力构架的破解有两种方案，一是在不动摇权威观念的前提下，通过对权威观念的再诠释来支持一种武力去推翻另一种既已得势的架构，另一种则是从根底对意义架构进行质疑，从语言自身做反省，充分暴露既定的"名义"之析解活动对事物整体性的伤害，从而使被"道""名"所压抑、放逐、隔绝的自然体回归本样本真。在叶维廉看来，虽然中国历史上其他学派如墨家，也曾非议儒家的归宗周制，"但所提出的代替物仍然是一种制度，一种必须排拒自然体另一些质素的制度"②，唯有道家"是从根排斥制度之为制度的一种不断激发人回归自然体全面记忆的活动，一种永远排拒圈定行为似现犹隐的力量，经常让我们因此而能不断地对体制化的行为破解"③。叶维廉说，"道家这种超脱名言的论述的抗衡力量，在中国历史上不断地扮演着'抗拒切割，还我自然'的角色。"④不仅如此，叶维廉还要援引道家精神入西方文化之

---

① 《语言与真实世界》，《叶维廉文集》（第1卷），第159页。
② 《语言与真实世界》，《叶维廉文集》（第1卷），第159页。
③ 叶维廉：《意义组构与权力构架》，《叶维廉文集》（第2卷），第210页。
④ 《意义组构与权力构架》，《叶维廉文集》（第2卷），第211页。

困局,期望借力道家为现代西方文化去抗拒文化工业对人性的宰制、减缩与异化,达至"去语障、解心囚"的效用,"收复整体的生命世界,持护'自然'自生自律自化的运作"。①

二、以生态精神透视中国现代主义诗歌

叶维廉借镜西方理论资源所激活的道家美学思想中所蕴含的生态精神,体现在他比较诗学研究中对中西诗歌析解与评论的方方面面,比如上文所分析的叶维廉对中国古典诗歌中"以物观物"的观物感物策略的推崇,对西方诗歌中因"以我观物"的策略而来的以人为的架构来取代宇宙的秩序的表达策略的批判,就是非常典型的在其中蕴藉着生态精神的例子。鉴于前文已对这点多有分析,笔者接下来从叶维廉对中西现代主义诗歌的分析入手,再对他以生态精神进行文学批评的做法进行推演,以见出他比较诗学研究的特色。叶维廉对中西现代主义诗歌的分析与评论,主要在以下三个方面彰显出鲜活的生态精神。

1.反对用西方现代主义诗歌的标准来看待中国现代主义诗歌

我们知道叶维廉反对援引西方的文论来解释中国的文学作品,因此他提出文化模子的学说,来突出强调中西文学之间的同中之异,来强调中西文学在互照互识之后的互补互拓,来凸显中国文学的特色以及因这特色而来的对世界文学发展的贡献,来丰富、拓展自身在世界文学发展中可能性与多样性,并艰难获得在世界文化对话与争战潜流下的共生。叶维廉反对用西方现代主义的指标,来衡量在中国出现的现代主义作

---

① 《道家美学与西方文化》,第156页。

品,在他看来,这种套用至少有两个方面的预设:第一,所有东方的现代主义都是西方现代主义的翻版。这种预设,使得中国的现代主义作品成为没有特色、缺少原创性的、模仿性的、人云亦云的东西,最终沦为西方现代主义的附庸而丧失其独立性与价值;第二,西方现代主义的指标是某种风格的最佳印证,只要中国的文学作品中有这些指标,研究者就可以给它们贴上现代主义作品的标签。而这种贴标签的做法,很明显是一种减缩与框限行为,它很容易遮蔽作品的丰富性与多样性。再者,西方现代主义也是个纷繁芜杂的流派,"西方现代主义的兴起,有许多不同的历史叙述的情节,每一种说法自然会认定不同的指标;两种不同的历史叙事可能会引起两种完全相对的指标"①,所以,退一步讲,即使可以选择西方现代主义的指标来衡量中国现代主义的作品,究竟选择哪一种指标也是很复杂的问题,如果研究者们都依着自己的爱憎选择不同的指标体系来批评中国现代主义的作品,那将会是怎样的众声喧哗呀,而如果大家商定好用同一种指标来看待现代主义的作品,则无疑又因为压制了其他的说法,又会导致对这种指标值有效性的质疑。

或者,再退一步,因为学界已经讨论中西现代主义诗学与诗歌多年,目前已然形成了一些有代表性的指标,"在内容方面有'异化''物化''片段化''非人化''唯我论的主观性'等等;在形式方面有'逻辑的飞跃'(如罗列句法、语法切断)、多线索发展、并时性结构和空间并列、意义疑决性、语言革命……"②,学界在用这些指标来讨论现代主义的作品时,往往把形式的指标与内容指标相联系,一般也能得出颇有

---

① 叶维廉:《从跨文化网络看现代主义》,《晶石般的火焰:两岸三地现代诗论(上册)》,台北:台大出版中心,2016年,第287页。
② 《从跨文化网络看现代主义》,《晶石般的火焰:两岸三地现代诗论(上册)》,第289页。

说服力的结论来。比如,学界根据这些指标来探讨现代主义文学的本质根源时,得出的结论就是:现代主义文学"可以看作是垄断资本主义中极端工业化和城市化所带来整体生命减缩变形的一种反映和反应"①。叶维廉循此思路进一步演绎解释说,由于现代主义的诗人处身在极端急剧工业化的社会里,面临着人性的"异化"和"语言"的失真这双重的危机,于是在社会发展变异的洪流中,抓住"写作"这一救命稻草,希冀通过写作,重新找回正在失去的自我,将被工业神权和商业至上主义砸碎的文化复活,并通过语言的自觉自主自赏,剔除文化工业以来加在它身上的工具性,而重获语言的真质。用这一套指标以及由此而来的说辞来解释西方文化语境中的现代主义作品自然是自洽的,但是,如果我们拿这些指标来讨论中国现代主义作品,我们就会遇到困难,中国现代主义出现的文化语境与此完全不同,在西方势不可当的工业化、城市化,在中国还未曾出现,诗人们此时对此亦毫无体验,我们如果盲目地说中国现代主义的起兴,像西方一样源自文化工业的威胁,显然是站不住脚的。糟糕的情况并不仅限于此,叶维廉发现,在中国古典诗和艺术里,其实也有"类似西方现代主义文学艺术中的指标",他曾在《中国古典诗和英美现代诗——语言与美学的汇通》一文中,列举出九种两者间所明显共有的风格特色,难道我们也可以据此共同的指标来解释中国古典诗歌源自工业社会的文化情境?

显然,直接援引从西方现代主义作品中归纳出来的指标来衡量中国现代主义的作品,是不可靠的。既然如此,我们又应该如何看待我们的现代主义呢?叶维廉在文章中所给出的答案正如他一贯主张的那样,"我们迫得要重新去追踪两个运动如何从两种相当不同的美学文化基础

---

① 《从跨文化网络看现代主义》,《晶石般的火焰:两岸三地现代诗论(上册)》,第290页。

的传释系统演化出来的理路"①，要对两者在各自的文化系统中做寻根探固式探寻，既看到两者之同，又认识到同中之异，做到同异全识，方可明白其中道理。

2. 用中国的现象解释中国文化的特征

在此，我们先要澄清一个事实，虽然我们不能用西方现代主义的指标来衡量和阐释中国现代主义的作品，但是，我们不能否认的事实是，中国现代主义的生成，却明显是受到了西方现代主义影响的。所以，我们虽然不能将中国现代主义的起兴，看作是文化工业勃兴的文化情境使然，但是学界将西方现代主义归根于工业化、城市化的文化情境所带来的人性的异化和语言的存真功能的丧失，却能启发我们对中国现代主义进行寻根探固式探寻时所应该依循的线索。叶维廉也正是在这样的线索指引下，开始自己的探寻的："东方现代的作家，在怎样的一种文化气候、政治社会状态下发现类似西方现代主义的观物态度和表现策略呢？或者，换个方式问：他们在西方现代主义中吸取了什么适合于表现他们特有的文化和心理情态呢？……是什么历史需要逼使得中国作家抗拒传统的典范而接受某种外来的意识形态呢？……"②这一连串的问题，将我们带回了20世纪初期那个风雨飘摇的现代中国，在叶维廉看来，我们必须以西方现代主义起兴的文化语境及其演变的历史过程为借镜，映照出中国现代主义发生发展的历史语境及其变迁。只有在这样的互照互识之中，我们才能看清中国现代主义的真面目，才能更好更清晰地将

---

① 《从跨文化网络看现代主义》，《晶石般的火焰：两岸三地现代诗论（上册）》，第291页。
② 《从跨文化网络看现代主义》，《晶石般的火焰：两岸三地现代诗论（上册）》，第288页。

其阐释明白。

叶维廉综合了三种有关西方现代主义兴起的论述，最终将原因确定在"意识危机"上，而这种意识危机的产生原因，既有19世纪末工业激进和知识专门化而带来的异化，也有18世纪以来凝融全欧洲世界观和意识状态的析解结构受到挑战和质疑而导致的凝融架构的破裂，以及破裂之后人性获得大解放但新的凝融架构却无法形成而带来的放逐感，等等。种种原因叠加所造成的西方文化中"意识危机"，引起了现代主义作家的反弹，他们在对垄断资本主义和文化工业的抗衡中，在对各种哲学思想与美学策略的寻求中，借助于文学写作以及写作中的语言策略，如借助打破语法、打破时序的策略寻求语言的"含蓄式准确"，同时呼吁回到自然语以反对19世纪陈词滥调的修辞等，终于创生出了西方的现代主义。

而当我们将此在西方语境之中分析得来的现代主义勃兴的原因落实到现代中国的场合时，我们发现中国现代主义的生根发芽，同样是源于弥漫在中华大地上的"意识危机"。只不过与西方相比，中国人的意识危机并非源自工业激进和知识的专门化，而是来自中国近代史上，西方列强借助于船坚炮利对中国的侵略，以及由此而来的西方文化对中国文化所造成的强烈的碰撞与冲击。"在列强毁灭性的侵略下，一种亡国在即的恐惧和无法形容的辱国，作家们，战战兢兢地、缺乏信心地、甚至带有耻辱地踏上历史的战场，仿佛神圣不可侵犯的光荣的中国如今已缩减为众人嘲弄的侏儒！仿佛所有精纯的文学艺术的作品只不过是野蛮的表达"①，被列强们用船坚炮利驱赶到希望之边缘绝境的知识分子"突然同时对传统的意识结构对西方的意识结构陷入一种'既爱犹恨，说

---

① 《从跨文化网络看现代主义》，《晶石般的火焰：两岸三地现代诗论（上册）》，第300页。

恨还爱'的情结"①。也正是这种久已埋藏在地下的情结，这种中国知识分子特有的意识危机，孕育了中国现代主义思想的根芽，而当20世纪三四十年代现代主义的欧风美雨浸淫华夏大地之时，中国现代主义的文学风潮应运而生也就容易理解了。在这个基础上，如果我们再探寻中西现代主义的文化诉求，也就能够自然而然地得出相对准确的结论了：西方现代主义抗衡"意识危机"，抗拒人在工业化的浪潮中所发生的"异化""物化""单面化"，是希望通过自己的努力，把人从减缩性歪曲性的文化工业的控制中解放出来，把语言从单面化、贫血症中解放出来；而中国现代主义的历史诉求，则肯定是要把中国人同时从割地让权的西方列强的控制和本土专制这两种暴行中解放出来。于是，叶维廉发现中西现代主义的具体诉求虽然有别，但是"求解放"的宗旨却是一致的。

显然，叶维廉借镜于对西方现代主义兴起的根由及其目的的分析，为中国现代主义的兴起及其发展找到了合理的解释路径。而叶维廉所援引中国古典诗歌的特色而对西方现代主义进行指标化的分析方法，也起到了补充性的作用。他提醒说，中西文学的比较研究，必须通过同异全识的对比分析，才能得出接近正确的结论，无视中西文学各自发展的历史传统，是无法真正认识中西文学同中有异、异中有同的本来样貌的。

3. 现代主义与中国古典诗歌

叶维廉在对中西现代文学进行探源式考察分析时，发现了一类有趣的现象："在这个时期，中国文人和西方文人几乎走着相反的方向，是一种有趣而耐人寻味的换位现象……当西方现代诗人对中国古典诗中

---

① 《从跨文化网络看现代主义》，《晶石般的火焰：两岸三地现代诗论（上册）》，第300页。

的美学策略大力推崇并采用的同时，中国的诗人却将之丢弃，并转而强调西方力图挣脱的语法、叙述性和演绎性。"① 叶维廉发现中西文学之间还有类似的换位现象，比如西方的艺术家放弃透视而走向透视的消解，中国艺术家却强调透视之重要，并批判传统中国画的多重透视和散点透视，再比如中西文人对于科学的态度，西方文人已经感受到科学所带来的巨大创伤，而开始对其进行强烈的批判，但中国文人却开始热烈地拥抱"赛先生"，对赛先生之于振兴中华寄予厚望等等。其实，这有趣的换位现象，虽然表面上表征着中西现代主义内涵的巨大差异，但是却又反映出两者之间本质的异中之同，而这个才是最值得关注的。

上文分析中西现代主义的起兴时，我们已经谈到现代主义的缘起是中西文化中各自存在的"意识危机"，中西文人为了抗拒这种危机给人们带来的巨大的放逐感、抗拒这种危机所造成的人性的异化，而产生了对传统的质疑与对新的可以安放身心的意义架构的追寻。正如在西方，文化工业与知识的专门化，亦即科学的发展，加重了本来就已产生的意识危机，这引起了西方知识分子对科学过度发展的批判，在中国，西方的船坚炮利将古老的文明逼向绝境，而这文明竟然无法焕发出自身的活力与之抗衡，知识分子们这才开始反省自己一向引以为傲的古老文明何以如此凋敝与衰落，这才看清了"本土专制制度的暴行"，"才看见科学所具有的解放和控制的力量"，于是才会出现中西现代主义间耐人寻味的换位现象。当科学在西方已然发展成为异化人性的宰制力量的时候，古老东方看到的是科学给西方和日本带来的文化的活力与制度的先进，是科学给西方和日本带来的国家的富强与经济的繁荣，于是，在他们未曾体验过科学所带来的问题与创伤的情况下，他们缺乏反省地热情欢迎

---

① 《从跨文化网络看现代主义》，《晶石般的火焰：两岸三地现代诗论（上册）》，第301页。

"赛先生"了，他们寄希望科学的发展给中国带来独立、带来解放。

五四时期，陈独秀在《〈新青年〉罪案之答辩书》中说，社会上的人非难《新青年》杂志，无非是因为它"破坏孔教，破坏礼法，破坏国粹，破坏贞节，破坏旧伦理（忠、孝、节），破坏旧艺术（中国戏），破坏旧宗教（鬼神），破坏旧文学，破坏旧政治（特权、人治）"，但"要拥护那德先生，便不得不反对孔教、礼法、贞节、旧伦理、旧政治；要拥护那赛先生，便不得不反对旧艺术、旧宗教；要拥护德先生又要拥护赛先生，便不得不反对国粹和旧文学。"①陈独秀在行文之中，将赛先生与旧文学置于对立的地位，是有代表性的，当时《新青年》同仁对旧文学之平和缺乏撄人之力、对旧文学之滥调陈词、无病呻吟而缺乏启人心智之新思想、对旧文学讲究用典、含蓄多义而缺乏明晰性之传播力深恶痛绝，所以鲁迅作《摩罗诗力说》，呼唤中国的摩罗诗人、精神界的战士起来，打碎一潭死水般的平和，以求得中国文学与文化的新生，所以胡适、陈独秀才会高举文学改良、文学革命的大旗，试图打倒推翻旧文学，以西方文学为样本建设新文学。

而也就是这些被中国现代知识分子高举大旗要打倒推翻的旧文学、旧诗歌，这些"被中国现代诗人视为陈旧保守传统性过强的中国古典诗歌，在本世纪（20世纪——笔者注）美国诗人眼中始终是批判主流文化的强有力武器"②。究其原因，赵毅衡总结有三："一是'文化地理学'问题，即以东方文化来与欧洲中心主义的西方文化抗衡；第二是流传畸变问题，即用英语自由诗翻译的中国诗（尤其是诗人而不是学者们译的中国诗），已相当程度上摆脱了'旧诗'形式上过于沉重的文化积

---

① 陈独秀：《〈新青年〉罪案之答辩书》，《独秀文存·论文（下）》，北京：首都经济贸易大学出版社，2018年，第11–12页。
② 《诗神远游——中国如何改变了美国现代诗》，第200页。

累。……第三个原因，即仿中国诗中的'点化'：美国诗人对中国诗取其一点，为我所用……在'点化'魔术下，一切都可能。"①在赵毅衡看来，美国的"中国诗热"是一种文化姿态，是美国诗人为对抗美国的主流文化与主流诗歌所引进的外来资源。从赵毅衡所分析的这三种情况，以及叶维廉所做出的西方现代主义诗人为抗拒文化工业与知识的专门化所造成的美国人的意识危机与异化危机的分析，我们也就可以发现，当时的美国诗人对中国古诗的接受与引进，几乎与中国诗人欲引进美国自由体新诗一样心情急迫了，而且他们都是热切希望着借异国资源的引入，推翻传统、陈旧、已然丧失活力的诗歌样式，从而冲破这种诗歌风格背后的文化支撑，求得民族文学与文化的新解放。

值得注意的是，叶维廉在对中西现代主义诗歌产生的历史文化语境进行了探源，并指出它们缘起的差异与会通之处之后，他还特意指出中西现代主义诗歌之间、中国古典诗歌与中西现代主义诗歌之间存在着可以相互拓展、相互补充之处，实际上也正如上文所分析的，中国古典诗歌其实是西方现代主义的灵感源泉，是美国现代诗运动胜利进军的先锋，其实它应该也必须是中国现代主义诗歌的深厚的文化文学资源库，它将或隐或显地持续灌溉着中国新诗人的心田，影响着中国新诗的发展。

---

① 《诗神远游——中国如何改变了美国现代诗》，第201页。

三、以生态精神对抗西方文化霸权

1. 由缺乏反省而导致的西方文化的中心化与中国文化的虚位

叶维廉在许多场合都曾经提醒过我们的知识分子，应该对西方文化的霸权、对西方式的现代化、全球化，对文化工业与知识专门化有清醒的认识和自觉的反省：

> 在五四之初，德先生和赛先生确曾开启过重要的文化的转机：怀疑精神、批判精神、开放精神，使青年们能对传统文化中宰割性的权力架构做出挑战，做出反思，包括把维护传统权力架构的解读的方式破解（如《古史辨》的努力），但同样的反思精神并没有应用到外来的意识形态上。事实上，对西方的知识、思想和意识形态的沉醉，往往压倒了对中国文化原质根性异化生变的思索。①
>
> 我们在位的精英分子仿佛对现代化、全球化有高度的内在化，视西方式的现代化为必然，视之为第三世界或开发中国家注定要走的路，在台湾，在大陆，在香港几乎都一厢情愿地追随，没有多大批判性的反思，近年更变本加厉，以致只知肥满安逸，不知文化的架空，以拥有西方式的运作和生活为荣，沉醉在"进步"的迷思而不醒，在"物欲工业技术"的激荡下，走向平均化和庸俗化，一反中国传统中"人法自然"的美德，大肆破坏自然的空间、生活的空间和想象的空间。②

上文所征引的两段文字，一个是叶维廉对中国现代史上五四运动的

---

① 叶维廉：《被迫承受的文化错位——中国现代文化、文学、诗生变的思索》，《晶石般的火焰——两岸三地现代诗论（上册）》，第167页。
② 《道家美学与西方文化》，第158页。

反思，一个是他对近年来以西方文化为模板所进行现代化与全球化的反思。可以说，整个20世纪，中国知识界的主流都是在以西方文化为样板，改造、重塑中国文化的内涵与模式，其间虽有起起伏伏的反其道而行的文化运动，比如学衡派等所谓文化保守主义者推崇中国文化、强调中国文化的本位，但都只是昙花一现，不敌于西方文化浩浩洪流。这当然是由中西文化的极度不对等造成的，但这里面自然也有中国知识分子在西方文化面前缺乏反思的因素。但无论如何，中国文化在西方文化面前对抗能力的弱化，以及中国知识分子不自觉地对西方文化的内化，给中国文化带来了沉重的打击："中国民族文化的原质根性被放逐……中国人已经失去了至今犹未挽回的民族自信心……外来文化的中心化和本源文化被分化、渗透、淡化以至于边缘化而产生'文化的失真'和'文化的改观'。"①叶维廉说，西方文化的中心化，导致了外国文化意识结构的内在化，比如谈音乐必谈贝多芬、莫扎特，谈电影必提美国电影、好莱坞，谈艺术和文学，则往往用西方的原则标准来解读中国的作品，社会科学研究讲求科学实证，中国现代学者（除文史哲的学者外）的知识结构中传统文化的养分淡薄等等，其结果就是本源文化的淡化或无形的贬低。叶维廉不禁发问："这是现代中国应有的取向吗？"②

如果说现代史上中国知识分子对西方文化缺少反省所带来的是中国文化虚位或曰被边缘化的文化危机的话，当代史上中国精英分子对西方现代化、全球化与工业文化缺少反省，所带来的最严重的后果就是自然与文化的生态危机了。由于我们"被动地、无抵抗地、无反思地默从西

---

① 《被迫承受的文化错位——中国现代文化、文学、诗生变的思索》，《晶石般的火焰——两岸三地现代诗论（上册）》，第167页。
② 《被迫承受的文化错位——中国现代文化、文学、诗生变的思索》，《晶石般的火焰——两岸三地现代诗论（上册）》，第168页。

方工业技术推动下打着现代化的旗号以经济意欲为纲、以语言框限权力为部署、以消费为主轴、以目的至上、工具理性至上所刻划出来的全球化文化"①,我们的自然生态遭到了严重的破坏。水污染、土地污染、大气污染,给迷恋现代化能带来所谓便利美好生活的人们以严重的警告,沙尘暴、雾霾、气候异常,给我们在现代化憧憬下对自然资源的过度开发与勒索以巨大的报复,人口激增、欲望膨胀所带来的过度捕捞、滥砍滥伐,大大压缩了自然界各种物种的生存空间,导致了大批物种的灭绝,自然世界的丰富性正在遭受着巨大的威胁与伤害。而这种种自然生态的危机,又给人们带来了巨大的文化危机,生产工业化所带来的大规模的人口流动与迁移,使得越来越多的人被"连根拔起",急速的城市化将人们带进新的发展空间与新的人际关系之中,彼此充满敌意并日渐疏离,市场经济的繁荣所带来的人的价值的被减缩为货物交换的价值,文化工业以"进步"为伪装所掩盖的重复性、均质性……使人类的精神滑向奔溃的边缘,人们头脑中充满了放逐感、浇漓感、焦虑感,人性被异化、物质化、商品化、减缩化,文化也丧失了灵性、崇高感与批判性,社会的、文化的变异,使得"我们每一个还有灵性的记忆的人,都像那失去了原乡的天鹅那样做最后的挣扎。"②

2. 上下求索,中国现代作家的郁结、彷徨与期待

自五四开始,很多中国知识分子凡事以西化为要务,他们极力要推倒旧文化、旧道德,热情而不加反省地拥抱西方文化,拥抱德先生、赛

---

① 《道家美学与西方文化》,第148页。
② "失去了原乡的天鹅",典出波德莱尔的著名诗歌《天鹅——给维克多·雨果》,原文节选"我看见了一只天鹅逃出樊笼/有蹼的足摩擦着干燥的街石/不平的地上拖着雪白的羽绒/把嘴伸向一条没有水的小溪/它在尘埃中焦躁地梳理翅膀/心中怀念着故乡那美丽的湖/'水啊,你何时流','雷啊,你何时响?'"(郭宏安译)。

先生，造成的直接后果就是中国文化的虚位以及中国文学的边缘化。这种虚位与边缘化，一下子将中国知识分子和现代作家抛掷到传统文化的荒原之上，将其放逐到一个崩离破裂的文化空间之中，"旧文化割弃了，但浸淫了几千年的光辉精纯的文化，真的可以挥慧剑斩情丝千万丈吗？向新的文化认同，但新的文化在哪里呢？什么面貌？什么真质？中国真的凝融力量在哪里？西方真的凝融力（如果有）在哪里？"①他们像屈原一样满怀狐疑、焦虑神伤，他们"面对着这种由文化的虚位所构成的放逐状态，面对着双重暴行对作为自然体的人的镇压，无可奈何地，走上自我搅痛的寻索的行程，想找回那个似乎永远无法再现的凝融的中心"②，他们"上下求索，去追求心中的最完整的'纯'和'美'，而迭次伤失愁困"③。叶维廉说，鲁迅就是其中最为典型的代表，他的散文诗《野草》无疑是将"这一个文化心境，这一个'郁结'……表达的最深入"的作品。

叶维廉有专门一篇文章来讨论鲁迅的文化心境、郁结与表达策略，那就是《两间余一卒，荷戟独彷徨——论鲁迅兼谈〈野草〉的语言艺术》。叶维廉取来用作文章题目的两句诗，选自鲁迅作于1933年的《题〈彷徨〉》，原诗四句，前两句为"寂寞新文苑，平安旧战场"。鲁迅通过这首诗非常形象地刻画出了他于新旧文化与文学之间徘徊、犹疑、彷徨、寻索的心境与状态，因为鲁迅的作品中经常出现门槛的意象，所以叶维廉将其这种犹疑彷徨的状态概括为"无进无出的门槛情

---

① 《被迫承受的文化错位——中国现代文化、文学、诗生变的思索》，《晶石般的火焰——两岸三地现代诗论（上册）》，第172页。
② 《从跨文化网络看现代主义》，《晶石般的火焰——两岸三地现代诗论（上册）》，第306页。
③ 《被迫承受的文化错位——中国现代文化、文学、诗生变的思索》，《晶石般的火焰——两岸三地现代诗论（上册）》，第172页。

状"①。叶维廉说,"鲁迅在他的杂文、书信、序、或后记里,对于他创作时期个人的与国家的民族的'郁结',对于他陷于社会承诺(即主张新文化运动中反封建反迷信反帝的科学精神)和个人冥思(在认同危机中彷徨求索的情境)之间焦躁不安的心理状态,有极大幅度的表白。"②一方面,鲁迅作为新文化运动的主将,像其他五四时期的知识分子一样,否定传统、否定旧文化与旧文学的价值,为新文化、新文学、新伦理、新道德,为民主与科学摇旗呐喊;另一方面,从为人开始就浸淫其中的旧文化、旧观念,仍沉潜在鲁迅的下意识之中,"仍然如鬼灵般左右其在表现或思考上的取舍"③。叶维廉先以鲁迅早期的美学论文《摩罗诗力说》开始谈起,叶维廉认为鲁迅在这篇文章中"'触及'有关科学与文学在文化深层操作下暗藏的冲突、对峙与张力,其实是中国现代文化生变以来愈演愈烈的危机"④,在五四前后举国都在追求"科学救国"之梦,要把中国从割地让权的外部侵略和本土专制统治之下解放出来的时候,鲁迅已然发觉日渐在中国得势的"科学"对于文学、诗歌的压力,于是他在文章中界定清楚诗之特质之后,开始为诗之用做辩护。在鲁迅看来,诗之特质,即为"诗之发声,乃受摩罗力之激发……诗人受摩罗力之激发,'引吭一呼,闻者兴起,争天拒俗',一面反抗权威,一面反抗僵化的社会成规"⑤,诗人之使命,亦即"性解","把受歪曲了的、

---

① 叶维廉:《两间余一卒,荷戟独彷徨——论野草兼谈〈野草〉的语言艺术》,《晶石般的火焰——两岸三地现代诗论(上册)》,第325页。
② 《两间余一卒,荷戟独彷徨——论野草兼谈〈野草〉的语言艺术》,《晶石般的火焰——两岸三地现代诗论(上册)》,第307页。
③ 《两间余一卒,荷戟独彷徨——论野草兼谈〈野草〉的语言艺术》,《晶石般的火焰——两岸三地现代诗论(上册)》,第316页。
④ 《两间余一卒,荷戟独彷徨——论野草兼谈〈野草〉的语言艺术》,《晶石般的火焰——两岸三地现代诗论(上册)》,第322页。
⑤ 《两间余一卒,荷戟独彷徨——论野草兼谈〈野草〉的语言艺术》,《晶石般的火焰——两岸三地现代诗论(上册)》,第316页。

僵固化的人的真性、民族的原性解放出来",而诗之用,则与科学不同,科学诚可以增加物质财富,振兴邦国,使人民生活富足,但也容易误导国家民族入功利之境,导致人性异化、人情淡薄、人民偏激、精神偏枯,此时文学之用就显露出来,"近世文明,无不以科学为术,合理为神,功利为鹄。大势如是,而文章之用益神。所以者何?以能涵养吾人之神思耳。涵养人之神思,即文章之职与用也"①。不仅如此,叶维廉还指出,鲁迅在"争天拒俗"的"社会介入"型诗观的背后,还有"入乎渊默"的美学观念,而这又与刘勰的"澡雪精神""神与物游"的传统艺术观一脉相传。

叶维廉在文中提到了鲁迅在儿童时期看社戏时喜欢的那个肩起"黑暗的闸门"的巨人,他说这个形象往往被看成是冲锋陷阵的战士形象,但他认为更重要的是我们应该了解"肩起"的实际过程和实际境况。在叶维廉看来,"'肩起闸门'就是不得以出、不得以进的困境,也就是他所说过的'中间物',而'黑暗的闸门'就是他无法摆脱的'古老的鬼魂'……就是不能完全摆脱精神上与旧垒的千丝万缕的关系",叶维廉说,这种进退维谷的境况,所折射出的当然还是中国人被迫陷入的"既爱犹恨,说恨还爱"的情结,以鲁迅为代表的这些知识分子,对传统爱的深沉浓烈,却又恨其无法反思、勃兴活力,对西方文化的入侵憎恨异常,却又不得不输入德先生、赛先生,以救中国出于水火之煎熬中,可是德先生与赛先生,真的可以帮忙振兴中国,解放中国吗?可是中国传统文化真的一无是处、活该抛弃吗?他们被传统文化所放逐,却还眷恋着原乡,他们积极向西方文化认同,可却也未曾找到认同的真质,他们唯有在中西文化的夹缝之中犹疑、彷徨、寻索、追望……

---

① 《摩罗诗力说》,《鲁迅全集》(第1卷),第74页。

3. 自觉反省，用道家美学对抗西方文化霸权

其实，犹疑、彷徨、寻索、追望的知识分子，又何止是鲁迅一代人一代作家，在叶维廉看来，从那时起到现在，我们一直都没能解决这在新旧文化之夹缝中求生存求解放的困境，其间一代又一代的知识分子、诗人作家，不断地在寻索着、追望着文化中国的凝融力之形成，一直在寻索着、追望着在中西文化弓张弦紧的争战对话中中国文化的复兴，但凝融与复兴之路该如何走，解放与生存之道在哪里，却还是仍在讨论、摸索之中，叶维廉所提供的用道家美学与生态精神对抗西方文化霸权之道，也许可以给我们些许启示。

叶维廉说，真正的独立，必须是经济与文化同时的独立。只有经济的独立，而文化还对西方亦步亦趋，则只好在中西文化的对话交流中，处于失语的状态，从而处于从属的地位，并无奈做出文化的弃权。而要想真正地实现文化的独立，这就"必须要期待中国的精英知识分子，对自己已经不假思索地内在化的外来思想进行反思；这个反思，必须同时认识到外来现代化后现代化以至其体系里根源性的问题和困境和我们自己的传统文化中某些根源性的解困能力"①。在这里，叶维廉提供出的我们文化摆脱从属地位和失语症的途径，就是反思我们长期以来接受的西方文化，找出他们的现代化后现代化乃至于他们文化系统中带有根源性的问题，思索如何解决这些问题，并在中国的文化体系中寻求具有可行性的解决方案，以为将来西方文化的发展提供可资借鉴的解困途径，并为自己文化将来的发展求得难得的内在动力与资源。循此思路，叶维廉为西方现代化与文化工业中出现的人性的异化、单面化、物质化、商品化，以及西方思维方式中主体对客体的操控、框限与霸权的病症所开出

---

① 《道家美学与西方文化》，第160页。

的药方,便是道家美学,便是道家的"去语障解心囚"。叶维廉说,西方思想中所潜藏的困境,其实就是"本质上无法做到道家不断去语障(尤其是服役于权力的语言操作)解心囚所依循的基准:收复整体的生命世界,保护'自然'自生自律自化的运作"[①]。叶维廉说,"去语障解心囚"原是道家针对封建制度的名制而提出的解框性策略,儒家名制所讲求的所谓父子、天道、王道以至于君臣、父子、夫妇等,其实是一种圈定权势的行为,是一种以语言来建构的神话,其目的则是为了巩固统治阶级的权势。而西方所谓现代化、全球化,究其本质,其实也是一种用语言建构出来的神话,"我们亦可以用'道可道非常道,名可名非常名'的方式将其神话爆破而回归合乎自然律动的一种朴素。"[②]叶维廉进一步指出,如果道家去语障解心囚所唤起的物我之间互参互补互认互显活泼泼整体生命的印证,能够在我们的教育里有创造性地提升,我们的文化生态自然可以摆脱失语症而变得活泼泼起来,自然可以摆脱西方文化的宰制和中国文化的从属地位,在中西文化的交流中,取得与对话方平等的地位,在从对方获得启发的同时,为对方解困提供可行的方案和途径。

　　叶维廉说,用道家美学之去语障解心囚的语言策略去消解西方现代化、全球化的语言神话,也还只是自觉反思西方文化宰制中国文化的第一步,中国现代知识分子的使命,其实是使中国文化的再生与复兴,这就需要我们深入思考使中国文化复兴的可行性途径。叶维廉说,"在文化再生的努力中,为了整体生命的完成,不应该接受宰制者现行系统的模式,也不应该没有反思地回归过去的传统,我们应该设法在二者的征战中找出超越内在化情绪的火花,寻求合乎自然律动的人性进而使患病

---

① 《道家美学与西方文化》,第149页。
② 《道家美学与西方文化》,第161页。

的自然复元"①。叶维廉这段话给我们很多启示,第一,我们所寻求的文化的再生与复兴,不应该再走过去的宰制与解放、再宰制与再解放的老路,而是应该直接以人类整体生命的完成为最终目的;第二,我们所寻求的文化的再生与复兴,不应该再走过去要么全盘拥抱西方,要么固守中国文化的老路,而是应该对两者同时进行寻根探固式的反省,并在两者争战的对话中找出合乎自然律动、能够实现完满人性的新路子来;第三,我们所寻求的文化再生与复兴,是与文化生态的活泼、自然生态的复元同构的,我们要追求的文化,应该是拥抱原真世界、原真人性的文化,应该是丰富立体、风格独特多样的文化,应该是深思前途、探索新知的文化,在这种文化生态的引导下,已然患病的自然生态才会有复元的希望。

总之,在叶维廉看来,在目前严峻的文化生态危机与自然生态危机面前,我们的知识分子、作家诗人,不应该做出文化的弃权,"他们应该抗拒西方工具理性对人性的切割,在创造上、在行动上、在理论上,他们应该用以异击常的方式,寻找出新的策略,向西方在执行的意识结构挑战,进而探求新的物我的认识。"②叶维廉指出了一个耐人寻味的现象:当海峡两岸的精英分子沉迷西方之际,西方前卫的诗人和艺术家却静静地移向了道家。

---

① 《道家美学与西方文化》,第160页。
② 《道家美学与西方文化》,第164页。

第四章 秘响旁通 ——叶维廉诗学的创生

第一节 文学本质论：「原天地之美而达万物之理」

第二节 文学传释论：传释的循环与意义的流转

第三节 文学批评论：「诗是一种生长」

第四节 叶维廉对中国诗学的批评与阐释

创生（Creativity）的概念来自美国哲学家怀特海（Alfred North Whitehead）的过程哲学。"创生性"与"多""一"，构成了怀特海哲学表达"终极性原理"的三个范畴，在宇宙万物的凝聚生成、日新不已的过程中，"创生"将"多"综合为"一"，将不同的"多"结合成崭新的"一"，并在这一过程中体现自己。叶维廉诗学体系的创生，一方面源自他对中国现代诗学精神的传承、反省与超越，同时也源自他在诗歌创作与诗学思考时，对西方诗学理论的研读与借鉴。由于他处身于美国的文化语境之中，且恰逢美国学界各种诗学思想风起云涌之时，他对这些理论资源的思索与摄取，启发他建构起了自身的诗学体系，并丰富了他的诗学思想。叶维廉在西方诠释学理论的影响下，产生的诗学研究的诠释学转向，在西方海德格尔现象学哲学与怀特海过程哲学影响下，产生的诗学研究的生态学灌注，都使得叶维廉的比较诗学研究与诗学体系的建构大放异彩。正如创生这个概念所揭示的，叶维廉将现代诗学精神、西方诗学资源，将道家美学、禅宗思想、形上诗学、新批评、阐释学、现象学、生态学的思想资源凝聚融合在一起，从而创生出崭新的"一"——叶维廉诗学。不仅如此，叶维廉还以其诗学体系参与中西诗学的对话，以其诗学体系批评中西诗歌与诗学，并因在此过程中不断生成、不断创生，而呈现出开放式、过程性、生态化的演化发展态势。

第一节　文学本质论："原天地之美而达万物之理"

近年来，文学理论界的反本质主义论者与本质主义论者围绕"什么是文学"的问题展开了热烈的讨论，本质主义论者认为，文学之为文学，是有其质的规定性的，而反本质主义者认为"研究文学的本质不能解决任何问题"，甚至提出文学的"本质是不存在的，存在的只是没有确定的质的什么东西"的观点。笔者倾向于认同经反本质主义批评，本质主义者反省后提出科学本质论，他们"坚信文学具有本质，既有历史地发展变化的本质，又有相对稳定的基质的一般本质。这种一般的本质表明文学之所以为文学的一般特性，亦即文学性。"[①] 我们在本章中所探讨的叶维廉诗学的文学本质论，也就是引文中所说的文学之为文学的"文学性"。

一、"言志"说的新解

关于文学的本质，叶维廉作为比较诗学研究者，在研究文章中所谈不多，但是作为诗人的叶维廉，早在1961年的一篇文章《诗的再认》中，却已曾有过认真的研讨。叶维廉是通过对中国诗学中"诗言志"这一古老命题的新阐释，来表达自己的文学本质观的。叶维廉说"诗言

---

① 边平恕：《科学的文学本质观与文艺领域的反本质主义思潮》，《河北学刊》2017年第1期。

志"是一句"影响至深、误解最大、对诗的破坏也最烈的话"①，它本身虽"不能说是一句错误的结论，但其所引起的意义之误认（无论是直接或间接）却是易见的。"②在叶维廉看来，人们对"诗言志"这个命题的误解，主要是因为他们对"志"字的理解有错觉。对于很多诗人、读者来说，"志的意义就是：意志、决意、目的、志向；于是'诗言志'在一种缺乏思考的联想下就成为：诗是载'道'的，必须有一个'教训'、'真理'为中心"③，但事实真是如此吗？"'志'的意义就如此狭窄吗？"于是，叶维廉开始从字源学的角度追寻"志"字的构成意义：

> "志"是由"士"及"心"两部分构成的，《说文解字》里解释为"心之所之"。而"心"字，《说文解字》作 ψ，一般人对于这个图的认识不是过于感情化、感伤化（如翻译时用 heart 字），就是过于理性化（如翻译时用 mind 字）；我们除了在"心意""心情"这类词语去解释"心"字之外，我们试从"佛心""无心""本心"诸词来看，"心"之原意应解释为："吾人意识感受活动之整体（全貌）。"则所谓"志"在此就应解释为："吾人对世界事物所引起的心感反应之全体"。④

由此，叶维廉得出结论，古人对"诗言志"下定义之时，其实并未强调"志"的理性化思维范畴，比如道德、说教、载道，也没有强调感伤化的所谓"美"，比如夕阳、晚霞、春花，古人用这个命题，所强调的其实是"一种均衡及全貌——对事物（意识感受下的事物）均衡忠

---

① 叶维廉：《诗的再认》，《叶维廉文集》（第3卷），第181页。
② 《诗的再认》，《叶维廉文集》（第3卷），第181页。
③ 《诗的再认》，《叶维廉文集》（第3卷），第181页。
④ 《诗的再认》，《叶维廉文集》（第3卷），第182页。

实的处理"①。而所谓载道、抒情之说，只不过后来学者们在"言志"原意上按照自己的意愿涂抹的层层粉饰，粉饰得多了，原意自然就被遮蔽、放逐了。

理解了叶维廉在1961年所赋予"诗言志"的新阐释，或者说还原本意的阐释之后，再来看叶维廉后来所做的中西比较诗学研究以及中国诗学研究，我们发现，支撑叶维廉诗学研究的、他对文学本质或文学"真性"的原初性理解与认知，并没有随他所接触的中西方诗学资源的增多、历史文化语境的变迁而改弦更张，反而因他对中西诗歌的比较研究、对道家美学的研究与阐释而继续深化了。这点可以从叶维廉时隔20年之后发表的系列文章中明显地看出来，比如他在《中国古典诗和英美诗中山水美感意识的演变》一文中，对王维与华兹华斯的山水诗进行比较研究时，所据以评价两人诗歌高下的标准："王维的诗，景物自然兴发与演出，作者不以主观的情绪或知性的逻辑介入去扰乱眼前景物内在生命的生长与变化的姿态；景物直现读者面前。但华氏的诗中，景物的具体性渐因作者介入的调停和辩解而丧失直接性。"②在这论述之中，我们发现叶维廉不仅延续着他的文学以"言志"，言"吾人对世界事物所引起的心感反应之全体"的本质观，而且有了新的发展，如抗拒主观的情绪与知性的逻辑对景物的干扰、任自然景物自然兴发与演出。

叶维廉不只在文章中重释过"言志"，他在1982年的一篇题为《语言与真实世界》的文章中，还谈起过"抒情"，他说：

> 诗论里不论中西，常以"风吹""鸟鸣"来比况诗，这也可以反面证明诗的一个理想，是要达致超乎语言的自由抒放。这个立场

---

① 《诗的再认》，《叶维廉文集》（第3卷），第182页。
② 《中国古典诗和英美诗中山水美感意识的演变》，《叶维廉文集》（第1卷），第174页。

> 常被抒情诗者所推许，所以道家的美感立场也可以称为"抒情的视境"，Lyric vision；我要加英文，是因为中文"抒情"的意思常常是狭义的指个人的情，但"抒情"一语的来源，包括了音乐性、超个人的情思及非情感的抒发。例如不加个人情思的事物自由的直现便是。①

在这里，叶维廉用"抒情"的术语，所表达的仍是诗歌那种超乎语言的任事物在诗中自由兴现的美学理想，而不同于中文里一般所谓自我感情的抒发与流溢。从上面所引的叶维廉的文章的片段，我们可以明显地看出，无论叶维廉使用的是"言志"的命题，还是使用"抒情"的术语，其不变的诗歌美学理想都是诗人将宇宙自然中自由兴现的景物的生长与姿态，透过诗歌文本活泼泼地直现在读者面前，而不加丝毫诗人个人主观情绪与知性逻辑的干扰。而这也就构成了叶维廉诗学的文学本质论，它不仅规定着叶维廉的诗歌创作与批评，也影响着他的中西比较诗学研究，并最终成了他诗学研究的深层次的思想与美学底蕴。

二、"原美"说的生成

因为"言志"说、"抒情"说的命题，在提出之后被后世的学者们赋予了太多的含义，也因为当下学界对它们还存在各种各样阐释与理解，为了突出叶维廉诗学体系中文学本质论的特色，比较准确地提炼叶维廉的诗学思想，笔者试着提出一个新的概念——"原美"，来涵容与概括叶维廉诗学关于文学本质的论述。原美的概念，源出《庄子·知北游》："天地有大美而不言，四时有明法而不议，万物有成理而不说。圣

---

① 《语言与真实世界——中西美感基础的生成》，《比较诗学》，2007 年，第 87 页。

人者，原天地之美而达万物之理，是故至人无为，大圣不作，观于天地之谓也。"①"原天地之美"的"原"字，一般做"推究"解，整个句子的意思是"圣人推究天地的大美而通达万物的道理"②。笔者借用这个概念，是试图用它来概括叶维廉在中西比较诗学及中国诗学研究中，对中国古典诗歌中所孜孜以求的"自然天然"美学理想的推崇，其含义至少应包括"推究天地之大美"，与"还原天地之自然天然之美"两层意思。

叶维廉喜欢援引禅宗《传灯录》中的一段公案，来表达自己的美学观点：

> 老僧三十年前参禅时，见山是山，见水是水。
> 及至后来亲见知识，有个入处，见山不是山，见水不是水。
> 而今得个休歇处，依然是见山只是山，见水只是水。③

叶维廉将其引入诗学之中，讨论人感应自然山水的三个阶段，他将第一个阶段，称作稚心、素朴之心，好比牙牙学语的孩童，天真未凿，以此无知之心去感应山水，自然没有文明的包袱、言语的拖累，他们可与自然万物直接交感，山水自然直呈眼前。但当孩童学习了语言，接受了文化的熏陶，素朴之心日渐遁去，智识之心悄然敞开，当他再与山水接触时，自然而然启用智识之心去认知万物山水，所见所感已非纯然的万物山水，而带有了很多概念判断和价值诉求。一般人都会停留在这个阶段，终日戴着有色眼镜和人为的偏见观物视人。在叶维廉看来，如果

---

① 《庄子今注今译》，第650页。
② 《庄子今注今译》，第652页。
③ 叶维廉：《语言与真实世界——中西美感基础的生成》，《比较诗学》，台北：东大图书公司，2007年，第114页。

要成为诗人,则还需要进入禅宗老僧所说的第三个阶段。而进入这个阶段,则需像老僧参禅一样,经历一番"修行"。如最终能做到老庄所说的绝圣弃智、心斋坐忘,忘却世间的功利、回归素朴之心,摒弃语言和心智的活动,使得自己眼中的天地万物、自然山水回归其原样本真,达到"见山只是山,见水只是水"的境界,那么诗人也就有望成为理想的诗人了。而叶维廉所说的这个心斋坐忘、绝圣弃智以摒弃语言和心智活动,以使天地万物以原样本真的面目涌现于诗人面前,而诗人任景物自然兴发与演出,不以主观的情绪或知性的逻辑介入去扰乱眼前景物内在生命的生长与变化的姿态,让景物直现读者面前的文学之观物、运思、传达的过程,在我看来即是"原美",亦即是叶维廉所要告诉我们的文学的本质。

以"原美"的术语来概括的叶维廉所论述的文学的本质,虽然从字句的表面上看起来,带有鲜明的传统诗学观的色彩,但是细究起来,叶维廉的文学本质观,却是中西诗学对话、会通的结晶。参与对话的中国诗学,是以道家美学、禅宗思想、苏轼、严羽、三王(王夫之、王士禛、王国维)为代表的所谓妙悟派或形而上派诗学观,而对话的另一方则是以胡塞尔、海德格尔、梅洛庞蒂为代表的西方现象学诗学理论。正如刘若愚在题为《中西文学理论综合初探》的文章中所说,中西诗学间这两个流派的诗学观点,有着很多的相似之处:

> 第一,认为文学是宇宙之道的表现,这种中国人的形上学观念与杜夫润认为艺术是存在之表现这种概念是可以并比的……第二,持形上学文学理论的一些中国批评家,主张物我合一和情景不分,正像有些现象学家主张主体与客体合一,知觉与知觉对象不分一样。第三,受道家影响的中国批评家与现象学家都提倡一种二度直

觉，那是在对现实中止判断之后达到的。最后，两者都承认语言的矛盾性——作为一种不充分而又必需的方式用以表现难以表现者，以及再发现主观性与客观性的区分并不存在的、概念之前与语言之前的意识状态。①

而叶维廉正是在这两者之间的相似之处入手，会通两种诗学观，融汇成叶维廉自己的文学本质观的。

叶维廉所说的诗之言志乃是传达"吾人对世界事物所引起的心感反应之全体"，以及对"任景物自由兴发与演出而不去人为干扰"的理想诗歌的追求，都是对文学乃是宇宙之道、乃是存在之表现的观念的化用，而叶维廉所主张诗人应该"心斋""坐忘""绝圣""弃智"以求能"以物观物"、并致"万物归怀"的感物运思方式，虽是道家美学术语的再现，但其中也蕴含了现象学家们所提倡的"现象学还原"的主张②。现象学家们所追求的将已有的科学成见放在括号里悬置起来不予讨论，完全透过直观来捕捉与描述意向对象，以"回到事情本身"哲学理想，所追求的中止对事物的智性判断，以直觉的方式追求主体与客体的统一，以实现对事物的二度直觉，都对叶维廉所论述的诗人对世界的观感、运思方式有很大启发。当然，这里有一个不容忽视的事实，那就是西方的现象学哲学，尤其是海德格尔的学说，是因为受到了道家思想的影响，这才有了现象学哲学与道家思想的相似之处。但是我们却不能据此简单地说叶维廉援引现象学的观点，来解读道家思想，以形成他的道家美学观和文学本质论的。叶维廉一贯反对用西方思想强制阐发中国

---

① 刘若愚：《中西文学理论综合初探》，郑树森编《现象学与文学批评》，台北：东大图书公司，1985年，第126页。
② 邓晓芒：《论中国传统文化的现象学还原》，《哲学研究》2016年第9期。

作品,他主张在两者之间做"同异全识"研究之后,进行"互照互省"的比较和"弓张弦紧"的对话。叶维廉经过对现象学与中国形上诗学对话之后,他对双方共同面对的问题进行了自己的探索与思考,而这主要体现他在对文学创作过程中诗人们所遭遇的语言之悖论的突围上。

三、"言无言"的策略

庄子说,天地有大美而不言,但作为"原天地之美而达万物之理"的诗人,却不能不言了,但语言在世界面前又是一种"指义""框限"的人为,内中含有无可避免的人类的知性、概念与逻辑,这也就注定了诗人在运用语言"原天地之美"时的捉襟见肘;在宇宙万象之前,人不过是活动其中一粒沙,它只是万象之一体,是有限的,它不应该被视为万物的主宰者,更不应该被视为宇宙秩序的赋予者,事实上,它也主宰不了宇宙的运行,也无法赋予宇宙万象以秩序。天地自然、大化流行,是超乎人的接触、超乎概念、超乎语言的。当人们试图用语言去感应、描摹自然时,往往掉入将活泼泼的自然、将多样性的经验,套入早已隐藏在语言之中的各种框限与牢笼的泥淖之中而不自知的陷阱。这样一来,非但原样俱真的自然,未能通过语言,直现在读者面前,而且给人类造成了自己可以分析自然、掌控自然、主宰自然的错觉而不能反省。

海德格尔说,语言是最珍贵的,也是最危险的馈赠。说它珍贵,是因为缺少了语言,人类之间无法对话交流,世界万物的存在在人类世界之中无法得到彰显,说它危险,则是因为它是人类的创造物,是人类中心主义的产物,几千年的历史发展更使其中充满了概念的交织与文化的偏见,它在人类之间的交流中使用时尚且存在意义传达与诠释的艰难,若再拿它与世界万物交流、沟通,用它去印认万物、表现万物,则更会问题重重，各种误会、偏见与局限，使得人们根本无法认清世界的原样本真。可是，人类的悖论之处，正在于此；老子说，"道可道，非常道；名可名，非常名"。可是他仍然要"道"、要"名"、要表达，仍然要通过语言来传道。我们的诗人，要原天地之美而达万物之理，也必须要用语言来创作。如此一来，一方面是语言难以再现自然的本样原真，一方面又不得不通过语言来原自然之美，那么诗人到底能否有所作为，用语言来实现景物直现眼前的美学理想？他又到底如何才可以用语言来原天地之美呢？

面对横亘在眼前的中西诗学家需共同对话来解决的问题，叶维廉也在探索。其实，人作为天地万象之一，也不是不能有所作为，但是人类的作为不能违背人类的天性，《中庸》说"唯天下至诚，为能尽其性；能尽其性，则能尽人之性；能尽人之性，则能尽物之性；能尽物之性，则可以赞天地之化育；可以赞天地之化育，则可以与天地参矣"[①]，亦即是人只有固守自己的素朴之心，才能发挥自己的本性，也才可以发挥物的本性，最后才有可能辅助天地化育万物，也才有可能最终实现人类自己存在的价值。叶维廉说，要想呈现无言独化的自然世界，首先要忘却君临自然滔滔欲言的自我，认清自己在自然流行中所处的位置，把自身从自然的主宰者的位置上拉下来，通过心斋坐忘的修养功夫，寻回并固守住自己的素朴稚心，本心回归，万物才能归怀。

叶维廉通过对中西诗歌的对比研究、参悟道家思想与禅宗美学，以及受此影响的诗学家的论著，终于发现了语言传达的奥秘。叶维廉说，诗人在涤除玄览、寻回本心之后，接着要做的就是对自己所依赖以呈现自然的语言进行清洗，他要超脱语言中的那些限指、限义、定位、定时

---

① 王国轩：《大学·中庸译注》，北京：中华书局，2006年，第106页。

的元素，从而使语言尽量接近真实的世界，就像中国的古典诗人们创作古典诗歌时所做的那样。这样，诗人们有了对物我关系的通明的了悟，消解了主客二分的思想观念，不把自我所发明、所决定的意义结构与系统强加到素朴的万物里，调整"以我观物"的观物、感物态度为"以物观物"，超脱掉语言的限指、限义元素，避免了语言的定时、定位，达到不强加是非、不浮辩、不华辩，重视语言的空白，追求弦外之音的拓展，力求做到庄子所说的"言无言"的境界，语言文字就自然不再是通常的语言文字，它仿佛化作一道闪电，刹那间将世间物象照得透亮，它仿佛变成了一种符号，指向了具体、无言独化的原真世界。

但是，诗人又怎样才能达到庄子所说的"言无言"的境界呢？《庄子·寓言》中说"卮言日出，和以天倪，因以曼衍，所以穷年。……言无言，终身言，未尝言；终身不言，未尝不言。"[①]所谓卮言，意思是无言之心。关于卮，一说是酒器，酒器里的酒满了，自然向外流溢，庄子借用它来形容其言论并不是偏漏的，乃是无心而自然的流露，一说是漏斗，漏斗之为物空而无底，注水便漏，庄子借用它来说明自己的话都是无成见之言，有似漏斗，乃是替大自然宣泄声音的。[②]叶维廉解释说，"言与无言，完全要看它有没有泥滞在名义，要不泥滞在名义，完全要看它有没有逗及无割的大制。"[③]他以中国古典诗歌举例，认为古典诗人利用了文言的灵活语法——"若即若离、若定向、定时、定义而犹未定向、定时、定义的高度的灵活语法"[④]，如人称代词省略造成主体的虚位，没有时态变化所提供的刻刻发生的现在性，连接词的省略所营造的

---

① 《庄子今注今译》，第836页。
② 《庄子今注今译》，第837页。
③ 《言无言：道家知识论》，《叶维廉文集》(第2卷)，第170页。
④ 《言无言：道家知识论》，《叶维廉文集》(第2卷)，第170页。

自由换位，词性的多元及模棱而带来的语字之间的多重暗示性等，使得诗歌中语言文字，"仿佛如实际生活中的事物一样，在未被预定关系和意义封闭的情况下"，"让其中的物象以近乎电影般强烈的视觉性在我们目前演出"。① 在叶维廉看来，此种中国古典诗歌的语言文字，即是未泥滞于名义的，但又能点兴、逗发万物自然的兴现、演化的语言文字。

叶维廉在 1963 年写给好友李英豪的一封信中说，"我认为诗是一种 growth，既有其独存性（本体，本质），亦有其外在性（如树之有枝有叶，诗亦不能弃绝意象思想……而成诗。）当然亦有其所谓 spontaneity（其 posture, stature, breath, scope……气势等）"。② 叶维廉是在谈及当时文学批评的三种不当倾向时说起这番话的，他认为诗（文学）是一种生长活动或过程，既有其本质属性，也有其外在关系，还有其自然发生性。这是他当时作为诗人对诗的敏锐感悟，这些感悟后来成了他诗歌创作与诗学研究的内在肌理，深刻影响着他对文学本质的认知与文学批评的展开。

---

① 《言无言：道家知识论》，《叶维廉文集》（第 2 卷），第 170 页。
② 叶维廉：《叶维廉致李英豪信》，《东华汉学》2014 年第 19 期。

第二节　文学传释论：传释的循环与意义的流转

叶维廉的文学传释论，带有将文学创作论、文学接受论融合为一的意味。本来，文学的创作、传播、阅读与接受，就是一个周流不息的过程，无论缺少了哪一个环节，文学的功能与价值，都不可能实现。通过将文学的构思与创作，整合为作者的传意，将文学的接受与解释，整合为读者对作品的释意，将读者与作者之间的借以沟通对话的媒介——作品，以及两者立身及对话得以进行的语言、历史、文化语境，整合为作者传意与读者释意两轴之间意义得以传播与衍生的过程，叶维廉形成了自己独具特色的文学传释论，其对学界的文学翻译与文学研究深有启发①。

一、关于文学作品传释的标准

文学作品传释的标准问题，用叶维廉的话来说，就是标准的、客观的诠释能否确立的问题。

叶维廉首先提出一个"够资格"的诠释者的概念，这个概念来自

---

① 叶维廉的文学翻译理论，就是在其文学传释学的基础上提出来的，读者可参阅《破"信达雅"——翻译后起的生命》；叶维廉的文学研究，也都是在传释学的视野下展开的，比如他对中国诗歌传意活动的阐释，对《文心雕龙》中"秘响旁通"的术语的新阐释等，可参阅《中国古典诗的一种传释活动》和《秘响旁通——文意的派生与交相引发》等文章。

批评家瑞恰慈在剑桥大学所做的一个著名的实验，及其在实验中提出的"够资格的读者"的概念。叶维廉说，尽管瑞恰慈在实验中扮演了"够资格的读者"的角色，但他却未必有资格做个"够资格的读者"。叶维廉认为，在这个实验中，瑞恰慈对作品的诠释之所以能够比他的学生更接近于作品的原意，是因为他有了历史的意识，他了解了诗人的生平与诗歌的创作语境，他掌握了诗歌语言的历史原貌与变迁。但如果瑞恰慈没有这样的历史意识，他还能真正成为"够资格的读者"吗？叶维廉在行文中，还提到过美国文学阐释学家赫施（E. D. Hirsch）的观点。赫施是主张文学阐释的标准与客观性的。在赫施看来，文学阐释的衡量标准正是作者的意图，如果文学作品的阐释未能把握作者的原意，重建作者的意图，那这种文学阐释是靠不住的。但读者能否完全做到对作者意图的把握与重建，能否使得自己的思境与作者的思境融为一体，将自己与作者之间的间距缩短至无？叶维廉像其他当代诠释学者一样，是持怀疑与批判的态度的。

相对于瑞恰慈为代表的诗论家对够资格的读者的寻找、赫施为代表的传统诠释学对作者意图的神圣化、权威化，当代西方诠释学的学者们提出"间距"的概念，他们一反传统诠释学试图跨越、克服时间的间距，以达到作者原意的希冀，而赋予了间距以连接历史与当代的"中介"的地位。由此，文本的意义就不能仅仅被当作作者所赋予的意义，由于间距的中介作用，现代人的体验已融入对文本的理解之中，因此文本的意义，实质上就是理解过程中所不断呈现的意义了。而且，由于间距的间距化作用，中断了话语与文本、作者与文本的联系，使得一切理解文本"原意"的企图化为泡影。

叶维廉从三个方面，对所谓重建作者意图以及标准、客观的诠释的努力进行了颠覆。第一，叶维廉借用盲人摸象的故事，寓言了作者传意与读者释意之间的差距。在大多数的诠释活动中,读者就好像是盲人,在没有看到全象之时,只是依其看到、摸到的大象部分来代指大象,来作为自己对作品意义的理解,殊不知这样的理解有着太大的偏差。叶维廉虽然告知人们如何能够在诠释中避免这种现象,但他又深深怀疑这种现象在诠释活动的可避免性。第二,叶维廉对作者与读者的关系进行了思考,这也是叶维廉对诠释学的贡献之处。西方诠释学的首要任务是"理解文本而非作者",所以他们往往会忽略对这方面的考量。叶维廉指出,每一个作家在写作时,都必须假设一群要接受他语字的读者。他说作者假设的读者群,会很明显地影响作者在表达心象时对语言策略(选字、修辞、诡奥度、传达方式与因袭形式等)的选择。而这种相同心象,因假设受众群体的不同而选择的不同策略,会直接影响读者对作者意图的思考与重建。第三,叶维廉指出,作者与读者之间、作品与读者之间,极易发生"年代错乱"的差距。他举出三个例子来说明这个问题:当代读者阅读古代作品时,极易因为忽略了文本中的历史脉络等而把当代的意念投射到作品中去;现代作家创新的表达方式,容易被沉醉在前代传达模式与习惯里的读者不了解、误读;现代作家本人沉沦在前代的语言和感受里,写出的作品无关现代生活的经验,也会被相当一部分现代读者所不解或误解。是故,读者与作者之间的时间间距愈远,读者对作品的诠释,愈难以把握作品的原意、重建作者的意图。叶维廉说,"我们的观、感、思、构、用字、解读都是受制于历史语言文化在我们意识中体制化的模子,这些语言、思维的模子不断地圈定意义的范围。"① 在这样的情况下,文学的诠释,又怎能建立标准的、客观的诠释呢?

---

① 《与作品对话——传释学的诸貌》,《叶维廉文集》(第2卷),第31页。

既然作者的原意无法重构，既然文本的诠释没有标准，那么我们又应该如何展开对事物的理解与解释呢？是不是我们可以对文本做任何我们想做的哪怕是过度的、强制性的阐释呢？

二、关于文学作品传释的方法

叶维廉还是借用盲人摸象的寓言，作为进入这个概念的突破口。叶维廉说，盲人摸象的故事提示给了我们在诠释活动中必须注意部分与整体的关系问题。盲人以象腿、象身等部分代全象整体，自然是因为他们没有见过全象、没有形成全象的概念所致。如果这些盲人事前有过对全象的印认，他们也就不会拿象腿、象身代替全象，而肯定会将所摸到的象腿、象身这些细节、部分纳入全象的整体之中，并加强对之前所得全象的印认。在叶维廉看来，读者进行的诠释活动，与上述盲人摸象所提示给我们的部分与整体之关系是相通的。叶维廉说，部分没有整体就不知所属，整体必须依赖部分逐步的认知才能完成。读者阅读、诠释作品，首先从字、句开始，只有对字句有所了解之后，才能把握作品的整体意义。但是在实际的诠释活动中，我们就会发现，有时就算是对单个语词甚至语句有了了解，仍无法理解作品的意义，而究其原因，则会领悟到我们是因为对作品缺乏整体的理解，而对单个的语词未能正确的理解，并将字句串成意义。这就使我们的诠释活动仿佛出现了矛盾，既然整体的理解依靠对单个语词的理解，为何又说有了整体的理解，单个语词的理解才能正确？这就是诠释学史上有名的公案：诠释的循环。

那么，该如何认识和看待这种看似矛盾的"诠释的循环"呢？让我们先来看看西方诠释学的看法。现代诠释学的所有经典作家几乎都对诠释的循环有过重要的论述，尽管他们的观点不尽相同，但他们都认为循环无疑是人类诠释活动的基本特征。他们批判了传统诠释学由部分到整体的单向的诠释活动,而以圆圈式的运动或者循环作为人类诠释活动的基本特征,在他们看来,诠释活动的开端并非部分,而是整体,而它的终点则是部分与整体的统一体之整体。在诠释活动中,部分与整体关系不是部分决定整体,而是部分与整体互相作用,部分的突破影响着对整体的诠释,而对整体理解的深化,也对重新审视并正确理解部分起到引领作用。不仅如此,西方一代代诠释学家还将"诠释的循环"之范围不断地扩大,从开始的语词(部分)与文本(整体)之间诠释的循环,扩大到文本(部分)与历史语境(整体)的诠释的循环,再扩大到历史语境(部分)与传统(整体)的循环,最终扩大到历史传统(部分)与当代(整体)的大循环①。西方诠释学家们认为,诠释者一开始就置身于一种前拥有、前把握、前见解的境域之中,我们无法摆脱这种前结构与前判断,而恰恰是这些前结构与前判断,使得我们的理解与诠释成为可能,我们正是通过这种已经拥有的前结构才进入诠释的循环的,我们时时刻刻处在诠释的循环之中。正是在这个意义上,我们才可以理解这诠释的循环不是所谓的恶性循环,才能明白诠释活动的开端是整体而非部分的准确含义。

对此问题,叶维廉解释说,"所谓必有全象部分始知所属的'整体观念'和我们进行诠释后达到的'整体印象'不一定是一个相同的东西。"②在叶维廉看来,我们在开始进行阅读活动时,首先还是从字句的阅读开始,但是此时我们心中并非没有一个对所读文本的整体观念,我们确实是在这个整体观念的指导下进行诠释活动的,只是这个整体观念,是以往自身经验或接受教育累计下来的整体观念,或者用西方诠释

---

① 《诠释学导论》,第97页。
② 《与作品对话——传释学的诸貌》,《叶维廉文集》(第2卷),第4页。

学的术语来说，这个整体观念是一种我们开始阅读作品时的前结构、前判断，还并不是我们在阅读完成之后所形成的整体观念。叶维廉说，当我们对眼前的作品进行释读时，会发现作品中意义和观念，有些可以配合我们的前理解或阅读前的整体观念，有些则无法配合。读者对此情况，有两种对策：第一，否认自己所读的作品，固守自己的前理解；第二，修正、拓展自己的前理解，形成新的理解与整体观念。第一种选择，对诠释者来说并无收获，而第二种选择则使读者形成了新的整体观念，而当读者带着这种新的整体观念，再读这篇作品的时候，就会对作品的字、句有新的理解与诠释，而当读者对字句有了新的理解与诠释之时，他已收获的整体观念又会有新的境界的提升，如此循环往复，形成了诠释的循环。

皮尔士有句名言，我们处于事物的中间。如果将这句话化入诠释学中，便有了"我们处于理解的循环之中"的说法了。随着诠释的循环的范围的逐渐扩大，我们对事物、对文本的理解也就逐渐地加深，这正如海德格尔所说，"决定性的事情不是摆脱循环，而是依照正确的方式进入循环"①，在这循环之中，我们对事物、对作品的传释才能获得积极的意义，也才能够使我们的传释，摆脱过度阐释与强制阐释的弊病，从而在这循环之中不断获得意义的新生与流变。

三、关于文学作品意义的生成

按照朱立元的分析，欧美学界文学诠释学的发展，目前至少经历了作者中心论、文本中心论、读者中心论三个阶段。作者中心论阶段，大

---

① 《诠释学导论》，第98页。

体是在19世纪末20世纪初,当时的批评家将文学诠释的焦点放在作者的生平、经历和传记的研究上,他们将作者创作的意图作为意义的来源;文本中心论阶段,大体是在20世纪上半期,受哲学界、文论界的语言学转向的影响,批评家将关注的焦点集中在了文学文本上,他们将作者排除在意义生成的大门之外,试图从文本本身的语言结构和形式中有所发现;读者中心论阶段,开始于20世纪60年代,当时"现象学、存在主义和现代诠释学的强势登场,催生了文学作品的意义来源于读者的新理论",再加上"结构主义、后结构主义文论也偏重于读者",由此,在美国形成了声势浩大的"读者中心论"的文学诠释学热潮。① "读者中心论"文学诠释家们,祖述海德格尔、伽达默尔们实存性的诠释学,将人的理解活动从认识论的范畴转化为存在论范畴,认为理解不是解释者对外在文本的理解与解释,不是对作者意义的追求与重构,他们看来读者对文本的阅读、理解与解释,并非对文本意义的寻找,而是对意义的添加,理解与解释的过程其实是一个再生产、再创造的过程,是一个读者视域(前理解、前结构)与作者视域(历史、他者)相融合、相交汇的过程,读者的先在视域规定着理解的方向、范围与重点,读者在这种前见和意义预期的引导下再创造出来的意义,才是文本意义的真正来源。

叶维廉对这种片面强调读者的意义创造作用的论点持批评态度,他将对"作者传意"的研究引入诠释学的范围之内,并用传释学的概念代替诠释学,以研究从"作者传意"到"读者释意"这整个"意义"初生、流转、增殖、叠变的全过程。在叶维廉看来,从作者观感外物获得心象,到作者迁就体制化的语言所传达出来的意象,从作品诞生之后在

---

① 朱立元:《略论文学作品的意义生成——一个诠释学视角的考察》,《中国社会科学》2017年第5期。

不同历史、文化时空中传播所发生的意义之派生,到读者带着自己的前结构、前见解对作品意义的再创造等,在这整个过程之中,"意义"都在不断地生成、衍变、参化、生长。因此,对传释学来说,"意义"的来源,绝不是单一的,它肯定既不是单由作者赋予的,也不完全是由读者诠释创造的,更不完全是由作者与读者双向互动,共同创造的,而是在世界、作者、作品、读者以及语言(包括文化历史因素)这五个文学要素之间的动态双向、循环不已的流程之中不断生成的。

诠释学所追寻的"意义"到底是什么?叶维廉在对传释学的意义观进行界定之前,他先征引了苏珊·桑塔格和沃夫冈·伊萨(Wolfgang Iser)的话来说明西方传统诠释学所界定的"意义",在他们看来,传统诠释学所追寻的意义,其实是作品背后的"代作品",或独立于文辞之外的"真理",他们都对此种对文学作品的诠释方式持否定的态度。在叶维廉看来,这种到文本背后"寻宝式"的诠释学追求,类似于中国传统儒家文论中的"言志""载道"观,在这种观点的影响下,多少批评家都有意、无意地要挖掘文本背后言之有"物"的意义,并将其作为诠释和评价的衡量标准。叶维廉说,其实中国古典诗学的发展并非单线的,在占统治地位儒家诗学之外,一直不乏对"言志""载道"观批评的声音,由道家、孟子、谢赫、陆机、司空图、苏轼、严羽等人提出的美学思想与诗学观点,都是对儒家诗学的反拨与排拒。在叶维廉看来,虽然儒家诗学占据统治地位,但中国古代诠释与阅读的主流,却是由道家和禅宗所开辟出来的。而在他们的诗学之中,"志"与"道",已非文本的意义唯一所在,他们所提出的"神""气""韵""情""味""趣""兴",都可以是一篇作品之所以感染激动读者的因由,都是文学作品的"意义"所应涵盖的东西,也是文学诠释学所应发掘的对象。

叶维廉说"文辞（作品），英文是 text，在近年解构主义和结构主义后起思想的影响下，被认为永远不是意义明确、自身具足、自现自明的封闭的单元，而是一个不断变化的活动，其间渗透着仿似海市蜃楼般带着无尽'印迹'的别的文辞（作品）的回响。"① 叶维廉借用中国古代文论中讨论"意"字的命题，对文学作品的意义进行了探索性的阐释，他说关于"意"字，中国批评界讨论了又讨论，但始终没有"定"论，他认为也不应该有定论，尤其不能把"意"直接解释为"义"，说"某字代表某义"，这显然"是逻辑思维的后遗症"。在叶维廉看来，"所谓'意'，实在是兼容了多重暗示性的纹绪；也许，我们可以参照'愁绪''思绪'的用法，引申为'意绪'，都是指可感而不可尽言的情况与状态。'意'是指作者用以发散多重思绪或情绪、读者得进以体验这些思绪或情绪的美感活动领域。"② 如此一来，笔者认为，叶维廉所说的"意义"，已然超脱了可以言传的信息、或可以被减缩的概念化的东西，而变成了一种多元混杂的意义场域和多音交响的美学空间，在这里作者的心象、文本的意象、读者的想象，各自带着自己的交织叠变的意绪、"音响"，混融、交织到意义生成的活动之中来，它们各自以自己的"声音"影响着意义的演化与增殖，它们各自以自己的"姿势"改变着意义的面容与内蕴，它们各自都有自己的所得与表达，但它们的混杂与交融促成了意义的悬而未定和不断生成。

四、传释学视野下的文学翻译

关于叶维廉的翻译理论，学界已多有探讨，笔者这里只取他的一篇

---

① 《与作品对话——传释学的诸貌》，《叶维廉文集》（第2卷），第14页。
② 《中国古典诗中的一种传释活动》，《叶维廉文集》（第2卷），第46页。

文章《破"信达雅"：翻译后起的生命》，来探讨一下叶维廉的文学传释学对其翻译理论的影响。从这篇文章，我们也可以看出叶维廉的诗学论是一以贯之的。

第一，叶维廉对"信达雅"的破解与批评，是在其诗学传释学的视野下展开的。就"信"而言，作者的原意是无法重建的，所谓标准、客观的诠释是不存在的，作品中没有可以界定与圈定的意向性，相反却充满了文本的互涉与意义的秘响旁通，再加上作品文本创作时文化历史的语境不可还原与复制，所以所谓翻译中的"信"，是很难做到的，只是一种理想状态或曰"迷思"。叶维廉说："一篇作品的'意义'不是一个封闭、圈定、可以'载'、可以'剥取'的物件，而是通过文辞这个美学空间开放交融、参化、衍变、生长而活动。"[①]就"达"而言，两种文化的心理与语言的图构的差距所造成的限制、作者运思成文时文本的互涉与秘响旁通很难把握且这些互涉与旁通在异质文化中很难继续有效、两种语言间语言表达习惯与策略的差距所带来的错位，都使译文做不到有效地传达。有学者研究指出叶维廉是照搬西方的观点来误解中国的翻译理论[②]，在笔者看来，这非但不是误解，当然也谈不上对严复的误解，而只是叶维廉对当下翻译界学术追求的一种发人深省的批评与提醒。

第二，叶维廉说，"一个作品不是一件任我们驾驭的东西，而是我们相遇的一种经验，一种历史的、语言的经验，是一个事件，不是任我们通过科学思维、逻辑思维将之擒住然后去剖析的对象，是一个语言事件，一个声音从另一个时代另一个国度在我们面前发声、演出，让我们

---

① 叶维廉：《破"信达雅"：翻译后起的生命》，《中外文学》1994年第23卷第4期。
② 罗选民：《解构"信、达、雅"：翻译理论后起的生命——评叶维廉〈破"信、达、雅"：翻译后起的生命〉》，《清华大学学报（哲学社会科学版）》2002年第S1期。

与之对话,是两重历史、两重文化的辩证过程……翻译是两个文化互通的港口,在通驿的过程中,必然牵涉到两个文化系统与语规的协商调整,必然牵涉到双重的意识状态,亦即是一面要认知甲文化数千年来民族的意识、默契、联想构成的传统力量下作者在一定的历史场域运作时的思维状态与境界,一面要认知和掌握乙文化数千年来民族的意识、默契、联想构成的传统力量下在一定的历史场域运作时所产生的语言表达的潜能与限制。翻译者必需要在这两个文化场域的相遇里作种种协调。"①以上是叶维廉从诗学传释学的角度界定读者与作品的相遇,读者对作品的阅读与欣赏的过程,以及从这个角度对翻译的描述与界定。翻译确实不能像医生拿解剖刀那样切割身体从作品中取出意义,交到异国的读者手中,译者必须在两者之间进行种种协调之后,赋予译本以在异质文化语境中得以存活的新生命。

第三,叶维廉说,"与其在'信达雅'上做文章,反不如把翻译的艺术的讨论和翻译的实践视为两种文化对话所必然产生的不安(这包括外来文化入侵所引起的本源文化的边缘化)和从而得出打开视野、扩展感受网、扩展表达潜能和逼我们反思自己文化中的优异与弱点的一种活动"②。在这里,叶维廉由对翻译的"信达雅"的问题探讨宕开一笔,他将文学的翻译视为一种文化对话,在他看来,这种文化对话,必然产生文化间的争战,强势文化的入侵必然会引起本源文化的边缘化,但这也给了本源文化打开视野、扩展感受网、拓展表达潜能和反思自身优劣的机遇。通过文学翻译,通过外国的语言,我们可以拓展和加深自己的语言,在"反观和重认传统诗中灵活的语法所开出的开放的美学空间"的同时,反思与打开自己语言的局限,尝试与锤炼自身语言的新的表达策

---

① 叶维廉:《破"信达雅":翻译后起的生命》,《中外文学》1994年第23卷第4期。
② 叶维廉:《破"信达雅":翻译后起的生命》,《中外文学》1994年第23卷第4期。

略与美学空间,实现"争战式的异花受精异种繁殖"①,让翻译文学给自身文学带来新生命。

  总结来说,叶维廉认为,翻译必须进行语言与表达策略的调整,再加上各种限制,所以"信达雅"的翻译标准很难实现,既然如此,叶维廉认为不应再在信达雅的问题上做文章了,而应该借用翻译及翻译文学,反观与重认自己的语言策略,拓展自己的视野与感受网,调整自己的表达策略,开拓出新的美学空间。换句话说,叶维廉对翻译的认识与理解,其实已经超脱了信达雅的翻译标准或原则,他所看重的是借由翻译的实践与翻译文学,反思与重认自己的语言策略与美学风范,并扎根于自身传统,拓展自己的语言表达策略与美学空间。

  通过文学传释学,叶维廉告诉我们,所谓标准的、客观的诠释是不存在的,但我们又不能对文学作品进行过度、强制阐释,我们应该正确地进入阐释的循环,并在这越来越大的循环中,不断改变角度、不断扩大自己的视界,以期实现对文本的愈加深入的理解与解释。与此同时,文学作品的意义之源,也不是单一的,不是仅仅从作者、文本、读者而来,意义的产生是在世界、作者、作品、读者以及语言(包括文化历史因素)这五个文学要素之间的动态双向、循环不已流程之中不断生成的。我们对意义的把握也就不能仅仅聚焦于这些要素,而是要在这个循环不已的流程之中,持续捕捉意义的创生与流变。另外,叶维廉还通过传释学告诉我们语言文字对自然世界容易产生遮蔽与框限,他希望诗人能打破语言文字中语法的限制和定时定位的思维定式,仅用通明透亮的文字去点逗与照亮原真本样的世界,在文学传释活动中,他也不希望读者对文本,并透过文本对作者的美感经验,做纯理性的、分析性的、减

---

① 叶维廉:《破"信达雅":翻译后起的生命》,《中外文学》1994年第23卷第4期。

缩性的圈定,他期望读者的也是尽量消除前见、质疑思想的模子与语言的偏限,真诚向作者(历史)开放,互相聆听,平等对话,从而在与作者的对话与交流中,获得真正属于自己的美感体验。

第三节　文学批评论："诗是一种生长"

叶维廉在研究文章中，曾多次提到过称职批评家或完美批评家的概念。1963年，他在一本书的序言中写道，"一个'称职'的批评家，如果要对作者的匠心有公正的印证，对艺术品有适当的确立，对读者有激发的启悟，我以为……在确立艺术品的存在性时，绝不能在对二分的概念下处理，不扫除诗的外在因素，但在引用时，必要'各得其所，各安其位'。诗是一种生长，固有其独存性（本体），亦有其外在性（如树之有枝有叶）其气势，幅度，格调……及至自然，往往在其组织上见之。"[①]叶维廉是在批评了当时文学批评界通常采取的，或从作者的用心出发来鉴定作品的标准，或从文本的角度来考虑作品的艺术价值，或从读者的反应来判断作品的成败等三种倾向后，说出这一番话的。当时的叶维廉，身在台湾读书，精研英美新批评与中国古典诗学，故其理想中的批评家应该是融汇中西诗学，取长补短而来。后经近半个世纪的文学批评与比较文学研究，我们发现虽然他的理论体系对文学作品艺术性的强调始终如一，但在中西文化交融碰撞的语境之中却有了新的生长与丰富，从而使其批评论更加枝叶繁茂。

---

① 叶维廉：《批评的职守》（李英豪先生《批评的视觉》代序），《东华汉学》2014年第19期。

一、对话性阐释原则

　　面对中外学界在研究中国文学时普遍存在的援引西方文论来生硬地阐发中国的文学作品，将中国的文学作品削足适履地套入西方文化语境下产生的文学标准与原则的倾向，叶维廉提出了文化模子学说。叶维廉说，生硬、不加调整地将西方诗学套在中国文学作品上，对中国文学作品的丰富性与自足性是一种伤害与歪曲。西方诗学生成于西方的文化语境之中，有着其自身发生、衍变的秩序与生态，而中国文学作品产生于与之完全不同的文化语境之中，有着自身独具特色的文类、体制、主题、母题，强制用西方诗学去阐释中国文学，只能去片面寻求中西文学之间肤浅、表面的"同"，而置它们之间深刻存在着的"异"于不顾，只能为满足自身寻求中西文学间普遍的文学规律的文学假定的诉求，而将中国文学的独具之特色遮蔽掉和边缘化。即使是与西方文学密切接触，并受到西方文学巨大影响的中国现代文学，也不能直接援引西方的理论标准来衡量，因为中国现代文学其实是中西文化与文学间对抗、交融之后的复杂共生，里面充满了中国作家面对西方文学时的痛苦、无奈的"迎拒"。这种"背离文本话语，消解文学指征，以前在立场和模式，对文本和文学作符合论者主观意图和结论"①的强制阐释，不但伤害了中国文学的自身特色与生态，也因损害了世界文学的多样性而导致文学发展的同质化和呆板化。

　　因此，叶维廉提出，我们不能把中国文学"框入、套入欧美这一个得势的、特别受礼遇的文化传释习惯和文学机制里去审视，我们需要激发一种新的意识"②。而这新的意识，就是扬弃援引西方诗学阐发中国

---

① 张江:《强制阐释论》,《文学评论》2014 年第 6 期。
② 叶维廉:《比较文学与台湾文学》,《台湾文学研究集刊》2006 年第 1 期。

文学的研究方法，跳出单一文化模子的圈限，对中西文学与诗学得以创生并成长的两个文化模子进行寻根探固式的探究，让它们进行互照、互识，在中西文学之间展开以互相发展、互相调整、互相兼容为目的的文化交流与双边对话，从而把我们对文学、文化的认识、探索与实践推向更大的圆周和更广阔的领域。那么，应该如何理解叶维廉提出的对话理论，中西文学之间的对话又应该如何展开呢？

  在这里，叶维廉从伽达默尔诠释学理论中的关于"我－你"关系的三种类型说受到启发，对对话做了三种情况的界定。第一种为将对话者作为某领域的客体，找出其行为的典型性，然后按照某种滥见的类别，去给对方分类、贴标签，从而把对方减缩为几个概念。第二种将对方看成一个人，但强调主客的对立与差异，将客体作为可以任由主体意志进行处理的物件，客体可以由主体完全掌握。第三种则是一种主体之间的关系，是一种真正的人的关系。在这种关系中，"我"和"你"是彼此相互开放、相互聆听的。一方面，"我"不能忽视"你"的要求，要认真听取"你"对我们所说的东西；另一方面，"我"也不是无条件地做"你"所想的东西，不是去充当文本或作者的"奴隶"，而是要借助于自己的"说"，达成一种文本的新的意义①。

  叶维廉说，世界不是只有一个中心，而是有许多中心，不是一种利益性向，而是许多不同的利益性向所构成，我们不应像第一、二种对话方式一样，只用一种大符码法规或霸权论述下的利益性向做中心来审视其他文化。我们必须从多种文化不同的符码法规和多方性向出发交流／交易，像经济交易一样，不应用一种模式征服或边缘化另一种模式，而应当像第三种对话类型一样，在中西文化文学之间，"打开一个完全开

---

① 彭启福：《对话中的"他者"——伽达默尔"诠释学对话"的理论批判》，《哲学动态》2007年第3期。

放的论述空间,通过交相反思的对话,通过双重/多重的感知投向——也就是从两三种文化立场界域并排时提出来的两组或三组美感文化的反应之间必有的空隙或断裂,开出交相感知的可能,让我们有机会用一种文化系统的符码法规的活动标出(而不是改变或隐蔽)另一个文化系统不同的符码法规,这样我们才能够更充分了解美学与权力论述以及层级的构成与拆解。在这个空隙里,不同的批评与美学的立场就可以坦诚相见,互相认识到可能的汇通与分歧的潜在领域,同时了解到各自作为孤立系统的理论潜能及限制,以及作为文化系统合作后互相扩展的潜能与限制。"① 另外,叶维廉强调,要想在中西文化文学之间展开真正的对话,就必须保持两种文化之间由差异而产生的张力。伽达默尔所主张的诠释者与传统之间的通过对话所达至的"视域的融合",虽可以使我们获得了一个不同于前理解、前结构、前视界的新的视界,获得了一个包含着历史视界的新视界、新意境,但这不应该被理解为两种文化之间差异的消失,或者被理解为最后消除文化之间的差异而产生一种新的、带有普遍性的文化或境界,而应该理解为"是保存其间的张力,是根本歧异的并存,是通过根本歧异形成的一种关系。"②

　　叶维廉所提出的对话性阐释的原则,虽然是在比较文学研究视域下生成的,但是却也同样适用于文学批评领域。批评家在进行文学批评时,同样应该警惕生搬硬套一套诗学理论原则,去肢解形式活泼生动、意蕴厚重丰富的文学作品,同样也应该运用叶维廉所提出的第三种对话方式,与文本展开主体间性的对话,在寻求达成视域的融合,生成新的意义的基础上,继续保持与文本的张力关系,并使这种张力所构成的领域成为一个开放的系统,从而实现批评家在不同历史和时间与作品相遇

---

① 叶维廉:《比较文学与台湾文学》,《台湾文学研究集刊》2006年第1期。
② 叶维廉:《比较文学与台湾文学》,《台湾文学研究集刊》2006年第1期。

与交谈的情况下,"意义"的不断生长、不断变化。

二、历史整体性原则

20世纪80年代中期,叶维廉连续发表了《语言的策略与历史的关联——五四到现代文学前夕》《批评理论架构的再思》《历史整体性与中国现代文学研究之省思》等几篇文章,来讨论文学批评的历史整体性原则问题。我们先来看他在《语言的策略与历史的关联》中的一段文字:

> 文学解说者,常常有一个倾向,对一篇作品的意义,它的美感活动,要寻出一个所谓客观的、经过理性思维把枝叶削得干干净净的所谓标准的看法,求取所谓共通性,而且只一种共通性,名之谓超越时空的共通性,来解决一切的文学作品,而没有把它放入更大的文化、美学、历史衍化的景变中,来确立它特殊的位置、关系与面貌。有些人,甚至采取后一个时代特殊环境所产生的文学需要来批判前一个时代不同历史现实所产生的作品,而没有了解到,每一个时代的作品和产生该作品的历史是相因互变的。事实上,大家都知道,每一次创作的行为,每一次阅读的经验,都是逃不出历史的观照的,不但作者、读者的观物感物的形态各受其时空的限制,则就语言本身,也是文化层叠穿织而成的一个历史的网,在表达与欣赏之间牵制着作者与读者。①

叶维廉在这里批评了两种文学批评的错误倾向,一是用理性思维对

---

① 叶维廉:《语言的策略与历史的关联——五四到现代文学前夕》,《中外文学》1981年第10卷第2期。

作品的意义进行符合自己需要的削减,把作品的丰富意蕴缩减为几条干瘪的所谓标准看法;二是用今人的眼光、批评原则与标准,去评判前一个时代、不同历史时期所产生的作品。在叶维廉看来,这两种文学批评中经常发生的错误倾向,其产生的缘由就是批评家没有历史意识,没有意识到任何一部文学作品的产生、流传、阅读与阐释,都是在特定的历史文化语境之下展开的,都逃不出"历史的观照"。因此,叶维廉说,批评家做文学批评,必须具有正确的历史意识和历史整体性视野,要将研读的文学作品放置到它所产生的文化、美学以及历史演变的历史语境中去观照,"任何单一的现象,决不可以从其复杂的全部生成过程中抽离出来作孤立的讨论。历史意识和文化美学形式是不可分割的,所以我们在研究单一的现象时:必须将它放入到其所生成并与别的因素密切互峙互玩的历史全景中去透视。"①

那么,如何才能做到在历史的整体中对作品进行观照呢?现实世界中存在历史的整体吗?我们应该如何把握历史的整体性呢?叶维廉说,其实所谓的历史整体性,只是为了研究上的方便提出来的概念,并没有一个思想程式可以完全包摄它。我们举目四望,可以显然发现历史之流奔腾不息、不舍昼夜的基本事实,这使得任何所谓整体性的说法,都是一句空话。"所谓的历史完整体(必须包括所有的时空)和历史客观性(即假定所有具体事件都可以得到验证)是永远无法真正达到的。"②为解决这一难题,叶维廉引入了庞德的"明澈的细节"和弗雷德里克·詹明信(Fredric Jameson)的"显性范畴"的概念。在庞德看来,"任何事实从某种意义上来说,都是重要的……但某些事实却能为人们观察周围环境、前因后果、序次与规律,提供一种出人意料的洞识力……数

---

① 叶维廉:《历史整体性与中国现代文学之省思》,《当代》1986年第6—7期。
② 叶维廉:《历史整体性与中国现代文学之省思》,《当代》1986年第6—7期。

十个这样性质的细节可以使我们获得关于一个时代的信息——这些信息是积聚浩繁的普通事实所得不到的。"①詹明信的说法与此相类似，但同时强调，我们通过历史的"明澈的细节"建构出历史的"幻象"之后，绝不能将此作为自身具足的历史的真实来看，这个幻象虽可以帮我们窥见有形整体，但我们应该有将这个幻象及时消弭于无形，使之重新融入历史整体的自觉。也就是说，既然历史的整体是无法真正达到的，我们为了在历史的整体性中对作品进行观照可以通过明澈的细节"迹近"一个时代的真实，但我们必须将这种对历史的认识与研究，看作是暂行的，有待修改的，是应该及时让它重回历史之中的。有意思的是，在叶维廉看来，也正是这种把所有历史的认识、阐释，都看成是暂行的，我们才可以与永恒变化的历史整体过程保持持续不断的联系，也才可以对整体性的问题有充分的掌握。

据此，叶维廉对夏志清的《中国现代小说史》进行了批评。在叶维廉看来，当年普实克与夏志清的论争，表面看来是左右之争，但仔细看来却是一场历史方法和超历史方法的论争。普实克所代表的是历史方法，但有狭隘之嫌，而夏志清所代表的是超历史的方法，叶维廉说这种超历史的方法其实是违背历史的。夏志清的小说史是运用新批评的文学批评方法，"把文学创作的成品看作超脱历史时空自身具足的存在物"，"排拒了一件文学作品的意义与形式乃基源于历史这一个命题"②，直用西方文学的批评标准来衡量中国现代小说作品的成果。因为这部作品特立独行的研究风格，当下国内学界对其追捧有加，奉为传世之作，但叶维廉对其提出了批评意见。当我们对夏志清在小说史的叙述中信手拈来国外的作家的作品来与正在讨论的作家进行比较，而将其看成是比较文

---

① 叶维廉：《历史整体性与中国现代文学之省思》，《当代》1986年第6-7期。
② 叶维廉：《历史整体性与中国现代文学之省思》，《当代》1986年第6-7期。

学研究的神来之笔时，叶维廉却说，夏志清的这种对比研究，带有太大的随意性，太"轻率"，"在他讨论鲁迅时，一下子举了乔义斯（James Joyce）、海明威、马修·安诺德、贺拉斯、本·琼生、赫胥黎等一大串名字用作几乎是顺手拈来的比较，却没有逐一检讨其间使其风格、形式、文类和美学假定各异的历史内容，以便找出这些作家可资比较的确切之处"①，这样做的后果就是，夏志清实在是"要求我们戴上西方作家的滤色镜来阅读他们（中国现代小说家）的作品"②，全然不顾"这些中国作家所关心的时代与个人问题与西方作家所关心的迥然不同"③，而且这种浮光掠影式的暗示，遮蔽了中国作家对西方作家作品在做美学会通时所做的努力以及对他们作品的美学风格所做的复杂"迎拒"。叶维廉说，夏志清文学批评方法的背后，是一个被许多中国现代文学学者赞同的假定："既然某一特定的作品仿效了外来的模子，我们就可以用西方模子中的文化假定去审视中国的作品，仿佛合用于母本模子的也必然合用于移植的模子。"④殊不知，持有这种文学的假定的学者，集中关注文学作品文本的文学研究，已然违背了中国现代历史的真实。叶维廉说，中国现代历史的真实情况是：尽管现代知识分子狂热地鼓吹过全盘西化，但对于外来模子的全盘拥抱却是几乎没有发生过。中国现代作家意识中根深蒂固地存在着的传统文化的因子，在很大程度上制约了西方文学的全盘移植。整个中国现代文学，其实充满了复杂的对海外西方文学美学的吸收与排拒，而且这个吸收与排拒，还是在表面极力反对的传统文化的规约下发生的！在如此复杂的文化语境下，经中西文化碰撞交流

---

① 叶维廉：《历史整体性与中国现代文学之省思》，《当代》1986年第6—7期。
② 叶维廉：《历史整体性与中国现代文学之省思》，《当代》1986年第6—7期。
③ 叶维廉：《历史整体性与中国现代文学之省思》，《当代》1986年第6—7期。
④ 叶维廉：《历史整体性与中国现代文学之省思》，《当代》1986年第6—7期。

而艰难创生的中国现代文学，仅用西方文化的模子中产生的若干文学标准，显然是无法进行全面准确的衡量与批评的，其中也必然充满着偏见与扭曲。

需要说明的是，叶维廉批评夏志清的超历史批评方法，主张历史的整体性原则，却并非置文学的艺术性与美学因素于不顾。叶维廉一向是主张文学批评要将历史与美学相结合、相会通的，两者不可偏废。①这一点，是我们在讲叶维廉的文学批评的整体性原则时必须要时刻记起的。

三、生态复归性原则

西方学界如雨后春笋般涌现出生态哲学、生态神学、生态政治学、生态文学、生态心理学、生态批评等学科的20世纪六七十年代，正是叶维廉赴美留学与教研的时期。生态学理论所主张的去人类中心主义、追求人类诗意的栖居以及寻求人类与自然的和谐相处的思想，对叶维廉产生了深远的影响，从而使得它的诗学研究染上了浓重的生态学色彩。仔细研读叶维廉的诗学文本，我们发现叶维廉的诗学批评，却也并非像前辈学者一样直接援引西方的生态学思想以用之于中国古典诗歌与英美现代诗歌的解读与研究，他的高明以及他的诗学理论的复杂之处在于他首先将西方生态学思想与中国传统的道家思想进行了比较、阐释与会通，最终交相引发而生成了叶维廉独具特色的道家美学思想。有了道家美学思想的底色之后，叶维廉才开始了他的诗学研究与诗歌批评。

---

① 《〈比较诗学丛书〉总序》，《比较诗学》2007年，第14页。

1. 批判人为干预天然、追求人与自然和谐相处

宇宙万物是一个彼此互联的整体、宇宙万象是一个时刻不停地演化生成的过程。人类处身其中，与万物紧密相连，参与宇宙的演化生成，其实是宇宙万物万象的一分子、一部分，是整个宇宙之大网的一个小小节点。人只不过是万千存在物之一，我们没有理由只给人特权，将自己凌驾于万物之上，让人成为世界的主宰，将其视为宇宙物象秩序的赋予者。如此一来，人在宇宙面前也就不应该用人为概念和结构形式，用刻意的方法，去归纳和类分宇宙现象，用抽象的系统把人为的秩序强加给宇宙，因为这样必然会对宇宙万物产生某种限制、减缩甚至歪曲，其结果也必然是使人类对宇宙万物的认识与理解，离开万物之本真越来越远。叶维廉指出，老子呼吁"复归于婴"，庄子颂扬"未知有物"的"古之人"，意为要人们重返概念、语言、意识发生前的无言世界，排除所有公式化、系统化的思维分类与结果，重新肯定存在于概念外、语言外的具体世界中的万物的自然自足和各依其性的演生调化。只有如此，人才能真正回归到宇宙中本属于他的位置，而这个世界也就可以质原貌朴地自由兴发地流向我们，此时，人与宇宙万物才能自然应和，人与世界的关系才能得以调和。

2. 破解语言的框限与精神的囚笼

受道家思想影响的作者，经"心斋""坐忘""丧我"之程序，"剔除刻意经营用心思索的自我"之后，采取以物观物的观感策略，方才得到了难得的自然之律动、万物之天机、山水之神趣，方才有了观感世界所得的经验、心象，那么，该如何将这心象通过语言文字将之呈现、表达出来呢？道家一开始就认识到了语言文字的限制，深知语言文字会给对自然万象带来限制、减缩与歪曲，根本不相信语言文字能够将完整的

心象和盘托出，但悖论之处在于，作者又不得不借助于语言文字的工具将心象呈现，沉默无言显然是不足取的，此种情形之下，又该采取什么样的表达策略呢？叶维廉说，作者们在使用语言文字时，不应把自己的意念、思想、系统投射到万物中去，把万物当成是自身的反映，相反，作者们应该洗尽"铅华"、消除语言文字中的各类概念与结构，剔除诗作里演绎性、解说性的程序，回归语言的本真，增高事物并生并发的自由兴现，使得语言文字的使用，只为着"点兴逗发素朴自由原本的万物自宇宙现象涌现时的气韵气象"①，以达到语言文字"仿佛是一种指标，指向具体、无言独化的世界里万象细密的纺织"②的效果。

3. 颠覆权力的宰制与文化的霸权

赵毅衡在《诗神远游》中探讨中国诗歌令美国现代诗人感兴趣的文化动力时说，"在后工业社会中，'清静无为'携带着抗议"③。叶维廉认为，道家的这种抗议精神，来自对"意义组构与权力架构"的消解。历来学者们阐释老庄，都仅只认为老庄怡情山水，消极避世，有时虽然认为道家思想有力量，也只看中了它在兵法上的意义"以退为进"，鲜有人将之看作一种抗议的力量。但是，道家思想西传欧美之后，后工业时代美国的诗人，效仿老庄的清静无为以自守，不与主流社会"同流合污"，反倒成就了他们对主流工业社会的批判。身处此种文化语境之中的叶维廉，反观道家思想时，探索的角度肯定与传统不同。另外，又因为受到海德格尔等人现代哲学精神、生态学思想的启发，终于激发出了

---

① 《无言独化：道家美学论要》，《叶维廉文集》（第2卷），第144页。
② 《无言独化：道家美学论要》，《叶维廉文集》（第2卷），第144页。
③ 《诗神远游——中国如何改变了美国现代诗》，第48页。

叶维廉对道家思想是"触及根源性的一种前瞻精神"①的认知。叶维廉说,"道家思想……最能发挥英文字 radical 的双重意义,其一是激发根源问题的思索从而打开物物无碍的境界,其二是提供激进前卫的颠覆性的语言策略。"②叶维廉还要援引道家精神入西方文化之困局,期望借力道家为现代西方文化去抗拒文化工业对人性的宰制、减缩与异化,达至"去语障、解心囚"的,"收复整体的生命世界,持护'自然'自生自律自化的运作"。③

4. 抗拒文化工业的侵蚀与工具理性的割切

2000年3月,叶维廉在《联合报》发表了一篇题为《全球化:自然生态与文化生态的思索》的文章,在这篇文章中,叶维廉第一次明确将生态的概念引入自己的诗学体系之中,并将对生态问题的探讨引向了深入。在他看来,以西方国家为代表的第一世界所推动的全球化文化,以工业技术为手段,以现代化为旗号,以经济意欲为纲,以语言框限权力为部署,以消费为主轴,以目的至上、工具理性至上,已然或正在吞噬各地文化的独特性与多样性,从而导致全球文化生态的危机。而文化生态的危机,与自然生态的危机是密切相关的,"因为'见树只见木材''唯用是图''唯利是图'的思想而大肆破坏自然环境的同时,也就是人凸显了人性全面感里的工具理性这一本能而废置、淡化甚至消灭其中属于创造翻新发明的其他本能,包括全面人性中不可或缺的美的想象。"④既然如此,如果能够妥善地解决文化生态的问题,自然生态问题

---

① 《道家美学与西方文化》,第95页。
② 《道家美学与西方文化》,第95页。
③ 《道家美学与西方文化》,第95页。
④ 《道家美学与西方文化》,第161页。

也就迎刃而解。针对文化生态的危机，叶维廉提出说，如果能够在我们的教育里，创造性地提升"美的想象"，通过道家由"去语障解心囚"的美学策略，抗拒与消解西方"现代化""全球化"这由语言建构起来的神话，达成物我之间的"互参互补互认互显"的相合相谐之关系，并最终达成的物我之间活泼泼的整体生命的印证，那么"文化生态自然可以活泼泼起来，而自然生态也会得到适切的维护。"①

叶维廉虽然首先是一位诗人，但他立志做一个称职的文学批评家，从港台时期开始，他就开始试图将中国古代诗学精神与英美新批评融会贯通而生成一种理想的批评理论，而后在美国求学、教研期间，在美国风起云涌的文艺思潮中不断汲取新的思想理论资源，并以之不断地与中国传统诗学进行同异全识的比较和互照互识地研究，他通过在中西诗学之间进行交相反思的对话，不断地丰富和创化着自己的文学批评理论。

叶维廉"原天地之美而达万物之理"的文学本质论，从古老的言志、抒情传统中超脱，或者说驱散聚集在言志、抒情说周围的层层迷雾，直抵文学的本性，将文学的本质界定为作者摒除人为的偏见、文化的缩减和语言的遮蔽之后的对天地万物的"直观"与"直现"，作家通过心斋坐忘的修行，涤除玄览，万物归怀，作家通过规避文化的偏限、语言的遮蔽，使得文学作品的语言像闪电般瞬间将世间万物照得透亮，活泼泼地直现在读者面前，并邀请读者一同遨游天地自然之间，与物为一，心与物游，重获美的体验。叶维廉的文学传释论，将文学创作论、文学接受论融为一体，将作者的思构、传意，文本的生成、传播，读者的研读、理解重新整合为一个不可分解、圆转流行的过程，将文本的意

---

① 《道家美学与西方文化》，第161页。

义的生成，看成是在这个过程之中，不断生成、变迁、叠加、衍化的生长，将读者对作品的阅读看成是读者与作者通过作品所进行的平等对话与视域融合，将文本的意义重构为一种多元混杂的意义场域和多音交响的美学空间，处身其间的作者、文本、读者各自以自己的"声音"影响着意义的演化与增殖。叶维廉的文学批评论，在其早年树立的理想批评家典范的基础上，随着叶维廉阅历的丰富、中西各种文论与诗学的资源的吸收、对话与融通，而呈现出枝叶繁茂的面容，他的文学批评追求异质文化间同异全识与跨文化对话，提倡历史整体性原则，追求历史与美学的全然会通，批判人类对自然奴役与破坏，批判强势文化对弱势文化的霸权，批判工具理性对人性的异化，追求解除枷锁在自然、文化与人性之上各种框限，返归自然天然本性的生态美学理想。正像叶维廉所指出的那样，任何人为的框限都有对自然万物缩减的可能，笔者对叶维廉诗学体系的整合与概括，肯定也有对叶维廉诗学生长的自然秩序的缩减、偏限、曲解与强制阐释之处，强为建构只是试图揭示叶维廉诗学的价值，笔者自然也愿意这种建构能够成为一种符号，在指向叶维廉诗学生长的秩序自身之时，复归到他不断演化生成的诗学自身，或者像一道闪电一般，在照亮叶维廉诗学之后，消失在茫茫的太空之中。

第四节 叶维廉对中国诗学的批评与阐释

叶维廉曾在题为 Rethinking the Roots: The Unfinished Work of Wai-lim Yip's Daoist Modernism 一篇访谈文章中,追溯过自己对中国诗学的兴趣缘起与关注焦点,他说,他研究现代主义抒情诗时,细读了严羽的《沧浪诗话》和司空图的《二十四诗品》,沿着严羽的诗学追溯到了苏东坡,从苏东坡又追溯到司空图,最后一直追溯到老庄。① 在叶维廉看来,道家思想,尤其是庄子思想,对中国诗歌与诗学产生了非常重要的影响。以此为线索对中国诗学进行整理,叶维廉让我们看到了从老庄,到刘勰、陆机,到司空图,到苏轼,到严羽,到三王(王夫之、王世祯、王国维),这支受道家思想与禅宗哲学影响的诗学流派的清晰的发展脉络,同样以此为线索,我们也可以明显地发现叶维廉对中国这派诗学的偏爱,也可以清晰地看到叶维廉对其进行的新阐释新调整,以及将之运用到其中西诗学批评之中新尝试与新洞见。

一、叶维廉对中国文学批评方法的阐释

朱自清在《诗文评的发展》(1946)一文中曾说,"'文学批评'原来是外来的意念;我们的诗文评虽与文学批评相当,却有它自己的发

---

① Jonathan Stalling: Rethinking the Roots: The Unfinished Work of Wai-lim Yip's Daoist Modernism, *chinese literature today*, vol. 3 no. 1 & 2 (2013).

展。……写中国文学批评史,就难在将这两样比较得恰到好处,教我们能以靠了文学批评这把明镜,照清楚诗文评的面目。"①朱自清的一番话,对我们有至少两层启示,第一,文学批评,原本是个西方的概念,是五四新文化运动前后向西方借鉴而来的舶来品,我们要进行文学批评,难免要按照西方文学批评的学科范畴和标准来进行新的学科体系建构,但我们不能照搬西方的标准和体系,我们可以将其作为一面镜子,照清楚我们本来的诗学(诗文评)之面目;第二,我们有自己的诗学传统,它有其自身的发展脉络与独有面目,我们需要在西方文学批评这面镜子的烛照之下,看清楚这面目,评估好这面目,既不能直接用西方诗学遮蔽或切割我们的诗学,也不宜仍让中国诗学仍混溶在中国学问的大熔炉之中而使其面目朦胧模糊不清。朱自清是在评价罗根泽、朱东润的文学批评史时,写成这样一篇文章的,但是,朱自清对这个问题的思考却非一时之心血来潮,他是有的放矢的,他是借评价罗、朱二人的文学批评史,传达自己对于中国文学批评学科的建构与文学批评史写作的意见,表达自己对学界只知照搬西方文学批评原则与标准,"削足适履"地对中国诗学的材料进行加工的做法的不满与批评。朱自清的观点,对后来的文学批评是有指导意义的,也成了有识学者的共识与自觉践行的信念。

叶维廉的文学批评与中西诗学研究,就带有这样的自觉。在《中国文学批评方法略论》中,叶维廉就借用西方文学批评的镜子,解决了中国诗学的特有面目、其缘起以及相较于西方批评的优劣所在等三

---

① 朱自清:《诗文评的发展——评罗根泽〈中国文学批评史〉第一、二、三分册:〈周秦两汉文学批评史〉、〈魏晋六朝文学批评史〉、〈隋唐文学批评史〉与朱东润〈中国文学批评史大纲〉》,《朱自清文集》(第3卷),南京:江苏教育出版社,1996年,第25页。

个问题。叶维廉说，在一般的西方文学批评中，都有三个相关的要求："由阅读至认定作者的用意或要旨；抽出例证加以组织然后阐明；延伸及加深所得结论"，最终形成一个带有"有迹可循的逻辑的结构，""以因果律为据"，"以'陈述—证明'为干"的文学批评[1]。叶维廉说，这种文学批评，不论是采用的归纳或演绎的方式，"都是分析的，都是要把具体的经验解释为抽象的意念的程序"[2]。据此反观中国诗学，叶维廉发现"这种程序与方法在中国传统的文学批评中极为少见，就是偶有这样的例子，也是片断的，而非洋洋万言娓娓分析证明的巨幅"[3]，叶维廉说，中国的传统批评中几乎没有娓娓万言的实用批评，"我们的批评（或只应说理论）只提供一些美学上（或由创作上反映出来的美学）的态度与观点，而在文学鉴赏时，只求'点到即止'"[4]，前者以司空图论诗的艺术的《二十四诗品》为例，而后者即点到即止的批评，则常见于诗话、词话。在这里，叶维廉将我们传统的"诗文评"分成了两类，一类是总论诗歌艺术的文字，如《文心雕龙》《二十四诗品》《文赋》等，一类是只求"点出诗中一特色，使人感着"的各类诗话、词话。在叶维廉看来，无论是"体大虑周"如《文心雕龙》，还是短小精悍之片断式的诗话，"言简而意繁"都是它们的方法与特色。它们不像西方批评那样"言繁而意简"，也不像西方批评那样调用谨严的逻辑、严谨的修辞，而只是采用"境界重造"的方法，运用己心读诗时获得的意象与律动，去迹近、去逗发原诗的意旨与境界，使之再现。这种"言简而意繁"的批评方式，这种"利用有诗的活动的意象使境界再现"[5]的批评

---

[1] 《中国文学批评方法略论》，《叶维廉文集》（第3卷），第113页。
[2] 《中国文学批评方法略论》，《叶维廉文集》（第3卷），第113页。
[3] 《中国文学批评方法略论》，《叶维廉文集》（第3卷），第114页。
[4] 《中国文学批评方法略论》，《叶维廉文集》（第3卷），第114页。
[5] 《中国文学批评方法略论》，《叶维廉文集》（第3卷），第116页。

程序，使得中国传统诗学中较少演绎说明、论证分析的味道，而这就是中国诗学的独特面目所在。

此时，有一个问题凸显出来：如果以西方的批评为准则看中国文学批评，那中国文学批评多半不能"成格"。那我们应该如何对待我们的文学批评呢？叶维廉话锋一转，说"但反过来看，我们的批评家才真正了解一首诗的'机心'，不要以好胜的人为来破坏诗给我们的美感经验"①。此处，叶维廉牢牢把握住一个原则，即是评判中国文学批评的好坏，标准绝非西方文学批评的原则和标准，而是在文学批评实践中能否真正了解一首诗的"机心"！这个标准，古今中外概莫能外，而始终贯彻这样一个标准，才是真正的以西方为借镜，而不会走上唯西方马首是瞻的歧途。当以这个能否了解一首诗的"机心"为标准检视中西诗学的时候，叶维廉发现我们原来推崇备至的西方文学批评，却有可能在下笔千言之际，离题越远，并因其说明性、演绎性的文字使用，而将"机心"蒙蔽，而"以美学上的考虑为中心"的中国诗学，追求用"言简而意繁""点到即止"的方式，去激起读者意识中的诗的活动，使诗的意境重现的效果，正是为了保存诗的"机心"与"美感经验"。叶维廉说，中国文学评论中虽也有利用了分析与解说的文字，如刘勰、叶燮、吴淇等人的诗评文字，但他们并不是"浪费笔墨在'东家一笔大胆假设，西家一笔小心求证'的累积详举"②，也不是那种"虽由作品出发而结果离作品本身的艺术性相去十万八千里的辩证批评"③，"它不依循（至少不硬性依循）'始、叙、证、辩、结'那种辩证修辞的程序"④，只

---

① 《中国文学批评方法略论》，《叶维廉文集》（第3卷），第114页。
② 《中国文学批评方法略论》，《叶维廉文集》（第3卷），第120页。
③ 《中国文学批评方法略论》，《叶维廉文集》（第3卷），第120页。
④ 《中国文学批评方法略论》，《叶维廉文集》（第3卷），第120页。

提供与诗本身的艺术、与诗的内在机枢相关的，有所了悟的文字，点到为止，恰到好处。①

叶维廉在文章的结尾说，"一个完美的批评家（或理论家）必须要对一个作品的艺术性，对诗人由感悟到表达之间所牵涉的许多美学上的问题有明澈的识见和掌握，不管你用的是'点、悟'的方式还是辩证的程序。"②"批评家的先决条件也是要有洞澈之悟的，对作品中的艺术性（一首诗的机心）有了明澈的识见，也就不在乎他用的是'点、悟'的方式，还是用逻辑化的辩证的程序，而都可以做到'言简而意繁'的有效的批评"。③由此可见，叶维廉借用西方文学批评之镜，在观照并开掘出中国诗学的特色以及将中西诗学进行对比研究并彰显中国诗学的优长之后，也并未依照中国诗学的标准去衡量西方诗学，贬低西方诗学。叶维廉在中西诗学的众声喧哗面前，回归诗之本质属性——艺术性，由此引入契合诗之艺术性的标准，并以之观照、批评中西诗学，从而将中西比较诗学的研究引向深入。其实，这种众声喧哗之中，直抵问题核心的思维方式，确是道家的，老子云"致虚极，守静笃，万物并作，吾以观复"，"观复"，吴澄注"复，反还也。物生，由静而动，故反还其初之静为复"④。

最后，简单说叶维廉关于中国诗学独特面目缘起的追踪。据叶维廉分析，这应与道家的美学精神相关，叶维廉说这"或许是由于中国传统的美感视镜一开始就是超脱分析性、演绎性的缘故，或许是因为是一个抒情诗的传统而非史诗或叙事诗传统的缘故，我们最早的美学提供者主

---

① 《中国文学批评方法略论》，《叶维廉文集》（第3卷），第120页。
② 《中国文学批评方法略论》，《叶维廉文集》（第3卷），第124页。
③ 《中国文学批评方法略论》，《叶维廉文集》（第3卷），第125页。
④ 陈鼓应:《老子注释及评介》，北京：中华书局，1999年，第124页。

张'知者不言，言者不知'（老子），主张未封前的境界（庄子），而要求'不着一字、尽得风流'（司空图），认为诗'不涉理路'（严羽）"①。中国文言句法的超脱分析性、演绎性，其背后的美学支撑，就是道家美学。中国文学的抒情传统，由陈世骧、高友工先生倡导，经由王德威、萧驰等人的阐发，今天已影响深远，他们对中国诗歌中"情""志"的强调，对"诗""兴"二字的字源学研究，背后支撑他们的还是道家"涤除玄览""感物兴怀"的美学主张。

二、叶维廉对中国诗学中几个重要概念的精彩阐释

秘响旁通。秘响旁通，语出刘勰《文心雕龙·隐秀》。叶维廉拈出这个术语，是用来概括诗人创作与读者阅读时的一种活动经验的，叶维廉描述这种阅读经验说，当我们"打开一本书，接触一篇文，其他的书的另一些篇章，古代的、近代的、甚至是异国的，都同时被打开，同时呈现在脑海之中，在那里颤然欲语。一个声音从黑字白纸间跃出，向我们说话，其他的声音，或远远地回响，或细语提醒，或高声抗议，或由应和而向更广的空间伸张，或重叠而剧变，像一个庞大的交响乐队，在我们肉耳无法听见的演奏里，交汇成汹涌而绵密的音乐。"②而之所以要提出这种阅读（创作）时的"秘响旁通"的活动经验，叶维廉的用意却在于说明中国文学理论与批评中所重视的文、句外的整体活动，所重视的文意在字、句间的交相派生与回响。而这是与叶维廉诗学研究的阐释学转向有关的，我们可以将这篇文章看作是叶维廉诗学阐释学理论的具体化。叶维廉曾在《与作品对话——传释学初探》中讨论文学作品的

---

① 《中国文学批评方法略论》，《叶维廉文集》（第3卷），第113页。
② 叶维廉：《秘响旁通——文意的派生与交相引发》，《叶维廉文集》（第2卷），第59页。

意义问题，在他看来，意义永远不是明确无疑、自身具足、自现自明的封闭的单元，而是一个不断变化的活动，其间渗透着仿似海市蜃楼般带着无尽"印迹"的别的文辞（作品）的回响。我们可以发现，这篇讨论秘响旁通的文章的落脚点，也是在讨论一篇作品的复音复旨，用叶维廉的话来说，就是"我们读的不是一首诗，而是许多诗或声音的合奏与交响"①。

　　叶维廉在拈出这个术语来表达读者的阅读经验后，将探究的触角伸向了《易经》，他说刘勰提出"秘响旁通"时所"取模"的就是《易经》，他的线索是刘勰在文中对"旁通""互体变爻""四象"等易学名目的引用。接下来，叶维廉对这些名目在整个易经体系里所显示的结构活动和所发射出来的美学含义进行了溯源。所谓旁通，是指每卦中阴阳爻的互异而唤起获得另一个卦，亦即卦中的阳爻变阴或阴爻变阳而旁通另一个卦。由此可见，宇宙万物的出现并不是全然独立的，它的出现自然地引起或唤起相对的或共通的事物。所谓互体，是指一卦中除上下二体之外，还有内互体和外互体，内互体指卦中的二至四爻，外互体指三至五爻，而变爻变卦，则意指一卦之中含有变为另一卦之可能，且变化多端。互体变爻之意，则指一个卦中早已含有互体和卦变之意。由此可见，一个卦同时已含有或指引到其他的卦，而互体爻变与旁通的情况，又可以使得每一个引发出来的卦仍继续因有旁通互体的活动而产生无尽衍化。所谓四象，是指"易有太极，是生两仪，两仪生四象，四象生八卦"之阴阳的变化而来的四象。易经说两仪（阴阳）生四象，四象生八卦，八卦重卦而派生出六十四卦，可见四象之派生能力。经以上分析，叶维廉说，"一篇文辞中秘响旁通、交相引发的活动在形态上与易经中

---

① 《秘响旁通——文意的派生与交相引发》，《叶维廉文集》（第2卷），第66页。

这些因爻变而引起的互为指涉极其相似。"① 由此，我们似乎已经可以得出结论，刘勰从易经获得启示，而得一秘响旁通的术语，来概述类似于宇宙万物互为指涉、交相引发且无尽衍化的文本的文意之无尽派生与文本间的互文。但叶维廉并未就此止步。

  叶维廉说，如果仅从易经这些近乎数理的抽象公式去解释刘勰的秘响旁通，容易引人误解，认为"中国人先有一个率意建立的符号系统和数理变化的程序，完全是人为的，然后套在我们的经验上"②。叶维廉此处用了"中国人"一词是有所指的，他一直坚持认为中国的哲学思想，尤其是道家美学，是绝不会用人为的主观的经验去类分宇宙世界的，此处强调中国人，是要有意与西方人相区分，并且带有担心引起西方人误会的意思。叶维廉接着论证说，其实"易经的整套象变，最先还是取模于自然的"③。易经虽看来是抽象的数理符号系统，但是并非人为主观的设定，而是古人对自然万象（包括天文、地理、人情）长久观察所得，六十四卦就是在自然界动静推移的生长之中，从不同元素之间交错变化而来的合作、呼应、对立的情境之中，整理总结出来的。当然，自然界是变动不居的，不止于古人所整理的这六十四种自然情况，但易经六十四卦的洁净精微之处就在于此，由八卦重卦组合而成的六十四卦，不是定形的、固定的、封闭的，自然的变动不居、动静推移与交错变化，启示了创设八卦的古人在动变之中组合卦象，自然界有常，有不常，有不易之规律，也有偶变之机遇，八卦也有爻变、卦变与之相应。如此，易经形成了由阴阳而生八卦，而生六十四卦的符号系统，它以阴阳的相对相应对基础，开向动变与继续动变，同时容纳了常（律）与不

---

① 《秘响旁通——文意的派生与交相引发》，《叶维廉文集》（第2卷），第72页。
② 《秘响旁通——文意的派生与交相引发》，《叶维廉文集》（第2卷），第72页。
③ 《秘响旁通——文意的派生与交相引发》，《叶维廉文集》（第2卷），第72页。

常（机）。既然易经取象于自然，当然可以回到自然，贯通于自然，包括天文、地理与人情。刘勰的"秘响旁通"就应该从这个角度去理解："刘勰取模的，不是抽象数理的率意的变化，而是从实象自然生变，互为指证、交相引发的活动情况而来"①。"始创八卦的人，从实象在动变的境遇中取模，而在构成方法上，保持该象的多面性放射，让我们仿佛站在象的边缘，一时不能决定'义'的取舍，而有顿觉它同时包孕多义"②，叶维廉说，"这是诗的活动"。③诗人写诗，要呈现与表达自己观感世界所得的心象，而这个心象又不是可以用语言文字直接规划、固定并呈现的，所以，诗人们采取易经卦象的构成方法，在"知者不言、言者不知"的悖论中，保持语言文字的开放性与多义性，让诗歌（文学）中的文、句，跳脱圈定的死义，开向许多既有声音与意义的交响、编织与叠变，让文辞成为旁通到庞大时空里其他秘响的一扇门窗。叶维廉说，在这一点上，易经所呈现的，与道家所主张的，是完全一致的。

　　论诗如论禅。"论诗如论禅"是严羽的名言，语出《沧浪诗话》。严羽原想通过这样一个"自家实证实悟"的概念来说"诗"，以廓清诗之本质，"断千百年公案"，不料却引出许多误解与攻击，更将诗之究竟为何物之问题复杂化了。论诗如论禅，无疑是应用了类比的修辞手法，严羽本想通过这个类比，使诗之概念明晰化。事实证明，运用类比的手法，如文学是一面镜子，诗是强烈感情的自然流露等，确实能形象地说明文学与诗的功能或本质，但严羽的类比有点特殊，上述两例，都是将文学或诗歌与日常生活中具体的、常见的、形象性的物象，即"镜子""源泉"相类比，能使读者迅速捕捉到两者的相类似之处，以便更

---

① 《秘响旁通——文意的派生与交相引发》，《叶维廉文集》（第2卷），第78页。
② 《秘响旁通——文意的派生与交相引发》，《叶维廉文集》（第2卷），第78页。
③ 《秘响旁通——文意的派生与交相引发》，《叶维廉文集》（第2卷），第78页。

好地理解文学与诗歌,但严羽的类比,是将一个抽象的意念与另一个抽象的意念作比,非但没能清晰地勾画出诗的明确的轮廓,反而因其含混的比喻,引出了许多解释乃至误解:诗载禅道或诗如禅道一般说教。不仅如此,研究者还发现被严羽称为"是自家实证实悟者,是自家闭门凿破此片田地,即非傍人篱壁,拾人涕唾得来者"之"以禅喻诗"的术语,好像并不像他所说是独创的,而是沿用江西诗派诸人惯用的说法!严羽这"论诗如论禅"的术语,让人困惑之余,又引人质疑,那我们应该如何阐释它呢?

叶维廉说,只要明白"论诗如论禅"是一个类比,而非甲等乙的方程式,误会也就能顺利澄清了,将其理解为诗载禅道或者诗人禅道一般说教的人,应是未曾明白这一层。但是,叶维廉接着说,仅仅明白这一层,也还是不够的。他说如果将诗与禅,分别以甲乙两个圆圈来代表,那么在"论诗如论禅"这个命题中,诗与禅这两个圆圈相叠合的在哪里呢?叶维廉说,当严羽批评江西诗派的诗病时,用的明明不是他独创的比喻,而是江西诗派诸人惯用的说法,为何他又宣称这是他的原创呢?"我们如何能维护严羽自夸诗禅喻为其独创呢?"[1]叶维廉说,要责难严羽,说他剽窃是不公平,且易于误导读者的。他说文学批评者可以改变借来的概念而成为新的观点,借此以构造其对诗的原创性的看法的,比如西方学者柯勒律治(Coleridge)。言外之意,严羽当是化用、发挥了江西诗派的诗禅喻,引入了新内涵。那么新内涵又是什么呢?叶维廉试图回到严羽生活的历史语境之中,期望透过严羽对当时主要诗论的吸收与排拒,来澄清其以禅喻诗的轮廓。

在回答上述两个问题之前,叶维廉首先回顾了宋代诗论上的两大

---

[1] 叶维廉:《严羽与宋人诗论》,《叶维廉文集》(第3卷),第128页。

发展，即苏东坡的诗论和黄庭坚的诗论。在叶维廉看来，苏东坡的诗论主张文学是道的实现，文学本身与道是一体的。"道"不是外在于文学的思想意识，而是内在于文学的自然律动。文学的实现，就在于文字达成道之自由活动活跃及捕捉自然的律动。而文学的写作，要达到这种境界，则必须经由心之虚静，亦即庄子所谓心斋坐忘，去除知性的、抽象的思维之干扰，"空故纳万境"，虚怀纳物，物各就其性而发，万物得以归怀。这由虚静而归怀的万物，再由直觉式的"意"予以统一，形成"心象"。由于在苏东坡这里，在将"心象"付诸文字传达之前，心与物的融汇已经完成，"一统"已经实现，语言已经不能构成表达上的障碍，故而心象可以"完全的表现，完全的传达"。黄庭坚曾学于苏东坡，却在心象的传达策略上，与苏东坡背道而驰。苏东坡强调直觉，黄庭坚却强调法度。黄庭坚将苏东坡式的"行云流水"之篇章称为变体，而将"谨于布置法度，谨于字句间的安排及音韵格律"①的篇章，称为正体，他说作诗作文要"以正体为本"，否则"不知正而径出于奇"，"终于败乱而已矣"②。与此同时，黄庭坚强调，诗之写作，应有"陶冶万物"之胸怀，"点铁成金"之魔力，"脱胎换骨"之技法。黄庭坚的诗学主张，深深影响了江西诗派诗人的诗学主张与诗歌创作，他们对诗句中"无一字无来历"之讲求，对"学诗如学禅"须经由渐修而达顿悟之类比，均是来自黄庭坚。

在叶维廉看来，当严羽在《沧浪诗话》中提出"论诗如论禅"的命题时，确实是有江西诗派"学诗如学仙""学诗如学禅"这样的观点在耳际萦绕，而且严羽也受到他们的影响，将"悟"这一直觉活动作为诗与禅的共同点，当严羽说"大抵禅道惟在妙悟，诗道亦在妙悟"之时，

---

① 《严羽与宋人诗论》，《叶维廉文集》（第3卷），第133页。
② 《严羽与宋人诗论》，《叶维廉文集》（第3卷），第133页。

眼前也浮现出了江西诗派诗人的身影。但叶维廉说，严羽在诗与禅之圆圈间所圈定的叠合之处，却还别有内涵，而这别有之内涵，才是严羽自夸之独创之所在。严羽将悟分为两种，一种是透彻之悟，一种是一知半解之悟。他将江西诗派所主张由知性的用心而进入悟的过程，称为一知半解之悟。严羽批评他们"以文字为诗，以才学为诗，以议论为诗"，"多务使事，不问兴致"，批评他们讲求"用字必有来历，押韵必有出处"，但"读之反复终篇，不知着到何在"，而推崇"盛唐诸人惟在兴趣，羚羊挂角，无迹可求"，"故其妙处透彻玲珑，不可凑泊，如空中之音，相中之色，水中之月，镜中之象，言有尽而意无穷"①。严羽说，诗者，乃是吟咏情性者也，似江西诗派般掉书袋，"不问兴致"是不合严羽要求的，而如盛唐诗人般"惟在兴趣"且"不涉理路，不落言筌者"，才是上品。严羽深知读书之用，但严羽不喜欢仅把读书作为储藏字词、语汇、典故之用，以便在写作之时征召它们，而是希望读书可以帮助诗人达到"别趣"，可以帮助诗人超脱学问和理路对创作的束缚，而使诗人在创作时"不着意而能自发"，"在表现中自然赋予秩序而不必历由知性的刻意用心"。②所以，严羽不喜欢以文字为诗的江西诗派，也不喜欢刻意用心于创作，努力设法将斧凿的痕迹掩藏起来的黄庭坚，绝不说他们是透彻之悟，而说他们是一知半解之悟。而真正的透彻之悟，则于诗中达至"词理意兴，无迹可求"的地步。

叶维廉指出，严羽的禅悟之说，对诗人"透彻之悟"的偏爱，好像是回到了苏东坡，但其实不是。叶维廉说，严羽的这种观念，除却受到禅宗的直接影响之外，似乎还部分来自宋朝的新儒学。其论据有二，第一，他发现严羽与包恢的用语颇多雷同，后又发现严羽是包恢的父亲

---

① 严羽：《沧浪诗话校释》，郭绍虞校释，北京：人民文学出版社，1983年，第26页。
② 《严羽与宋人诗论》，《叶维廉文集》（第3卷），第139页。

包扬的学生，而包扬之学，"趋向于陆（陆九渊）者为多"。①第二，叶维廉在《重涉禅悟在宋代思域中灵动神思》中仔细分析宋代思域中儒道佛复杂而多样的互动激荡，以及由此而兴的宋代道学/理学，或曰新儒学。叶维廉说，道学/理学承袭了玄学家的问题与方法，在道家、儒家与佛家之间，进行了双重甚至是多重的颠覆，使得儒家道家化、道家儒家化、儒家禅化、佛徒儒家化，而这为严羽从新儒学获得启示提供了资源与空间。"成也萧何，败也萧何"，叶维廉说，严羽之所以"激情地推出他的灵动神思的诗论，希望诗人们通过不涉理路，玲珑透彻，兴趣洋溢……"②，也与宋代新儒学有关。自从宋代道学/理学成为当时的权威论述之后，变得日益固化、保守，甚至有了"框死一般人的思想行为"的地步，于是，严羽以直贯道家美学的禅宗思想为抗拒工具，力图"见框解框地"抗拒宋代道学/理学的偏限与宰制，寻求"重新抚触活泼泼的具体的生命世界，来抗拒体蔽于用的发展"。③

很显然，叶维廉对中国传统文学批评的讨论、对秘响旁通和论诗如论禅等传统诗学术语的阐释，均是以道家美学为理论支撑的。叶维廉的中国诗学研究与阐释，正是因为是以其道家美学为支撑，而具有了鲜明的生态批评的色彩，并由此而生成了叶维廉独具特色的文学批评体系。在此，我们不妨将这种文学批评体系，称为生态诗学。

对于叶维廉对中西诗歌的批评，有评论家曾经指出，叶维廉是以中国诗学的标准去评论中西诗歌，因而是一种中国本位的文学批评。其实，如果我们能够看清叶维廉文学批评背后的美学支撑，以及这种美学

---

① 《严羽与宋人诗论》，《叶维廉文集》（第3卷），第141页。
② 叶维廉：《重涉禅悟在宋代思域中的灵动神思》，《中国诗学》（增订版），合肥：黄山书社，2016年，第143页。
③ 《重涉禅悟在宋代思域中的灵动神思》，《中国诗学》（增订版），第143页。

支撑的理论诱因与生成过程，就不会有这样的误解了。表面看来，叶维廉确实是偏爱中国诗歌，并对西方诗歌持批评意见，但其批评的标准，却并非简单地取中国诗学的标准去评判西方诗歌。我们知道，叶维廉首先是个诗人，作为诗人在对中西诗歌进行评价时，他是有生发自自身诗歌创作实践的批评原则的，何为好诗、何为劣诗，他有来自自身阅读与创作的美感体验。进而，叶维廉由诗人成为学者，他对中西诗歌的批评标准与美学观念，也开始升华为其诗学研究的理论基石，在此基础上，叶维廉开始对中西方诗学进行研读，并在对中西诗学进行比较研究的基础上，发现中国诗学相较于西方诗学在文学批评中的特色与优越之处，从而将这特色与优越之处大加阐扬，并在此过程中积极摄取西方诗学的理论资源，这才确定了他的独具特色的文学批评体系——生态诗学。所以，我们如果只看叶氏诗学的表面，就下定语说其是中国本位，是另一种文化中心主义的话，对叶氏是不公平的。叶维廉的生态诗学，其实是其立足自身，立足文学，中外诗学兼蓄，扬长避短地生成发展而来，只不过因为他发现中国诗学在批评中西诗歌时更具有效性，更能深入诗歌的"机心"，而因此对其更为倾心罢了。

叶维廉用秘响旁通的概念，来指称文学作品中文意的派生与多相引发，我借用叶维廉的概念来指称叶维廉诗学体系及其创生，则是想说明叶维廉的诗学体系建构，是叶维廉对中国现代诗学精神的继承及扬弃、对西方诗学的迎拒与融摄的基础上，从自身诗歌创作与文学翻译的实践所遇到问题及其对问题的思索出发，将中国诗学与西方诗学引入弓张弦紧的对话之中，并在对两者互证互释、互补互拓的对话过程中创生的。他的诗学作品如同他笔下的文学文本一般：

> 一个声音从黑字白纸间跃出，向我们说话，其他的声音，或远

远地回响，或细语提醒，或高声抗议，或由应和而向更广的空间伸张，或重叠而递变，像一个庞大的交响乐队，在我们肉耳无法听见的演奏里，交汇成汹涌而绵密的音乐。①

---

① 《秘响旁通——文意的派生与交相引发》，《叶维廉文集》（第2卷），第59页。

结论　叶维廉诗学的价值与启示

叶维廉曾在《我和三四十年代的血缘关系》(1977)一文中，追思与探究过其诗歌创作与20世纪三四十年代的中国诗人与诗歌的"血缘"关系。在这篇文章里，叶维廉为我们勾勒出了20世纪三四十年代的诗人、诗作对其创作产生深刻影响的清晰脉络，也使我们清晰地看到了中国现代主义诗歌在历史变迁之后的曲折传承与继续生长。虽然叶维廉在诗学研究方面，没有像这篇文章一样的追思其诗学理论的生长与中国现代诗学精神关系的专门文章，但我们也可以从他的自述性的文章中，发现零零星星的有关论述。而且，从上文的分析中，我们也会发现，不论是叶维廉比较诗学研究的理论追求，还是其研究方法，都或隐或显地浮现出诸如钱锺书、朱光潜、宗白华、梁宗岱、朱自清、闻一多等现代诗学研究者的影子。这些都表明了叶维廉的诗学研究与中国现代诗学传统的血缘关系。

叶维廉在他的诗学研究中，对前辈学者的继承，在他那个从事诗学研究的时间（1963年起）与空间（美国）里，显得弥足珍贵。叶维廉攻读普林斯顿大学比较文学哲学博士时，整个美国甚至于西方的比较文学研究，还是在西方文化圈之内进行，无论是法国学派的影响研究，还是美国学派的平行研究，他们的比较研究还不曾或很少有跨越异质文化的理论视野与批评实践。"有许多美国的学校，毫无计划地请你去修中国文学的课和修英国文学的课，仿佛修了两面的课，方法便垂手可得。"① 于是，在这样的背景之下，要从事中西比较文学研究，要么"还是用一个文化的模子去主宰另一个文化的文学，因循歪曲"，要么就是认清这种研究方法的弊病，弃用这种研究模式而另寻路径，除此之外，并无第三条路可走。叶维廉选择第二条路，他要打破前一条路的桎梏，于是，他进入中国现代诗学研究传统中寻找资源，"从五四的一些学者，如前所述的宗白华、朱光潜、钱锺书及后来的陈世骧先生的文章里得到不少启示"②。叶维廉的诗学理论正是在这样的文化语境之下，在对中国比较诗学研究的先驱者所取得的成果进行传承的基础上，发扬其优长，反思其短板，积极借鉴与汲取西方的文化、诗学理论资源，扎根自己的诗歌创作与文学经验，直面中西方的文化问题与理论困境，积极参与中西方的文化与文学对话，终于创化生成而来的。叶维廉诗学的价值，也就在这样的艰难的"生长的秩序"中呈现出来：

第一，对中西诗学的会通性研究，有了新的认知。中国现代诗学学者进行比较诗学研究时，对中西诗学之会通的追求，是要证明并寻找共同诗学，或者说是中外共同的文学规律。这个中西比较诗学研究领域中的最高追求，一直被中外比较诗学的研究者奉为铁律。叶维廉在进行比较诗学研究的前期，也未能从这个信条之下跳出来。他在不同的场合，确实也曾经明确地表述，他的比较诗学研究，要追求中外共同的文学规律和共同的美学据点，但是，他也在同时期的文章中，对此有过质疑，但当时并未深究。在2012年的一篇题为《也谈"共同诗学"》的文章里，他对中外共同诗学的研究追求，才有了明确的态度，他说"我在那篇文章（《比较文学丛书·总序》）里始终没有坚持或强调要找到中西共通/共同的诗学"，他说之所以在当时要提出寻求共同的文学规律

---

① 《比较诗学·序》，《叶维廉文集》（第1卷），第25页。
② 《比较诗学·序》，《叶维廉文集》（第1卷），第25页。

与美学据点,其实是一种策略性的手法,是承着"当时太多人崇信'人同此心,心同此理'的简单印象"提出的,他说他其实是要在文章的结尾处解构这个观点的。①叶维廉的这整篇文章,确有许多与共同诗学相悖的论据与论述,但叶维廉确也未曾明确提出反对或解构共同诗学的观点。这一方面可以见出共同诗学的观念在当时的学界影响有多么深远,以至于使大家都崇信不已,无人怀疑,另一方面也可见出叶维廉囿于当时的文化语境,虽有对此种观点的怀疑,却也未能旗帜鲜明地或者有意识地提出对共同诗学概念的批判。但叶维廉在后来的系列文章中,对中西比较诗学研究中的会通,确实有了新的阐释。

叶维廉说,根据现代诠释学的观点,作者的原意及其意向性都不可能完全重建,更何况不同文化间由不同文化模子而生长出来的文学呢?他说我们应该质疑这种所谓的共同诗学,共相共性的概念,我们应该"把我们的文化意识、文化思域的圆周扩大,让几种不同的文化聚合并排来从事一种弓张弦紧的对话"②,"只有这种完全开放包括了异议平台激荡的对话,才可以达至两者不同的'境界的融汇'"③。叶维廉援引詹明信对伽达默尔的解读来界定"境界的融汇",在他看来,境界的融汇并非两种不同的境界消弭彼此之间的差异而构成一种共同的境界,"而是保存其间的张力,是根本歧异的并存,是通过根本歧异形成的一种关系"④。这样,"不同的批评与美学的立场就可以坦诚相见,互相认识到可能的汇通与分歧的潜在领域,同时了解到各自作为孤立系统的理论潜能及限制,以及作为文化系统合作后互相扩展的潜能与限制"⑤。

---

① 叶维廉:《也谈"共同诗学"》,《跨文化对话》2012年第1期。
② 叶维廉:《也谈"共同诗学"》,《跨文化对话》2012年第1期。
③ 叶维廉:《比较文学与台湾文学》,《台湾文学研究集刊》2006年第1期。
④ 叶维廉:《比较文学与台湾文学》,《台湾文学研究集刊》2006年第1期。
⑤ 叶维廉:《比较文学与台湾文学》,《台湾文学研究集刊》2006年第1期。

也就是说，叶维廉扬弃了中西诗学会通性研究中"共同诗学"的提法与追求，在他看来，在生发自不同文化模子的文学之间寻求共同的文学规律，一来是缘木求鱼，不可能实现，二来也没有必要，中西诗学的会通性研究，中西文化的未来发展，应当是"境界的融汇"式的，保存异质文学间的歧异，并在两者之间保持张力，从而在对两者进行寻根探固式的分析之后，进行互照互识，做到同异全识，了解清楚彼此的潜能与限制之后，互相合作，彼此拓展，以求得两种文化与文学"争战"之后的"共生"。

第二，对中国学派的阐发式研究，进行了扬弃与革新。所谓阐发研究，古添洪曾经有过这样的界定，他说"'阐发'的意思就是把中国文学的精神、特质，透过西方文学理念和范畴加以表扬出来"[①]。根据这样的概括，我们可以发现中国现代诗学研究者的研究，都可以称之为阐发研究，因为他们的研究方法都是援引西方的文学理论来阐释中国的文学或诗学的。叶维廉在开始比较文学研究之初，也在运用这种方法来解读与阐释中国的文学作品，比如他收在《中国现代小说的风貌》《秩序的生长》中的十几篇文章。但叶维廉从一开始，就对这种阐发研究有所警惕。在叶维廉看来，援引生发自异质文化中的文学标准与规则，来阐释与解读中国的文学作品，必然会产生歪曲与误导，必然会对枝繁叶茂的中国文学有所切割与宰制，它带来的结果是中国文学的支离破碎，是比较文学研究中在中国文学与西方文学间求取肤浅片面的"同"。由此，叶维廉提出了"文化模子"的学说，他说模子是一种结构行为的力量，它规定着处身于其中人的思维方式与行为行动，出自甲文化模子的文学，与出自乙文化模子的文学，虽然有时看起来有相似之处，但根底里

---

① 古添洪：《中国派与台湾比较文学界的当前走向》，《中西抒情诗类及影响研究》，台北：学生书局，2005年，第347页。

却有着绝大的不同。因此，我们在对不同的文化系统里的演化生成的文学文本进行研究时，不应该简单地进行同异比附，还应该对两种文学在各种文化语境中发生成长的历程与演变，做寻根探固式的勘察，在做到对两者之间同异全识之后，才能进行探讨与研究。

因此，叶维廉所追求理想的研究范式，其实不是阐发研究，不论是以西释中，还是有学者所诟病于他的以中释西。他的模子学说，所昭示于他的，应该是要保持中西文学的本来面目，避免不管是以中释西还是以西释中所带来的歪曲与偏限，而这与他对道家美学的偏爱是一脉相承的。他曾说："世界不是由一个中心，而是由许多中心，不是由一种利益性向，而是由许多不同的利益性向所构成……我们不应用一种、只用一种大符码法规或霸权论述下的利益性向作中心来审视其他的文化。我们必须从多种文化不同的符码法规和多方性向出发交流／交易，像经济交易一样，不应以一种模式征服或边缘化另一种模式。"① 这也就是说，异质文化与文学之间的对话与交流，才是叶维廉所追求的理想的研究范式。对话与交流的双方，带着各自文化模子的深刻烙印，以及由此而来的独具之特色，而进行面向未来的对话与交流，以求得彼此之间互相补充与互相拓展。叶维廉对中西诗歌之间进行的比较研究，不论是在比较的视镜中看中国诗的特质，还是在中西诗歌之间寻求美学的会通，都是将中西文学进行平等对话的典范。他的诗歌研究文章中，往往有通过中西诗歌的比较，找出西方诗歌的不足，进而为西方诗歌提出解决之道的论述，这经常为学者们诟病说是以中国诗歌的标准批评西方，是另一种文化中心主义。但是，我们仔细思考之后发现，这不正是叶维廉对中西诗歌进行对话式研究之后，对西方诗歌的短板所开的药方吗？这不

---

① 叶维廉：《也谈"共同诗学"》，《跨文化对话》2012年第1期。

正是对话之后对西方诗歌应做的拓展与调整给出的建议吗？

第三，对当代中国诗学的新生/新声，进行了新探索。20多年前，曹顺庆提出过一个影响深远的学术话题：中国当代文论的失语症。他说，中国当代文论的失语，是一个基本事实，试看我们今天的学术研究，如果将西方的学术话语体系拒之门外，会是怎样的一个情形？我们的古代文学研究、现当代文学研究，哪一个不是在西方的文学批评体系之下做文章，哪一类文学批评其背后的支撑不是西方文学批评与文学理论？意识到这个问题，学界开始寻求传统文论的现代转换，他们希望复兴传统文论，以改变西方文论在中国文学研究中的霸权和垄断地位，以治疗中国当代文论的失语。可是，时间流转，20多年过去了，失语症好像并未康复。由此，曹顺庆反思传统文论转换的主张，认为问题可能出在"转换"这个概念上。他说，"转换"的理论前提与预设，是传统文论已经过时僵死，否则何以需要转换呢？而转换的标准，竟然又是以西方文论为依据和样板！这样的转换，又怎么可能成功呢？所以结果是，学界越是试图对传统文论进行现代转换，越是发现传统文论的诸如不成体系、杂乱无章、只重直观顿悟，不重逻辑推演的弊端，越是将传统文论生命活力放逐。传统文论真的失去活力了吗？传统文论真的丧失了言说能力了吗？当代中国诗学的建设应该往哪里去呢？① 其实，问题很简单，传统文论之所以失语，是因为它丧失了赖以存身的文化土壤。找到了问题的症结，药方还怕开不出来吗？叶维廉的诗学研究，对此是有启发的。

---

① 这段文字是笔者对曹顺庆教授2017年11月7日来北语所作演讲《学术话语研究》的综述，就这个问题笔者还曾与曹教授邮件讨论过一次，我说叶维廉诗学研究与探索，其实为解决失语症的困难，提供了另一条路径，对我们的研究有所启示，他表示赞同。

叶维廉曾在不同的场合多次强调，必须要进入他诗的世界，才能感印他美学的弦动，他在一篇文中说："内地（大陆）一直不太了解我的诗思与理思互为表里的对话，是因为（由于时空错置所构成的）先入为主地把我的理论看成是我精神世界的主要甚至是唯一的坐标。"① 对此问题，我们可以做多种理解与阐释，最表面也最合理的是，要真正理解他的理思，必须先进入他的诗思。但在这里，我们却可以做出这样的阐释，他的理思其实是发源于他的诗思的，并且在其漫长的学术研究之中，两者互为表里互相对话，终于成就他的诗学。换句话说，叶维廉的诗学研究，是从他的诗歌创作与翻译起步的，乐黛云始终坚持叶维廉的第一身份是诗人，也有这个意思。叶维廉自己也说他先是以诗出名的，理论实在是在创作过程中的领悟、发现与发明。② 叶维廉年轻时猛读中国 20 世纪三四十年代的现代主义作品，使得他接续上了中国现代主义的诗歌传统，在港台时期因为创作，又饱读古今中外的诗作，使得他对中国古典文学有了认知与体悟的同时，又获得了世界文学的视野，同时，他又在港台两地传播西方现代主义的诗歌与诗学，又使得他与当时的文学创作的前沿接轨，与当时处于文化工业、文化霸权挤压下的港台与西方诗人们共同面对文化的荒原与意识的危机，这些都给叶维廉的诗学研究准备了丰沃的土壤，使得叶维廉在诗歌创作与翻译中冒出的诗学萌芽，得以迅猛成长。叶维廉面对中国文化的危机、殖民文化的戕害与

---

① 《走过沉重的年代》，《台湾现当代作家研究资料汇编 79·叶维廉》，第 176 页。
② 笔者曾与叶维廉先生通过邮件，请教他如何进入他的诗学理论的世界，他回邮件说了一段话，我将其化用在行文之中，他回信的原文是："在这里我先提出一点，我是以诗先出名的，理论实在是在创作过程中领悟、发现、发明。这也不是说，我理论上没有启发，而是我理论上的浓烈，因为我的诗，尤其是现代主义始发时的浓缩多义，对我的理论有一定的影响，所以你必须要浸入我的诗的世界，始可以感印我美学的弦动。"

政治文化的压迫，寻找到西方现代主义的美学策略来表达自己的焦虑与不安，叶维廉从西方现代主义的美学策略中意识到中国传统诗歌与诗学的特色与价值，并由此而追索到道家美学与禅宗思想对霸权宰制的抗拒与消解功能，然后不遗余力地张扬道家美学与传统诗歌与诗学的前瞻精神，并以之拓展西方现代主义的诗歌边界与活力，终于使得道家美学与传统诗歌，在世界文化的语境中获得了可以生存发展的难得契机。叶维廉的诗学，已使古老的中国诗学新生，道家诗人的歌唱早已穿透厚厚的历史烟尘，回响在现代诗人的新诗之中，受道家思想影响的一脉诗学，已然活跃于世界诗坛之上！

第四，对文化生态的危机，总结了解困之道。叶维廉是在《全球化：自然生态与文化生态的思索》之中，对文化生态的危机问题进行总结的。在他看来，以西方国家为代表的第一世界所推动的全球化文化，以工业技术为手段，以现代化为旗号，以经济意欲为纲，以语言框限权力为部署，以消费为主轴，以目的至上、工具理性至上，已然或正在吞噬各地文化的独特性与多样性。并且，在此过程中，在工业革命的席卷之下，人的价值被减缩，人性被异化，工具化、物质化、商品化，第三世界的被殖民、被宰制、民族意识被弱化、历史文化意识被抹除。更可怕的是，我们的知识分子精英，却对现代化与全球化缺乏反省，更甚至将其内在化，很多人以拥有西方式的运作和生活为荣，沉醉在"进步"的迷思之中而不醒，在物欲工业技术的激荡之下，走向平均化和庸俗化，一反中国传统中"人法自然"的美德，大肆破坏自然的空间、生活的空间和想象的空间。由是，叶维廉指出，我们不应借现代化、发展的美名，破坏自然与文化生态，他说真正的独立应该是经济与文化同时的独立。我们的知识分子，必须反思自己不假思索便内在化了的外来思想，必须认识到外来的现代化后现代化文化思想体系中的根源性问题与困境，必须了解我们自己传统文化中某些根源性的解困能力。为了文化的再生，为了整体生命的完成，我们不应该接受宰制者现行系统的模式，也不应该没有反思地回归过去的传统，我们应该设法在二者之间的征战中，找出超越内在化情结的火花，寻求合乎自然律动的人性，进而使患病的自然复元。

  循此，叶维廉提供了思考的方向应对当前的生态危机，一是，将自然生态与文化生态的问题联系起来。在他看来，这两者是息息相关的。文化生态的问题，如果能够妥善地解决，自然生态问题也就迎刃而解。叶维廉说，如果能够在我们的教育里，创造性地提升"美的想象"，通过道家由"去语障解心囚"的美学策略，抗拒与消解西方"现代化""全球化"这些由语言建构起来的神话，达成物我之间的"互参互补互认互显"的相合相谐之关系，并最终达成物我之间活泼泼的整体生命的印证，那么自然生态就可以活泼泼起来。二是，回归传统思想，尤其是道家思想寻求解困的资源。叶维廉说，道家思想中呼吁自我从宰制的位置退出，让自然恢复其本样的兴现，《易经》乾卦中所蕴含的尊重自然生长的律动，顺应事物的时、位、态、势而参赞化育的思想，都为我们应对当前的危机提供了可资借鉴的思想资源。三是，从人性化的角度，发挥科学与工业技术的作用。叶维廉说，我们对西方批判，并不是"洋"一定不好，而是要明辨其独尊以人制天以物制人的文化走向的危险性，科学与技术应该是无罪的，我们应该以艺术家人文关怀的想象方式来应用生态科学技术，把机器人性化。四是，检视非西方文化中有关生态思想的论述，获取多方面的启示与资料，应对生态危机。叶维廉说，在西方前卫的诗人和艺术家已静静地移向道家，寻求去语障解心囚的表达，肯定复归本样的自然与生命的时刻，我们的艺术家和诗人，也不应该做出文化的弃权，他们应该抗拒西方工具理性对人性的切割，挑战西方宰制性的意识结构，探求新的物我认识。

正是这样的理论创新与实践，正是这样的学术理想与情怀，成就了叶维廉世界性的影响。在海外，叶维廉长期执教于加州大学圣地亚哥分校，并担任该校的比较文学系主任，期间来往于中国港台学界，为港台比较文学界培养了一批杰出的学者，形成了中西比较文学的圣地亚哥学派[1]，叶维廉20世纪80年代以后的来内地（大陆）高校的讲学与交流，以及他的比较诗学作品的出版，对内地（大陆）比较文学研究界更是产生了深远的影响，不仅比较文学界知名学者深受其诗学理论的影响，而且有更多的中青年学者以及博士、硕士研究生，以叶维廉的比较诗学理论为研究课题，发表学术文章、撰写学位论文甚至出版学术专著。叶维廉诗学的研究一开始就是跨区域的、世界性的，叶维廉诗学的价值也注定是跨时空的、未来的！

---

[1] 向天渊：《逐点点燃的世界：中西比较诗学发展史论》，郑州：文心出版社，2009年，第226–227页。

主要参考文献

论著（文集）

1. Ernest Fenollosa and Ezra Pound, *The Chinese Written Character As a Medium For Poetry*, Edited by Haun Saussy, Jonathan Stalling, and Lucas Klein. New York, USA: Fordham University Press, 2008.

2. James J. Y. Liu, *Language-Paradox-Poetics: A Chinese Perspective*, Edited and With a Foreword by Richard John Lynn, Princeton, USA: Princeton University Press, 1988.

3. Jonathan Stalling, *Poetics of Emptiness: Transformations of Asian Thought in AmericanPoetry*, New York, USA: Fordham University Press, 2010.

4. Wai-lim Yip, *Ezra Pound's Cathay*, Princeton, USA: Princeton University Press, 1969.

5. Wai-lim Yip, *Modern Chinese Poetry 1955—1965: Twenty Poets from the Republic of China,* Iowa, USA: University of Iowa Press, 1970.

6. Wai-lim Yip, *Hiding the Universe: Poems of Wang Wie*, New York, USA: Grossman Press, 1972.

7. Wai-lim Yip, *Chinese Poetry: Major Modes and Genres*, Berkeley, USA: University of California Press, 1976.

8. Wai-lim Yip, *Lyrics from Shelters: Modern Chinese Poetry 1930—*

1950, New York, USA: Garland Pub, 1992.

9. Wai-lim Yip, *Diffusion of Distances: Dialogues between Chinese and Western Poetics*, California, USA: University of California Press, 1993.

10. ［法］艾田伯:《比较文学之道:艾田伯文论选集》,胡玉龙译,北京:生活·读书·新知三联书店,2006年。

11. ［法］汪德迈:《中国思想的两种理性:占卜与表意》,金丝燕译,北京:北京大学出版社,2017年。

12. ［法］汪德迈:《中国文化思想研究》,金丝燕译,北京:中国大百科全书出版社,2016年。

13. ［美］T. S. 艾略特:《传统与个人才能:艾略特文集·论文》,卞之琳、李赋宁等译,上海:上海译文出版社,2012年。

14. ［美］M. H. 艾布拉姆斯:《镜与灯——浪漫主义文论及批评传统》,郦稚牛、张照进、童庆生译,王宁校,北京:北京大学出版社,2004年。

15. ［美］埃兹拉·庞德:《阅读ABC》,陈东飚译,南京:译林出版社,2014年。

16. ［美］厄尔·迈纳:《比较诗学》,王宇根、宋伟杰等译,北京:中央编译出版社,1998年。

17. ［美］恩内斯特·费诺罗萨:《中日艺术源流》,夏娃、张永良译,长沙:湖南美术出版社,2015年。

18. ［美］理查德·E. 帕尔默:《诠释学》,潘德荣译,北京:商务印书馆,2014年。

19. ［美］石江山:《虚无诗学——亚洲思想在美国诗歌中的嬗变》,北京:中国社会科学出版社,2013年。

20. ［美］文森特·里奇:《20世纪30年代至80年代的美国文学批评》,王顺珠译,北京:北京大学出版社,2013年。

21. 蔡宗齐:《比较诗学结构——中西文论研究的三种视角》,刘青海译,北京:北京大学出版社,2012年。

22. 曹顺庆、吴兴明编:《中西比较诗学史》,成都:四川出版集团巴蜀书社,2008年。

23. 曹顺庆:《中西比较诗学》(修订版),北京:中国人民大学出版社,2010年。

24. 陈惇、孙景尧、谢天振主编:《比较文学》,北京:高等教育出版社,1997年。

25. 陈鼓应:《老子注释及评介》,北京:中华书局,1999年。

26. 陈鼓应:《庄子今注今译》,北京:商务印书馆,2007年。

27. 陈鼓应:《道家的人文精神》,北京:中华书局,2012年。

28. 陈鼓应:《周易今注今译》,北京:商务印书馆,2016年。

29. 陈世骧:《中国文学的抒情传统》,张晖编,北京:生活·读书·新知三联书店,2015年。

30. 陈寅恪:《陈寅恪集·金明馆丛稿二编》,北京:生活·读书·新知三联书店,2001年。

31. 陈跃红:《比较诗学导论》,北京:北京大学出版社,2006年。

32. 程抱一:《中国诗画语言研究》,南京:江苏人民出版社,2006年。

33. 范方俊:《中西比较诗学的语言阐释》,北京:人民出版社,2013年。

34. 高旭东:《比较文学实用教程》,北京:北京大学出版社,2011年。

35. 高旭东、蒋永影:《平行研究·世界文学》,北京:北京大学出版社,2017年。

36. 高友工:《美典:中国文学研究论集》,北京:生活·读书·新知三联书店,2008年。

37. 葛兆光:《汉字的魔方——中国古典诗歌语言学的札记》,香港:中华书局,1989年。

38. 古添洪：《比较文学·现代诗》（增订版），台北：万卷楼图书股份有限公司，2011年。

39. 郭象注、成玄英疏：《庄子注疏》，北京：中华书局，2011年。

40. 贺麟：《贺麟全集·文化与人生》，上海：上海人民出版社，2011年。

41. 胡春燕：《英美新批评研究》，北京：中国社会科学出版社，2010年。

42. 黄运特：《跨太平洋位移——20世纪美国文学的民族志、翻译和文本间旅行》，陈倩译，南京：江苏人民出版社，2015年。

43. 李砾：《比较和比较的意义：叶维廉诗学研究》，广州：中山大学出版社，2016年。

44. 李凤亮：《移动的诗学——中国古典文论现代观照的海外视野》，广州：暨南大学出版社，2012年。

45. 梁启超：《中国现代美学名家文丛——梁启超卷》，金雅编，杭州：浙江大学出版社，2009年。

46. 梁宗岱：《梁宗岱文集》（第2卷），北京：中央编译出版社，2003年。

47. 廖栋梁、周志煌编：《人文风景的镌刻者——叶维廉作品评论集》，台北：文史哲出版社，1997年。

48. 林光华：《老子之道及其当代诠释》，北京：中国人民大学出版社，2015年。

49. 刘若愚：《中国古诗评析》，王周若龄、周领顺译，赵帆声校订，开封：河南大学出版社，1989年。

50. 刘若愚：《中国诗学》，韩铁椿、蒋小雯译，武汉：长江文艺出版社，1991年。

51. 刘若愚：《中国文学理论》，杜国清译，南京：江苏教育出版社，2006年。

52. 刘圣鹏：《叶维廉比较诗学研究》，济南：齐鲁书社，2006年。

53. 鲁迅：《鲁迅全集》（第1卷），北京：人民文学出版社，2005年。
54. 罗钢：《传统的幻象：跨文化语境中的王国维诗学》，北京：人民文学出版社，2015年。
55. 骆冬青、朱崇才、董春晓：《文艺美学的汉字学转向》，北京：商务印书馆，2017年。
56. 潘德荣：《诠释学导论》，桂林：广西师范大学出版社，2015年。
57. 钱锺书：《七缀集》，北京：生活·读书·新知三联书店，2002年。
58. 王弼注、楼宇烈校释：《老子道德经注校释》，北京：中华书局，2008年。
59. 王国维：《王国维集》（1-4册），北京：中国社会科学出版社，2008年。
60. 王晓路、刘岩编：《北美汉学界的中国文学思想研究》，成都：四川出版集团，2008年。
61. 吴宓：《会通派如是说——吴宓集》，徐葆耕编选，上海：上海文艺出版社，1998年。
62. 吴宓：《吴宓诗话》，北京：商务印书馆，2007年。
63. 吴伏生：《汉学视阈——中西比较诗学要籍六讲》，北京：学苑出版社，2016年。
64. 吴学昭：《吴宓与陈寅恪》（增补本），北京：生活·读书·新知三联书店，2014年。
65. 吴永安：《来自东方的他者——中国古诗在20世纪美国诗学建构中的作用》，北京：北京师范大学出版社，2015年。
66. 夏济安：《夏济安选集》，沈阳：辽宁教育出版社，2001年。
67. 向天渊：《逐点点燃的世界：中西比较诗学发展史论》，郑州：文心出版社，2009年。
68. 萧驰：《诗与它的山河：中古山水美感的生长》，北京：生活·读书·新知三联书店，2018年。
69. 须文蔚：《台湾文学传播论：以作家、评论者与文学社群为核心》，台北：二鱼文化事业有限公司，2009年。

70. 须文蔚编：《台湾现当代作家研究资料汇编79·叶维廉》，台北：台湾文学馆，2015年。

71. 徐志啸：《华裔汉学家叶嘉莹与中西诗学》，北京：学苑出版社，2009年。

72. 徐志啸：《北美学者中国古代诗学研究》，上海：上海古籍出版社，2011年。

73. 闫月珍：《叶维廉与中国诗学》，北京：中国社会科学出版社，2010年。

74. 杨义、陈圣生：《中国比较文学批评史纲》，台北：业强出版社，1998年。

75. 杨慧林：《在文学与神学的边界》，上海：复旦大学出版社，2012年。

76. 杨乃乔编：《比较诗学读本》(西方卷)，北京：首都师范大学出版社，2014年。

77. 杨乃乔编：《比较诗学读本》(中国卷)，北京：首都师范大学出版社，2014年。

78. 叶维廉：《比较诗学》，台北：东大图书公司，1983年。

79. 叶维廉：《寻求跨中西文化的共同文学规律：叶维廉比较文学论文选》，北京：北京大学出版社，1987年。

80. 叶维廉：《历史、传释与美学》，台北：东大图书公司，1988年。

81. 叶维廉：《中国诗学》，北京：生活·读书·新知三联书店，1992年。

82. 叶维廉：《叶维廉文集》(1—12卷)，合肥：安徽教育出版社，2002年。

83. 叶维廉：《道家美学与西方文化》，北京：北京大学出版社，2002年。

84. 叶维廉：《庞德与潇湘八景》，台北：台大出版中心，2008年。

85. 叶维廉：《众树歌唱：欧美现代诗 100 首》，北京：人民文学出版社，2009 年。
86. 叶维廉：《叶维廉五十年诗选（上下册）》，台北：台大出版中心，2012 年。
87. 叶维廉：《晶石般的火焰——两岸三地现代诗论》（上下册），台北：台大出版中心，2016 年。
88. 曾繁仁：《生态美学基本问题研究》，北京：人民出版社，2015 年。
89. 曾艳兵：《走向比较诗学》，北京：北京大学出版社，2017 年。
90. 詹杭伦：《刘若愚：融合中西诗学之路》，北京：文津出版社，2005 年。
91. 张法：《跨文化的学与思》，重庆：重庆出版社，2006 年。
92. 张法：《中西美学与文化精神》，北京：中国人民大学出版社，2010 年。
93. 张辉：《文学与思想史论稿》，上海：复旦大学出版社，2013 年。
94. 张沛编：《比较文学基础读本》，北京：北京大学出版社，2017 年。
95. 张隆溪：《道与逻各斯——东西方文学阐释学》，冯川译，南京：江苏教育出版社，2006 年。
96. 张隆溪：《阐释学与跨文化研究》，北京：生活·读书·新知三联书店，2014 年。
97. 赵毅衡：《诗神远游——中国如何改变了美国现代诗》，上海：上海译文出版社，2003 年。
98. 赵毅衡：《对岸的诱惑——中西文化交流记》，成都：四川文艺出版社，2013 年。
99. 赵毅衡：《重访新批评》，成都：四川文艺出版社，2013 年。
100. 周发祥：《西方文论与中国文学》，南京：江苏教育出版社，1997 年。

101. 朱光潜：《朱光潜全集》（第3、5、6卷），北京：中华书局，2012年。
102. 朱自清：《朱自清全集》（第3、6卷），南京：江苏教育出版社，1996年。
103. 宗白华：《美学散步》，上海：上海人民出版社，1981年。
104. 古添洪：《中西抒情诗类及影响研究》，台北：学生书局，2005年。
105. 王万象：《中西诗学的对话：北美华裔学者中国古典诗研究》，台北：里仁书局，2009年。

论文

1. Bernhard Fuehrer, Review, *The China Quarterly*, No. 157 (Mar., 1999), pp. 248–249.
2. Chunlin Li, A Creative New Start: Wai-lim Yip in China, *Chinese Literature Today*, Annual, 2013, vol. 3 no. 1 & 2
3. Jonathan Stalling: Rethinking the roots: the unfinished work of Wai-lim Yip's Daoist modernism: a conversation with Wai-lim Yip, *Chinese Literature Today*, Annual, 2013, Vol. 3 no. 1 & 2.
4. Marsha L. Wagner, Review, *Journal of the American Oriental Society*, Vol. 98, No. 3 (Jul. –Sep., 1978), p. 292.
5. Stephen Owen, Review, *The Journal of Asian Studies*, Vol. 37, No. 1 (Nov., 1977), pp. 100–102.
6. Wai-lim Yip: Quest for the Right Poem：My Modernist Beginnings, *Chinese Literature today*，Annual, 2013, Vol. 3 no. 1 & 2.
7. Zhang Longxi, Review, *Comparative Literature Studies*, Vol. 33, No. 1, *East-West Issue* (1996), pp. 123–125.
8. ［美］恩内斯特·费诺罗莎：《汉字作为诗的表现媒介》，杜国清译，《中外文学》1979年第12期。

9. ［美］罗森堡：《庞德、叶维廉和在美国的中国诗》，蒋洪新译，《诗探索》2003年第1-2辑。

10. ［美］石江山：《走向异质文化研究：汉学如何丰富美国文学与批评》，《世界汉学》2010年春季号。

11. 北塔：《通过翻译：为中国现代主义诗歌的鼓与呼——论叶维廉对中国现代主义新诗的英译》，《华文文学》2012年第5期。

12. 曹顺庆、王蕾：《比较文学中国学派三十年》，《外国文学研究》2009年第1期。

13. 陈芳明：《秩序如何生长？——评叶维廉〈秩序的生长〉》《书评书目》1973年第7期。

14. 陈国球：《陈世骧论中国文学——通往"抒情传统论"之路》，《汉学研究》2011年第29卷第2期。

15. 陈跃红：《从"游于艺"到"求打通"——钱锺书文艺研究方法论例说》，《中国高校社会科学》2013年第2期。

16. 杜国清：《评介叶维廉论文集〈饮之太和〉》，《笠》1983年第113期。

17. 冯国荣：《中国诗、诗学的民族原创及其对于美国现代诗的影响》，《东方论坛》2005年第2期。

18. 高旭东：《论中国现代文学中的清华传统》，《文艺研究》2011年第1期。

19. 古添洪：《小说与诗的美学汇通——论介叶维廉〈中国现代小说的风貌〉》，《书评书目》1979年第76期。

20. 古远清：《叶维廉：致力于寻索"共同的文学规律"》，《台湾当代文学理论批评史》，武汉：武汉出版社，1994年。

21. 胡继华：《象征的神话之维——闻一多的古典诗学探微》，《燕赵学术》2014年春之卷。

22. 胡晓明：《陈寅恪与钱钟书：一个隐含的诗学范式之争》，《华东师范大学学报（哲学社会科学版）》1998年第1期。

23. 黄一：《叶维廉比较诗学的重审与再研究》，《中国比较文学》2015年第4期。

24. 简政珍：《后现代的反思：艺术的身姿——评叶维廉的〈解读现代、后现代〉》，《中外文学》1995年第24卷第7期。

25. 蒋登科：《叶维廉诗学术语辑释》，《诗探索》2003年Z1期。

26. 蒋述卓：《接续历史的整体之思——浅析叶维廉对中国现代文学研究的反思》，《暨南学报（哲学社会科学版）》2009年第4期。

27. 柯进华：《儒家的"生生"与柯布"大写的生命"之比较研究》，《中国过程研究》（第四辑），2016年。

28. 柯庆明：《纯粹经验美学的主张者——叶维廉》，《人文风景的镌刻者——叶维廉作品评论集》，台北：文史出版社，1997年。

29. 康士林：《叶维廉访问记》，《中外文学》1990年第19卷第4期。

30. 乐黛云：《为了活泼泼的整体生命——〈叶维廉文集〉序》，《广东社会科学》2003年第4期。

31. 李春青：《论文化诗学的基本特征与操作路径》，《江苏行政学院学报》2014年第3期。

32. 李丰楙：《中国纯粹性诗学的与现代诗学、诗作的关系——以七十年代叶维廉、洛夫、痖弦为主的考察》，《台湾诗学季刊》1993年第3期。

33. 梁凤莲：《比较的认同与"出位之思"——从叶维廉的〈中国诗学〉看比较的方法论》，《学习与探索》2004年第2期。

34. 廖炳惠：《洞见与不见——叶维廉对〈庄子〉的新读法》，《人文风景的镌刻者——叶维廉作品评论集》，台北：文史出版社，1997年。

35. 刘锋杰、赵学存：《"把中国还给中国"——朱自清等人阐释"文以载道"的方法论意义》，《文艺争鸣》2015年第1期。

36. 刘绍瑾、侣同壮：《叶维廉比较诗学中的庄子情结》，《文史哲》2003年第5期。

37. 刘绍瑾：《饮之太和——叶维廉对中国诗学生态美学精神的开掘与阐发》，《陕西师范大学学报（哲学社会科学版）》2008年第2期。

38. 刘毅青：《后现代语境文化认同与现代性的张力——以叶维廉为视角》，《杭州师范大学学报（社会科学版）》2016年第3期。

39. 梅家玲：《夏济安、〈文学杂志〉与台湾大学——兼论台湾"学院派"文学杂志及其与"文化场域"和"教育空间"的互涉》，《当代作家评论》2007年第2期。

40. 欧阳文风：《"一个独特的存在"——论宗白华比较诗学的独特魅力》，《中国社会科学院研究生院学报》2006年第5期。

41. 沈治均：《钱锺书古代小说研究述评》，《贵州大学学报》1993年第3期。

42. 石了英：《叶维廉对道家美学的现代阐释》，《山西师大学报（社会科学版）》2011年第3期。

43. 石了英：《道家美学精神与现代诗艺的融合——叶维廉教授访谈录》，《文艺研究》2011年第8期。

44. 孙玉石：《朱自清现代解诗学思想的理论资源——四谈重建中国现代解诗学思想》，《中国现代文学研究丛刊》2005年第2期。

45. 童庆炳：《〈文心雕龙〉"会通适变"说新解》，《河北学刊》2006年第6期。

46. 屠岸：《论叶维廉的中国新诗英译随感》，《中国翻译》1994年第6期。

47. 王万象：《北美华裔学者的中国古典诗研究》，《兴大中文学报》2008年第24期。

48. 王文生：《论叶维廉的纯山水诗论及其以物观物的创作方法（上、下）》，《文艺理论研究》2008年第1–2期。

49. 翁文娴：《叶维廉诗学对东西语言材质特性之开发》，《东华汉学》2014年第19期。

50. 翁文娴：《梦的起源、诗的发展动能、假语法——叶维廉诗学专访》，《香港文学》2015年第366期。

51. 翁文娴：《内在戏剧的灵动性、诗是一种灵召的数学——叶维廉诗学专访》，《创世纪》2015年第184期。

52. 解昆桦：《道家美学观点下的文化反省——专访叶维廉教授》，《文讯杂志》2005年第241期。

53. 向天渊：《叶维廉比较诗学的贡献与局限》，《四川外语学院学报》2007年第2期。

54. 须文蔚：《叶维廉与台港现代主义诗论之跨区域传播》，《东华汉学》2012年第15期。

55. 须文蔚：《追索现代主义的抒情、瞬间美学与诗：叶维廉访谈录》，《东华汉学》2014年第19期。

56. 须文蔚：《当代华文现代诗、散文、翻译与文学传播的先锋——叶维廉的研究与评论综述》，《台湾现当代作家研究资料汇编79·叶维廉》，台北：台湾文学馆，2015年。

57. 徐志啸：《叶维廉中西诗学研究论析》，《社会科学》2008年第10期。

58. 徐志啸：《美国学者中国古代诗学研究特点评析》，《古代文学理论研究》（第29辑），上海：华东师范大学出版社，2009年。

59. 闫月珍：《叶维廉对道家美学的现代阐释》，《暨南学报（哲学社会科学版）》2007年第1期。

60. 叶维廉：《出站入站：错位、郁结、文化争战——我在五、六十年代的诗思》，《诗探索（理论卷）》2003年第1-2期。

61. 叶维廉：《异花受精的繁殖：华裔文学中文化对话的张力》，《世界华文文学论坛》2004年第4期。

62. 叶维廉：《双重的错位：台湾五六十年代的诗思》，《创世纪》2004年第140-141期。

63. 叶维廉：《文化错位：中国现代诗的美学议程》，《中国新诗一百年国际研讨会论文集》，2005年会议论文。

64. 叶维廉：《比较文学与台湾文学》，《台湾文学研究集刊》2006年第1期。

65. 叶维廉：《走过沉重的年代——〈雨的味道〉代序》，《创世纪》，2006–2007年第149–151期。

66. 叶维廉：《回忆那些克难而丰满的日子——怀念夏济安老师》，柯庆明主编《台大八十·我的青春梦》，台北：台湾大学出版社，2008年。

67. 叶维廉：《翻译：神思的机遇》，《台湾文学研究集刊》，2010年第7期。

68. 叶维廉：《遥远与贴近：翻译庞德的一些理论问题》，《华文文学》2011年第3期。

69. 叶维廉：《也谈"共同诗学"》，《跨文化对话》2012年第1期。

70. 叶维廉：《寻求确切的诗：现代主义的lyric、瞬间美学与我》，《诗探索（理论卷）》2013年第5期。

71. 张汉良：《语言与美学的汇通——简介叶维廉的比较诗学方法》，《中外文学》1975年第4卷第3期。

72. 张汉良：《检讨"共同诗学"》，《跨文化对话》2012年第1期。

73. 张生：《诗人？学者？还是诗人！——与叶维廉先生谈话录》，《华文文学》2011年第3期。

74. 张万民：《辩者有不见：当叶维廉遇到宇文所安》，《文艺理论研究》2009年第4期。

75. 张志国：《传释学与文化模子理论——叶维廉诗学批评论》，《文艺理论研究》2006年第3期。

76. 赵立群：《吴宓〈红楼梦新谈〉研究》，《曹雪芹研究》2014年第1期。

77. 郑蕾：《叶维廉与香港现代主义文学思潮》，《东华汉学》2014年第19期。

78. 郑朝宗:《〈管锥编〉作者的自白》,《人民日报》1987 年 3 月 16 日。

79. 周伟民:《论中西比较诗学研究的范围和目的——兼与叶维廉、乐黛云二先生商榷》,《海南大学学报》1988 年第 4 期。

80. 周晓风:《有根的诗学——叶维廉诗学与道家美学》,《重庆师范大学学报(哲学社会科学版)》2012 年第 6 期。

81. 朱徽:《叶维廉访谈录》,《中国比较文学》1997 年第 4 期。

后 记

这本小书是在我博士论文《叶维廉与中国现代诗学精神》的基础上修改而成的。我的硕士论文就是围绕叶维廉的比较诗学研究展开的，当时做完论文之后，觉得很有收获，但同时觉得自己对叶维廉诗学的理解还很肤浅，还有继续研究的空间。硕士毕业之后，我因为对海外华裔学者的比较诗学研究感兴趣，所以喜欢找来陈世骧、刘若愚、夏济安、高友工、程抱一等人的书来读。有一次，偶然读到陈国球在研究评价陈世骧时说："陈世骧的学术成就无疑是远赴美国以后才渐渐显现，但他去国以前的经历，不仅是一位有影响力的海外华裔学者的学思道路的起点，更是20世纪三四十年代文学研究思潮如何在海外与台港发展或者变奏的一个样本，值得我们注意。"他这一句话，一下子让我联想到叶维廉。叶维廉生于大陆，成长于香港，在台湾读本科与研究生，以诗成名，在美国获得博士学位，并留在加州大学圣地亚哥分校任教，最终成为蜚声海内外的学者。叶维廉的经历，几乎是他们那一代美国华裔学者共同的经历，而叶维廉的成长与成名，也具有相当的典型性。我当时想借陈国球对陈世骧的研究路径研究叶维廉，也许也会很有收获。于是，在跟导师高旭东教授商量之后，我确定了以此作为论文选题。

于是，我开始循着这样的思路去研读中国现代学者的诗学成果，去研读王国维、梁启超、吴宓、朱光潜、宗白华、朱自清、钱锺书等人的著作，慢慢去体会叶维廉在港台时期，通过对现代诗人的诗作与现代诗学家的诗学作品与译介作品的研读，通过他的老师夏济安、吴鲁芹等人推介与指点，对新批评理论的迎拒；慢慢去体会叶维廉在美国求学与教学时期，对中国现代时期中西比较诗学研究者们所确定的研究宗旨、研究范式、结构框架、价值诉求的回望，以及叶维廉自己对他们的吸收、借鉴与超越；慢慢去体会叶维廉在美国进行比较诗学研究与诗学体系建构之时，对当时欧美学界喷涌而出的各类文论思想与学术资源的融摄，与对中国传统学术资源的创化，并最终在中西文化文学资源的对话中创生出叶维廉诗学体系。

  回望自己写作论文的过程、审视自己已然完成的博士论文，我的心情好像并没有多少激动兴奋，而更多是惶恐与不安。我知道自己的论文有好多问题没有处理好，我知道自己对叶维廉诗学著作的阅读与理解还有很多不到位、不准确甚至有误解的地方，我知道自己对叶维廉在成长过程中所汲取与吸收的西方文论资源如诠释学、现象学等阅读与理解得不充分、不到位，未能深入把握这些文论的精神内涵，我知道自己对中国现代诗学精神的界定还不够明晰、准确等，可能会因此影响论文的格局与视野等……我更加深深地知道这些问题存在都是我自己造成的，是我自己学术知识的匮乏、学术视野的局限、语言能力的欠缺以及创新能力的不足等因素带来的。所以，如果我的论文在当下的文化语境之中，能够有微末大小的价值与意义，我也愿意将这取得的所有成绩敬献给我的导师高旭东教授，没有高老师的鼓励与教导，我也许不想也不能考取博士研究生，没有高老师的悉心指导与耳提面命，我也许至今也不能完成我的毕业论文。自从2006年起成为高老师的硕士研究生，到现在博士阶段的学习与研究即将结束，我已跟从高老师学习、科研、工作十年有余。十多年来，无论是在生活、治学还是为人、为文等诸方面，高老师都对我关怀备至、悉心呵护、耐心栽培，高老师治学的勤勉与严谨，深深地影响了我的学习与科研，使我时时自省、时时自勉，不敢多生懒惰之心！

在此，我还要特别感谢叶维廉先生！在2006年之前我在中学做语文教师之时，就曾因为要为学生讲解中国古典诗歌阅读过叶先生的著作并深受启发；2006年师从高老师攻读硕士学位时，自然选择叶维廉先生的比较诗学研究作为自己的论文选题，并完成了题为《论叶维廉的道家美学思想与其诗学理论建构的关系》的学位论文；2009年参加工作至2014年考取高老师的博士研究生，我也一直在业余时间围绕着叶先生的著作做阅读与涉猎，有意识地不断拓展自己的学术视野与知识纵深，其间每有心得则欣喜不已，也曾动笔写过几篇学习心得；2014年博士入学并确定论文选题之后，我更加有意识地对叶先生的著作做系统性的研读与探究，希望能融新见解与旧心得为一体写就一篇令人满意的学位论文。但随着我对叶先生著作阅读的丰富与深入，我越来越清晰地发现叶先生学术成就的伟大，而我在这份骄人的功业面前，竟有些无所适从了，我发现自己对叶先生的理解虽然在日渐加深，但是一下笔还多是误解或误会，这让我很难过。也许这正如叶先生所说，人们用自己的逻辑框架去析解、建构外在事物时，往往会造成框限与遮蔽，这是大家都难以避免的。好在叶先生还有一句话，说看待问题时要消解定点透视，多角度观照，或者依循先生传释学的观点，正确地进入传释的循环之后，随着视野的扩大、阅读的深入，我们自然会在阅读过程中生发出更多的意义，我想我也会在此过程中愈发深入领会叶先生的思想与观点。叶先生在我论文写作过程中，也多次来邮件对我指导，他的每封邮件对我都是一扇窗，让我看到新奇、美丽的风景！

此外，在论文的构思与写作过程中，我还得到过许多专家、老师的指导、帮助与勉励，上海交通大学王宁教授，中国人民大学杨慧林教授、北京语言大学阎纯德教授、韩经太教授、张华教授、周阅教授、陈戎女教授、郭鹏教授、方铭教授、李玲教授、杨建国教授、黄悦教授等都提出过非常宝贵的意见或寄予殷切的希望；我博士论文的评阅专家们和答辩专家张辉教授、金永兵教授、汪民安教授、陈剑澜教授、杨联芬教授等，在肯定我论文的价值的同时，也指出了我论文的不足之处并给出了许多宝贵的修改意见和建议，使我深受启发；北语研究生院的领导同事，高丽、颜伟、赵璞、吴倩、佟黎黎、洪潇潇、刘洁、李荷、林静、彭凯贝等，也在我攻读博士学位期间，主动分担减轻我的工作，给我提供了很大的帮助；北语和人大的同门师兄弟们也都因为我是在职攻读博士学位，平时除了忙于工作还要读书写论文，于是主动承担了不少师门中的工作，以不同的方式给予了我很大的支持……如此种种，我的感动难于言表，只好默记于心，谨在此一并致谢！

特别感谢我的父母和妻女对我的鼎力支持，父母踏实、勤勉的精神品格和无私、伟大的爱，一直鼓励着我努力进取，妻子主动承担了家中大部分的家务，使我能够集中精力学习，女儿在我埋头读博期间已从3岁的幼儿园小班的小朋友成长为7岁的小学一年级的小学生，而今更已是六年级的"大"学生了，我在读书或写作的过程中，她总喜欢安静地在我旁边玩玩具、读书、做作业，有他们的陪伴和鼓励，我很幸福！

在论文写作期间，与康毅、蒋永影、贾俊、黄峰、任文贤、刘润涛、石统文、田列朋、刘云海、方晓枫、于德伟、邱海宁等一批人大、北语朋友的交往，几乎成了我心中最大的快乐，我们经常在各种场合谈学问、谈写作、聊人生、聊理想，这种种场景令我终生难忘。

于　伟

2018年5月9日初稿

2022年秋修订于花雨汀